国家自然科学基金项目（71603045）
教育部人文社科研究项目（14YJC790017）
东北财经大学产业经济学特色重点学科项目（2013002）

褚敏 著

政府悖论、国有企业行为与中国经济和谐增长

The Government Paradox, State-owned Enterprises Beheavior and China's Harmonious Economic Growth

中国社会科学出版社

图书在版编目（CIP）数据

政府悖论、国有企业行为与中国经济和谐增长/褚敏著. —北京：中国社会科学出版社，2017.5
ISBN 978 – 7 – 5161 – 9572 – 7

Ⅰ.①政… Ⅱ.①褚… Ⅲ.①国有企业—影响—中国经济—经济增长—研究 Ⅳ.①F279.241②F124.1

中国版本图书馆 CIP 数据核字（2016）第 325009 号

出 版 人	赵剑英
责任编辑	许　琳
责任校对	鲁　明
责任印制	李寡寡

出　　　版	中国社会科学出版社
社　　　址	北京鼓楼西大街甲 158 号
邮　　　编	100720
网　　　址	http://www.csspw.cn
发 行 部	010 – 84083685
门 市 部	010 – 84029450
经　　　销	新华书店及其他书店

印刷装订	北京市兴怀印刷厂
版　　　次	2017 年 5 月第 1 版
印　　　次	2017 年 5 月第 1 次印刷

开　　　本	710×1000　1/16
印　　　张	14
插　　　页	2
字　　　数	250 千字
定　　　价	58.00 元

凡购买中国社会科学出版社图书，如有质量问题请与本社营销中心联系调换
电话：010 – 84083683
版权所有　侵权必究

序

中国改革开放以来30多年的快速发展，离不开政府的主导作用，但在这个过程中政府作用既有有效的一面，也有无效的一面，这就是经济学界这些年一直探讨的关于"援助之手"和"攫取之手"的讨论。这实际上就是诺斯所谓的"诺斯悖论"，即"政府悖论"。政府对创造"中国经济奇迹"起了巨大的引导作用；但不必讳言，在这个过程中政府由于自身利益的驱使，也存在着官商勾结、国家利益和社会利益被侵吞等诸多问题，这就是"政府悖论"的体现。在我国经济发展中，政府特别是地方政府与国企之间的关系是非常值得研究的，它们之间是行政关系还是市场关系，这种特殊利益关系对我国经济发展有何影响？很多人认为国有企业由于产权不清，必然导致其低效率，但为何有很多国有企业还是很有效率和竞争力的，如格力电器等，关于国有企业是不是都是低效率的，这需要我们做更多的理论分析和实证揭示。

褚敏博士这本书的特点就是把政府作用和国企行为作为一个互相影响的"特殊利益体"来考证其对我国经济增长的影响，分析其单独作用和交互作用的后果，这种分析视角是很独特和具有创新价值的，因为大多数人的研究仅仅考量政府作用对经济增长的影响，或者国企行为对经济增长的影响，这都会存在片面性，而把这两种因素放在一起考量就会深入得多。如书中分析的，国企行为对我国经济增长有是效率的，而政府作用对经济增长也是有效率的，但它们二者之间的交互作用对经济增长却是不利的。这说明，政府对经济增长影响的副作用很多时候表现在处理国企关系时发生扭曲和变形，这充分说明，我国政府改革与国企改革是互相关联的。

党的十一届三中全会后，中国进入了改革开放的新时代。市场取向的渐进式改革不断给高度集中的计划经济体制注入市场血液，而作为国民经济细胞的国有企业也进入了持续改革和构建现代企业制度的演进路径中，至今已有38个年头。中国国有企业改革总的来看是一个渐变的过程，但在一些特殊的时间点又表现出突变，如在1992年确立社会主义市场经济后，国企改革明显就从经营与管理方面的改革改为向产权与机制方面的改革，特别是提出构建现代企业制度改革，这是和之前的改革有巨大区别的改变。这一变化说明，国企改革是经济体制改革的一部分，国企改革的前进步伐受到经济体制改革的制约和束缚，没有经济体制改革的巨变不可能推动国企改革的巨变。2013年11月，党的十八届三中全会明确全面深化改革的总目标。自2013年底以来，全面深化国企改革的"顶层设计"一直在有序制定和推进过程中。新一轮的国企改革更应看作是国资的改革，这实际上也是一个巨大的变化。目前，党的十八大提出突出市场经济的主导地位，因为本轮改革的核心不仅包括国企内部的改革，更重要的是改革国有资产管理体制。本轮国企改革面临的问题比以往更复杂，但市场也最为期待。一方面，目前国有企业政企不分、效率低下、债务高企的问题愈发突出，只有改革才能找到出路；另一方面，目前改革的顶层设计和协调能力比以往更强，后续改革的力度和广度都值得期待。但是，无论怎样，国企改革必须与政府改革协动才能取得较好的效果。

如何界定政府与市场的边界是经济学一直存在的巨大困惑，特别是十八大提出确立市场在资源配置中起决定性作用，就目前来看，政府如何改革和转型也值得研究。褚敏博士的研究给我们的启示是政府改革与国企改革应该一起来做，因为两者之间有着复杂而又"多方位"的联系，单独推进政府改革和国企改革都可能会存在改革盲点的问题。

诚然，褚敏这些探究也只是初步的，还需要进一步的深化和细化，其中的一些观点也还有值得商榷和推敲的地方，但作为一个经济研究的新人能做出这样的创新还是非常值得肯定和令人称赞的，我作为其博士生导师也深感欣慰，也乐为其著作作序。

靳涛
2016年8月25日

目 录

第一章　导论 …………………………………………………… (1)
　　第一节　中国经济增长奇迹的反思 ………………………… (1)
　　第二节　财政分权、国有企业垄断与地方政府行为取向：
　　　　　　文献述评 ………………………………………… (6)
　　第三节　研究思路 ………………………………………… (19)
　　第四节　主要内容与结构安排 …………………………… (19)
　　第五节　研究方法与创新 ………………………………… (23)

第二章　中国改革开放 30 年增长模式揭示 ………………… (26)
　　第一节　中国经济转型特征 ……………………………… (26)
　　第二节　中国改革开放后经济体制改革历程和现状 …… (27)
　　第三节　改革以来中国经济增长模式的整体评价 ……… (32)
　　第四节　中国经济增长模式反思 ………………………… (42)

第三章　政府悖论与经济增长：理论分析框架 ……………… (45)
　　第一节　政府行为与政府悖论 …………………………… (45)
　　第二节　从计划经济体制向市场经济体制的转型逻辑 … (48)
　　第三节　政府推动下的转型式经济增长 ………………… (52)
　　第四节　地方政府主导的经济增长模式 ………………… (55)

第四章　体制改革、增长潜力与经济的可持续性 …………… (60)
　　第一节　体制改革影响经济增长可持续性问题的提出 … (60)
　　第二节　制度对经济增长的影响 ………………………… (62)

第三节　理论模型 …………………………………………… (65)
　　第四节　模型分析、指标及数据处理 …………………………… (68)
　　第五节　渐近式改革对经济增长质量的实证影响 ……………… (73)
　　第六节　结论与政策启示 ………………………………………… (83)

第五章　政府行为、国有企业垄断与民营经济发展 ………………… (86)
　　第一节　民营经济发展的体制内阻力分析 ……………………… (86)
　　第二节　研究框架与理论假说 …………………………………… (88)
　　第三节　政府主导、国有企业垄断对民营经济发展的
　　　　　　双重影响 ……………………………………………… (93)
　　第四节　小结与启示 ……………………………………………… (103)

第六章　政府行为、国有企业垄断与产业结构升级 ………………… (106)
　　第一节　产业结构升级问题的提出 ……………………………… (106)
　　第二节　理论分析 ………………………………………………… (107)
　　第三节　研究设计 ………………………………………………… (111)
　　第四节　政府主导、国有企业垄断对产业结构升级的
　　　　　　双重影响 ……………………………………………… (114)
　　第五节　结语 ……………………………………………………… (121)

第七章　政府行为、国有企业垄断与收入差距 ……………………… (123)
　　第一节　收入差距持续扩大问题的提出 ………………………… (123)
　　第二节　中国式增长与公平的内在逻辑 ………………………… (124)
　　第三节　指标设计与数据整理 …………………………………… (127)
　　第四节　政府主导、国有企业垄断对收入差距的
　　　　　　双重影响 ……………………………………………… (133)
　　第五节　结语 ……………………………………………………… (139)

第八章　地方政府行为与城市化的发展 ……………………………… (141)
　　第一节　城市化滞后问题的提出 ………………………………… (141)
　　第二节　分析框架与理论假说 …………………………………… (143)

第三节　研究设计 …………………………………………（147）
　　　第四节　实证分析：地方政府行为对城市化发展的影响 …（149）
　　　第五节　结论与政策蕴含 …………………………………（155）

第九章　政府行为、转移支付与效率研究 ……………………（158）
　　　第一节　中央—地方政府间的利益博弈 …………………（158）
　　　第二节　中央对地方转移支付效率的实证研究 …………（174）

第十章　推动中国经济增长和谐的政策建议 …………………（188）
　　　第一节　研究结论 …………………………………………（188）
　　　第二节　政策蕴含 …………………………………………（192）

参考文献 ………………………………………………………（197）

后记 ……………………………………………………………（216）

第一章 导论

第一节 中国经济增长奇迹的反思

在经济改革的 30 多年中，中国实现了年均 9.8% 左右的高速经济增长，创造了中国式"增长奇迹"。2010 年国内生产总值接近 40 万亿元，经济总量跻身世界第二；2011 年财政收入超过 10 万亿元，政府成为全球第二富政府；外汇储备余额超过 3 万亿美元，是世界上最大的外汇储备国；城市化率从改革之初的 17.9% 跃升至 2011 年的 51.3%；2011 年人均 GDP 已达 5415 美元，跻身中等收入经济行列；[①] 等等。然而，在高速经济增长的背后，更要看到中国经济增长质量与增长速度无法统一的现实。尽管政府一直强调经济增长方式转变的重要性，要促进经济速度与增长质量的统一，但现实中经济"重量轻质"却是不争的事实，中国经济依然未能摆脱"高投入、高消耗、高排放、低效率"的粗放型经济增长方式。事实上，进一步探究高速经济增长奇迹的背后，中国经济增长的代价可谓极其高昂。

代价一：失衡的收入分配和恶化的收入差距。在中国经济高速增长的同时，膨胀的经济蛋糕被强势利益集团不断蚕食和掠夺，弱势群体却日益被边缘化，并未能真正分享到经济高速增长的成果。从宏观经济数据来看，目前国民收入的分配情况是：政府财政每年拿走了国民生产总值的 35% 左右，企业资本拿走了约 45%，农民和城镇普通劳动者群体只拿走了剩下的 20%。据世界银行的最新报告，2009 年中国居民收入

[①] "中国经济增长背后代价：高速增长迷失"，金融博览，2012 年，http://www.cs.com.cn/xwzx/hg/201209/t20120904_ 3543845.html。

的基尼系数高达0.47，越过了0.4的国际公认警戒线，中国1%的家庭掌握了全国41.4%的财富，国民财富已高度集中于少数群体。中国已成为世界上贫富差距最严重的国家之一。随着2010年居民人均收入跨过4000美元的门槛，中国是否会陷入"中等收入陷阱"再次引发社会各界的激烈争论。

代价二：失衡的产业结构和严峻的资源环境形势。目前中国产业结构存在着外向发展层次低、区域发展差异明显、重化工业化的结构和质量问题突出、生产者服务业发展滞后等问题（高煜、刘志彪，2008）。各地重复建设、重复生产、恶性竞争等现象比较严重。工业产品和产能严重过剩，特别是2001年以来，以高能耗、高污染为特征的重化工业化现象在中国工业发展中再次出现，造成大量的资源浪费。据世界银行估算，中国自然资产损失占国民收入的比重十分惊人，1981年最高达到30%，20世纪90年代以来，由于大规模经济结构调整特别是能源结构调整，这一损失比重逐步下降，到1999年降为3.18%，但是从2000年开始资源和环境成本又开始上升，2003年已经增加到6.12%。中国环境污染和资源过度开采的宏观成本居世界前列。

代价三：畸形的房地产市场和脆弱的实体经济。GDP的高速增长过度依赖于房地产这一所谓支柱产业的拉动。近十多年来，地方政府大搞土地财政，[①] 土地一级市场被政府垄断，集政治特权、金融特权及垄断利润于一身的国有企业，特别是中央企业纷纷进军地产业，成为名副其实的"地王"，导致房价持续攀升。高地价与高房价共舞，房地产市场泡沫不断累积，房地产腐败严重到"积重难返"的地步。在房地产绑架中国经济的畸形模式下，在中央与地方、企业的一次次博弈中，楼市调控始终处于"头痛医头、脚痛医脚"的尴尬境地，基本上是走出了一条"一边不断调控，一边房价持续上涨"的局面。与之相伴的是，大量资本开始大规模逃离实体经济，纷纷进军地产业，"炒房"成为中国楼市的一大奇观。而形成鲜明对比的是，国内实体经济投资环境不断恶化，制造业领域不少行业的利润不足5%，"国进民退"之势加剧，

---

① "全国土地出让收入14239.7亿元，比上年增长43.2%"，《北京青年报》2010年4月14日，http://www.chinanews.com/estate/estate-tdxw/news/2010/04-14/2224303.shtml。

民营企业在多方面遭受着制度和政策上的"歧视";而在市场准入方面的政策"歧视"尤为突出。民营企业主要集中在一般竞争性产业,较少进入基于市场垄断和行政垄断的垄断产业(王劲松等,2005)。陈斌等(2008)发现,只有约20%的民营企业进入了汽车、交通运输、能源、金融等政府管制行业,而国有企业的这一比例则高达90.31%。民营企业的投资机会越来越少。

代价四:潜在的地方债务危机。2011年国家审计署发布《全国地方性债务审计结果》,该报告显示,截至2010年底,全国地方政府性债务余额总计已达10.7万亿元,占GDP的27%;其中,政府负有偿还责任的债务6.7万亿元,占62.62%;政府负有担保责任的或有债务2.3万亿元,占21.8%,政府可能承担一定救助责任的其他相关债务1.6万亿元,占15.58%。但是,中国人民银行发布的《2010年中国区域金融运行报告》显示,地方融资平台贷款近14.4万亿元。国外一些研究机构(如穆迪评级机构)估计的数据更高。尽管不同统计有概念上的差异,但是地方债务增加至危险境地已是不争的事实。如审计署审计的地方融资平台为6576个,比央行统计的数字少3000个,如果把审计署未审计的地方融资平台计算在内,并按审计署已审计单位的平均数计算,地方债务有可能接近15.6万亿元,其中银行贷款为12.37万亿元。[①]

必须指出的是,中国经济增长的代价并不止于此。历史已经证明,中国经济高速增长虽然成绩斐然,但代价也十分巨大。这意味着在评估中国经济增长的同时,我们更需要看到增长背后存在的问题。这种问题一定程度上受制于中国经济增长的特殊动力机制,这些问题的长期存在与中国高速经济增长背后的激励结构有何内在的关联?目前还没有一个逻辑自洽的理论框架将增长的奇迹和问题同时予以解释。

中国经济是地方政府主导的经济,地方政府长期以来对地区经济增长和发展具有至关重要的影响力。地方政府总是寻求一切可能的来源进行投资、推动地区经济增长的热情在世界范围内也是罕见;而很多发展

---

① 张曙光:"保障房或推高中国地方债",《中国经济导报》2011年9月22日,http://district.ce.cn/newarea/roll/201109/22/t20110922_22713351.shtml。

政府悖论、国有企业行为与中国经济和谐增长

中国家和转型国家,政府的表现并不令人满意,经济长期落后。威廉·伊斯特利(William Easterly,2005)认为,政府的无能、腐败和低效对经济增长产生的阻碍作用是致命性的。那么,我们不禁要问,为什么中国的地方政府能有这么高的激励去推动地方的经济增长,为什么大多数发展中国家的政府没有推动经济增长,而中国能做到这一点?

迄今很多学者从政府体制角度解释中国经济增长奇迹,其中最具影响力的是许等(Xu et al.,2000)发表的《激励、信息与组织的形式》一文,他们把基于中国经验现象的观察理论化了,向地方分权的思想在理论上得到了进一步的发展,形成了后来的"中国特色的联邦主义"(Federalism,Chinese Style)的基本概念框架。他们认为行政分权和以财政包干为内容的财政分权改革是地方政府维护市场,推动地方经济增长的主要原因。许成钢等以及温加斯特(Weingast)等人开始把财政分权的思想更多地与地方政府的激励、经济增长和经济转型联系起来。但是这个理论还留下了一些更基本的问题没有解决,比如,由分权驱动的竞争为什么一定是"趋好的"而不是"趋坏的"?如果说财政分权体制下中国的地方政府发挥了"援助之手",那么俄罗斯的财政分权却让地方政府被利益集团所俘获变成"攫取之手"(Shleifer,1997)。因此,强调财政分权的中国特色是非常必要的。

那么,什么是中国特色的财政分权?由于中国不是真正意义的联邦制国家,现行体制下,中央向地方的分权应属于行政管理性质的向下授权,下放权力随时可以收回。事实上,自20世纪80年代以来财政体制和中央与地方的行政分权一直处于调整和变动之中,但地方政府的增长激励为什么几乎不变?虽然行政与财政分权确实构成地方政府激励的重要来源,但它们是否构成中国地方政府内部激励的最为基本和长期的源泉,这是值得进一步推敲和讨论的,周黎安认为晋升锦标赛作为中国政府官员的激励模式,是中国经济奇迹的重要根源;并揭示这种特定模式与中国高速经济增长及其各种特有问题的内在关联(周黎安,2007)。布兰查德和施(Blanchard and Shleifer,2000)把中国特色的财政联邦制概括为财政分权与政治集权的结合,从联邦制获得的分权的经济收益关键是依赖于某种形式的政治集权;在政治集权的体制下,向地方的分权产生了地方之间的竞争,而竞争维护了市场,推动了经济增长。那

么，我们不禁要问，这个"趋好"的竞争是必然的吗？如果不的话，在什么条件下向地方的分权可能产生"趋好"的竞争？

事实上，这个"趋好的"竞争和"趋坏的"竞争在中国似乎是同时出现的，只不过在经济转型的早期，"趋好的"竞争收益更大；但是在经济转型和经济增长的后期阶段，"趋恶的"竞争表现更为显著：地方政府逐渐被利益集团俘获滥用权力谋取私利形成"裙带资本主义"、市场分割、地方保护、重复建设、形形色色的产业大战和恶性竞争、贫富差距、资源和环境的破坏等等。之所以产生这种结果，主要是由于地方政府主导经济的这种激励模式在深层次上与有效市场体制的培育和发展有着内在的矛盾，也就是说，这种激励模式与一个良好的市场经济所需的政府职能的合理设计之间存在严重冲突，使得行政与财政分权无法确保市场维护的合理激励（周黎安，2007）。因此，从地方政府主导型经济转型来考察和揭示中国经济发展所面临的基本问题是一个有效的研究视角。

中国经济是地方政府主导的市场经济，政府不仅控制了大量的经济资源和经济活动，而且政府权力几乎深入到社会经济生活的各个方面。最典型的特征就是地方政府与国有企业的合谋，即权力与资本的结合。在所谓的"国有企业改革"下，国有企业与政府之间的关系越来越不具有经济属性，而逐渐演变为一种超经济的行政垄断现象（韩朝华，2003）。在中国目前经济结构中，国有企业垄断及低效率问题越来越突出，"国进民退"现象和国有企业垄断利益集团的存在越来越引起学者的热议，对垄断国有企业的质疑也愈演愈烈。但是将地方政府行为、国有企业垄断以及经济增长放到同一个分析框架的研究尚不多见。特别是在中国这样一个以地方政府主导型发展模式的国家，地方政府行为与国有企业垄断相结合，会将中国的经济增长引到一个什么样的发展逻辑中去，会产生什么样的结果？这些是我们关注的问题。

与此相关的是，我们应该如何理解中国经济运行过程中出现的各种现象。比如，同样是地方政府主导经济增长的模式，日本与亚洲四小龙在经济快速发展的同时实现了公平与效率，为什么中国的收入差距没有像东亚经济体那样在快速发展中逐渐改善，反而逐渐恶化？民营经济在推动中国经济增长、增加出口和税收收入、提供就业等方面起着至关重要的作用,已成为支撑中国经济大半边天的巨大支柱。为什么在全球经济出现好转,需求逐步得到恢复的今天,民营经济却因遭遇到用工紧张、融资难、缺电和高成本、高税负的难题再次陷入危机之中?为什么在产业规模总量扩张的背后,中国产业结构失衡的矛盾却越来越突出,产业结构甚至已经出现某种畸形发展的趋向?尽管改革开放以来各个地区都取得了一定程度的发展,但为什么地区差距如此巨大,甚至以实现地区均衡发展为目的的大规模中央转移支付仍然没有扭转地区差距扩大的现实?这些看似并不相关的现象是否有着共同的诱因?我们究竟应该找到怎样一把钥匙来解开这些谜题?

就此而言,本书的意图有二个:第一,本书基于中国转型经济的典型特征,从地方政府行为和国有企业垄断相结合的视角探索高速经济增长背后存在的问题,从而拓展人们的认识,为诸多的改革现象提供一个逻辑自洽的解释。第二,在此基础上,通过一系列的理论和实证分析,尝试回答改革过程中一些长期困扰人们的难题。通过在理论上构建地方政府和国有企业垄断对经济增长拖累效应的数理模型,推导出一般结论;然后利用中国省级面板数据对理论假说给予严格检验,力图提供一个新的视角来理解中国经济增长背后问题的根本原因,并得出一些有益的结论。

第二节 财政分权、国有企业垄断与地方政府行为取向:文献述评

中国的经济增长是地方政府主导的投资拉动型增长模式,而中国的财政分权无疑是影响地方政府行为的最重要的体制因素之一。很多学者已经对财政分权和地方政府行为以及与经济增长之间的关联得到了有影响力的研究成果,下文综述了相关的研究进展。

一 财政分权理论的演进

传统的财政分权理论思想的主要来源是蒂伯特(Tiebout, 1956)强调的公共品提供方面的"用脚投票"机制。蒂伯特模型将竞争引入政府部门,假定居民可以自由流动,政府间的竞争有利于居民根据自己

的偏好选择居住区，居民流动的"用脚投票"机制能够保证地方政府提供的不同公共品和居民偏好更好地匹配，同时，地方政府具有信息优势，更了解本地区居民偏好和公共服务提供成本，且向地方政府的财政分权可以解决困扰中央政府面临的信息缺损的问题，因此，财政分权可以促使地方政府提高效率和福利水平。然而，在蒂伯特模型中，分权供给公共品的好处要求居民能通过流动显示出真实的偏好，进而缓解公共部门的"搭便车"行为；本质上，蒂伯特模型直接假定地方政府能够有效地提供公共品。虽然蒂伯特模型最早将公共品供给和分权明确地联系在一起，但模型的假设限制过于严格，很多条件现实中无法同时具备。

随后，蒂伯特模型的问题得到了正面修正。马斯格雷夫（Musgrave，1959）基于财政的三大职能，分析了中央和地方政府分权的合理性和必要性。他指出，只有税收和支出责任相对应时，分权才能够提高公共品供给效率和改善公共福利，通过税权在各级政府之间的分配固定下来，明确界定了分税制的含义，这种分税制被称为"财政联邦主义"（Fiscal Federalism）。奥茨（Oates，1972）较早地讨论了分权的成本与收益，得出了著名的分权定理：最优分权的条件是差异化供给所带来的边际收益等于所伴随的外部性的边际成本，即异质性和规模经济之间的权衡。这些早期的代表性开创性的财政分权理论，围绕着地方政府职能和公共品供给形成了较为完整的第一代财政分权理论（First Generation Fiscal Federalism，FGFF）。它所关注的是一般公共品的供给效率问题，而不是经济增长和发展问题，因此，第一代财政分权理论还未触及最核心的问题。

20世纪80年代以来，中央向地方的分权成为一种全球性的现象，推动了第二代财政分权理论（Second Generation Fiscal Federalism，SGFF）的发展。第二代财政分权理论集结了经济学和政治学的元素，不再局限于公共财政的话题，而是将视野转向了地方官员在维护市场、促进竞争与推动经济增长中的激励和行为（张军，2007），将讨论的重心从公共品供给转向了地方政府行为的研究。主要概括为三个方面：

第一，由于投资活动会转向地方政府对经济活动干预较少的地区，为了竞争税基和产业资本，地方政府会减少干预，放松管制，推进市场化改革，从而促进经济增长。钱和罗兰（Qian and Roland，1998）、马和君（Ma and Jun，1997）利用委托代理和公共选择理论论证，在联邦制下，资源的跨地区流动增加了地方政府浪费公共支出的机会成本。财政支出效率低下的地区，不可能吸引到要素流向该地区。因此，地区间的竞争硬化了地方政府的预算约束，改变了地方官员的激励。第二，有效的财政分权能够将地方财政收入与其支出挂钩，这会促使地方政府更有积极性发展本地区的经济。靳等（Jin et al.，2005）将地方乡镇企业的迅速发展视为"保护市场财政联邦主义"的一个成功例子，揭示财政分权对转型的促进作用。第三，财政分权可能硬化了地方政府的预算约束，使不援助低效率的国有企业变得可以置信，从而可能提高地方企业的效率。钱和温加斯特（Qian and Weingast，1997）认为，中国改革开放以来在财政和金融领域的改革硬化了地方政府的预算约束。尤其是1994年分税制改革后，地方政府不能控制中央银行和发行货币，也不能发行国债；同时《预算法》规定地方政府必须自求预算收支平衡。因此，在硬预算约束下，低效率的国有企业成为地方政府的负担，地方政府就有动力推动国有企业改革和重组。

与第一代财政分权理论相比，第二代财政分权理论研究的重心已不再是如何在政府间合理安排公共品的提供责任，而更多的是研究财政分权给地方政府提供了激励推动经济转型和增长。这些研究发展了早期的分权理论，尤其是，突破了公共品供给的局限，进一步把向地方的财政分权与地方政府的激励和地区间的竞争联系起来，建立了解释经济转型的一个理论框架。这种分权的竞争是一种"趋好"的竞争：导致改革实验的发生和模仿；促进和维护了不可逆转的市场机制的发展；促进了乡镇企业的发展和外商直接投资的流入；促进了基础设施的建设和城市化。

二 财政分权与地方政府行为

近期的财政分权研究基本是围绕"市场维护型联邦主义"展开的，主要结论是分权激励地方政府去推动转型和增长。另一种思路则认为中央政府推行和实施的晋升锦标赛是激励地方官员促进地方经济发展的主要来源。现实中，许多转型国家都实行财政分权制度，甚至其本身就是联邦制国家,如俄罗斯;可是财政分权在中国的实施实现了经济的持续高速增长,地方政府的行为更像是"援助之手",而俄罗斯的分权却让地方政府被利益集团所俘获,表现为"攫取之手"(Shleifer,1997),通过增加税收、管制和腐败阻碍了经济增长。

布兰查德和施(Blanchard and Shleifer,2000)通过比较中国和俄罗斯的财政分权和地方政府行为的差异,得出了中俄两国分权的结果相反的原因,俄罗斯的分权是在政治自由化背景下实施的,分权的背景是蹩脚的民主(Fledgling Democracy),中央政府没有能力奖惩地方政府,而地方政府很容易被利益集团所俘获,也有激励设置壁垒寻租。而中国是在政治集中条件下进行的,中央政府在财政分权的同时维持了政治的集中和奖惩地方政府的能力,并通过绩效考核制度来有效约束地方政府行为;尤其是确立了以 GDP 增长为主要指标的政绩考核机制,使地方政府通过相互竞争获得晋升,从而实现了地方经济的持续增长。这种地方政府之间的竞争又称为"标尺竞争",即在政绩考核中,中央政府不仅考察其经济增长绩效的绝对指标,更重要的是对相对增长绩效的考察,指与其他地区官员的绩效相比是否具有优势。李和周(Li and Zhou,2005)证明了"标尺竞争"的存在,即中央可能按照相对经济增长绩效指标考核和提拔地方官员,从实际的可操作性角度分析,这种相对绩效评估方式尽可能消除评估误差,强化了中央政府指挥棒的激励效果,对经济增长有显著的促进作用。

然而,任何激励机制都是有代价的,地方政府对地方提供的服务应该是多任务和多维度的,如果激励只是侧重某一可测度的任务指标或维度,将会导致地方官员努力向这一敏感性指标倾斜,而忽视其他的有益指标,从而会产生资源配置的扭曲(Holmstrom and Milgrom,1991)。以 GDP 增长作为考核地方政府的主要政绩标准,虽然有利于地方政府间的竞争,但也产生了地方政府的短视行为,注重政绩工程,而忽视经济增长的质量,严重地损害了经济的持续发展。同时,地方政府间竞争可能导致地方政府在区域合作方面激励不足,相互攀比而引致地方保护主义和重复建设等问题。周黎安(2004)通过建立一个地方官员政治晋升博弈的简单模型说明地方官员的晋升激励对地区间经济竞争和合作的影响,在地方官员的行为存在溢出效应的场合,政治锦标赛的基本特征就是促使参与人只关心自己与竞争者的相对位次,在成本允许的情况下,参与人不仅有激励做有利于自己的事情,而且也有同样的激励去做不利于其竞争对手的事情;对于那些利己不利人的事情激励最充分,但是,对于那些"双赢"的合作则激励不足。这就是为什么处于政治晋升博弈中的地方官员不愿意合作却愿意支持恶性竞争的内在逻辑。

1994年的分税制改革部分重构了中央与地方政府之间的财政关系,财政收入明显地向中央政府集中,税制改革和银行体制改革都带有明显的财政集权的色彩;那么,财政的再集权会改变地方政府行为的增长取向?陈抗等(2002)发现中央与地方的财政关系可以通过影响地方政府的激励机制来影响他们的行为,进而对经济增长、投资和效率产生影响,虽然财政集权使中央财政收入明显提高,但这样做的成本非常高,不仅地方财政和总体收入减少,投资活动和经济增长速度也显著下降;他们认为,当地方政府可以在"援助之手"和"攫取之手"间进行选择时,收入最大化并不是中央政府一个合适的目标,非集权时期地方政府的"援助之手"比集权时期的"攫取之手"对社会产生更积极和正面的作用,"攫取之手"比利人利己增加未来税基的"援助之手"攫取更多、更贪婪无度,从而更加严重地抑制经济发展;集权过度不但打击地方的积极性,而且会重犯计划经济的老毛病、重开寻租大门。

与财政分权相伴的是市场化进程的推进,吴国光(2004)认为中国经济改革的实质就是在财政分权的框架下引入市场机制,这是30多年来保持高速经济增长的制度基础。国内外学者从不同方面解释了地方政府推动市场化改革的动力机制。麦金农(1997)认为,为改进经济运行效率,财政分权会使地方政府减少对经济活动的干预,因为地方政府干预太多,会使有价值的投资活动转向政府干预较少的地区,地区间的竞争会减少政府干预。朱恒鹏(2004a,2004b)分析了财政分权体制下地方政府推动公有制企业产权改革的动力机制,1994年的分税制改革硬化了地方政府的预算约束,显著增加了地方政府的收支压力,从而促使地方政府具有很大的动力和热情追求地方经济发展和地方经济效率。随着非国有经济对地方经济发展和就业增长的贡献日益增加,而国有企业以及其他一些公有制企业的经营绩效较差,成为地方政府的包袱,因而对公有制企业进行改制便成为地方政府的最优选择。韩朝华和戴慕珍

(2008) 也认为政府主体追求财政效益最大化的动机是推动公有企业产权重组的一个重要因素。

总之,财政分权和经济增长绩效之间的关系,正如利特维克(Litvak,1998)所认为,就促进效率、公平或是宏观经济稳定来说,分权体制本身无所谓好坏,分权的影响如何取决于具体的制度安排。温加斯特(Weingast,2006)将决定地方政府能否成为增长型政府的制度条件归结为五个方面:政府层级(Hierarchy,指政府间关系和职责的设置)、下级政府的自治程度(Subnational Autonomy)、权力的制度化(Institutionalized Authority)、预算硬约束(Hard Budget Constraints)和共同市场(Common Market,指在国家层面上提供并维持一个商品和要素流动的共同市场),但对于发展中国家来说,同时满足这五个条件通常过于严苛。

三 国有企业垄断与地方政府行为

在很多发展中国家,尤其是制度不完善的发展中国家,一直保持着规模庞大而低效率的国有企业。国有企业为何会产生?当市场和制度不完善的时候,国有企业是否比私营企业更具有比较优势?我们在公有制企业的相关文献中并没有找到相应的证据。相反,一个普遍的看法是,国有企业是大多数发展中国家实现再分配机制的主要形式(Shleifer et al.,1998)。洛特(Lott,1990)分析了国有垄断企业和私人垄断企业行为差异的原因,最大化财政收入的倾向使得政府倾向于采取垄断政策。收入最大化的政府鼓励更多的垄断而不是经济效率。政府不仅成为游戏规则的制订者,同时也是比赛中的运动员和裁判员(Sachs and Warner,1995)。

国有垄断企业通常是效率低下的(Boycko et al.,1996)。白重恩等提出了转型国家国有企业多任务的两部门理论模型,从国有企业提供公共物品的角度讨论了国有企业的低效率可能与其要承担保持社会稳定的责任有关(Chong-En et al.,2000)。贝姆和卡罗来瑞斯(Beim and Calomiris,2001)从四个方面更为全面地解释了国家所有权是低效率的原因:第一,政府所追求的多重并且往往是相互冲突的目标(最大化就业、促进区域协调发展和确保国家安全等等)会背离利润最大化目标或股东价值最大化目标;第二,垄断市场结构,国有企业几乎都是垄断者;第三,预算软约束和无条件、低成本进入国有企业的资本;第四,经理人员缺乏所有权激励,由所有权和控制权分离导致的激励问题是国有企业低效率的最重要的原因。爱斯汀等(Justin et al., 2008)也认为国有企业问题的根源是所有权和控制权的分离,经常受到批评的预算软约束是由国家强加的政策性负担引起的,国家应当为国有企业的低效率负责。因此,他们认为国有企业改革成功的关键是消除政策性负担并创造一个公平竞争的环境,使市场竞争可以提供足够的信息以提高国有企业的管理绩效,并使国有企业管理人员的激励与国家管理层相兼容。没有政策性负担,国家就不必承担国有企业的失败,因此就能硬化其预算约束。然而,国有企业股份制改造后,政府仍然直接或间接地控制上市公司,导致这些国有控股上市公司必须承担国家规定的政策性负担,如下岗工人和持续性的价格扭曲,这些政策性负担被认为是预算软约束问题的原因。因此,国有公司的管理者可以使用政策性负担作为公司业绩不佳的借口,并让国家为之负责。

国内学者对国有企业的研究主要集中在国有企业自身的效率问题上。绝大多数的学者认为国有企业的效率是低下的。也有不少学者从预算软约束(Soft Budget Constraint)的角度分析国有企业给经济带来的危害。林毅夫和李志赟(2004)认为,国有企业的收入主要来源于政府补贴和依靠其垄断地位获得的超额垄断利润。限制其他市场主体的进入,损害了公平竞争的市场原则,阻碍了经济增长。实际上,国有企业垄断地位的维护,是以损害社会效率为代价的,是政府为国有企业提供的一种隐形的补贴。樊纲(2000)认为这种隐形补贴主要以三种形式存在:一是政府用财政收入直接对国有企业进行补贴;二是银行将大部分的资金以低息借贷给国有企业;三是垄断"上市权"的国有企业从资本市场上获取的资本。由于政府对国有企业的偏爱,使得国有企业缺乏市场竞争压力,低效率是必然的。刘瑞明和石磊(2010)针对国有企业的生存困境,提出了国有企业的"增长拖累"(Economic growth cumbrance)这一概念,认为国有企业不仅本身存在效率损失,而且由于预算软约束的存在,拖累了民营企业的发展进度,从而对整个经济构成了"增长拖累"。虽然他们提出国有企业对经济增长具有"拖累"效应,并在模型中引入了政府主体。但在实证分析中,主要检验的是国有企业垄断对经济增长的影响。而政府变量只是作为控制变量,简单地采用政府消费占比来表示。这样处理的结果,可能会丢掉隐藏在国有企业垄断背后有关政府行为影响的丰富信息。

然而,在经济转型过程中,中国经济发展有一些明显特征,这就是政府、财政和国有企业三位一体。垄断不仅先于市场而存在,而且具有行政垄断的特征。所谓行政垄断就是政府管制加上市场垄断,或者说是国有企业凭借行政权力的支持和保护而形成和维持的垄断(张曙光,2007)。中国的国有企业垄断更多的是政府垄断或政府授予垄断,即行政垄断。政府主导型的经济发展模式最容易引致行政干预。行政干预将导致经济扭曲并产生社会福利损失(Stigler,1971)。布兰施泰特和芬斯特拉(Branstetter and Feenstra,2002)运用政治经济学分析方法发现,地方政府更青睐国有企业,获益于国有企业的特殊利益集团通过政治施压来提高国有企业的补贴,而补贴使得国有企业倾向于选择一个低的努力水平。

由于中国是一个权力高度集中的社会,如果上级无法自我约束,下级是不可能打击腐败的(He,1998)。在行政垄断下,竞争机制受到压制,资源配置效率被扭曲,特别重要的是,在一个介于市场经济体制和计划经济体制的制度环境中,行政垄断可能会更容易使得掌握公共权力的微观个体与垄断厂商共同设租和寻租,这将引发大规模腐败的产生(Abed et al.,2000)。于良春和张伟(2010)构建了一个转轨经济条件下对行业性行政垄断问题进行分析的ISCP框架,考察了行业性行政垄断的维持及传导机制,通过对电力、电信、石油及铁路等四个典型的行政垄断行业进行实证分析,发现行业性行政垄断在各个层面上均造成了较大的效率损失。樊和黄(Fan and Wong,2005)调查了中国625家国有企业,并就政治联系对这些公司的价值和治理结构的影响进行了研究,他认为中国部分股权私有化规则为政治家创造了寻租激励,这可能对新上市国有企业的绩效和公司管理不利;对有政治联系的企业领导人的任命不能提高所有权价值,而是满足了政治家的政治目标。白让让(2007)考察了国有企业主导与行政性垄断下的价格合谋的关系发现,在规制缺失或默许的条件下,包含惩罚方式的价格合谋是一个可行和可实施的机制安排，而寡头垄断和行政垄断的结合是诱发规制者干预价格竞争，最终形成所谓"价格同盟"的结构和制度条件，规制者和垄断国有企业关系的交织和错位下的反竞争行为，是未来《反垄断法》实施的主要障碍。邓伟和余建国（2008）运用共同代理模型分析产业政策倾向保护国有企业的原因，代表各个产业部门的利益集团围绕政府的政策展开博弈，政策的形成是政府对各个产业利益集团进行平衡的结果；但是，政府对国有部门的重视程度超过非国有部门，随着国有企业逐渐从许多产业退出，余下的国有部门越来越缺乏其他利益集团的制约，政府因而就倾向于保护这些国有部门的垄断利益。

四 转移支付与地方政府行为

随着中国市场化进程的深化，中央政府原来可以通过计划、指令和行政管理方式引导和控制地方政府行为的情形也在悄然变化。在这种情形下，集中财权并通过转移支付激励（或惩罚）地方政府就成为中央政府的一个自然的政策反应。为促进不同地区间及城乡间的均衡发展，中央政府近年来以各种转移支付形式加强对欠发达地区及农业、农村发展的财政投入；但是，袁飞等（2008）发现，即使这些投入有助于缓解欠发达地区的财政困境，却无法从根本上解决这些地区的基层政府促进本地经济发展、提供优质公共服务的激励问题，反而可能引起地方政府人员规模增加和财政供养人口比重上升；并指出，在中国目前的政府管理体制下，上级政府面临着无论增加哪种转移支付都可能带来问题的两难处境。温加斯特（Weingast，2000）发现，对财政净贡献为正的地区来说，税权上收会降低地方发展经济与培育税源的积极性；而对于接受转移支付的地区来说，中央财力构成了一个"共同资源"，激励地方政府努力争夺资源而非提供公共品。范子英（2011）认为，由于征税具有成本，地方政府往往倾向于利用转移支付代替本地税收，从而降低地方政府的财政努力。付文林（2010）在地方政府内生化财政选择背景下考察了均等化转移支付制度对地方财政行为的激励效应发现，转移支付总体上对提高落后地区人均财力有积极作用，但在一定程度上降低了地方的征税积极性，而且，转移支付规模扩大可能会助长地方财政支出更加偏向于行政性支出。

那么，旨在平衡地区间财力差距、促进地区间均衡发展的中央转移支付究竟效果如何？很多学者对此做了深入的研究。马栓友和于红霞（2003）分析了1994年新财税体制改革以后转移支付与地区经济收敛的关系，发现转移支付总体上没有达到缩小地区差距的效果，特别是税收返还保留了地方的既得利益，实际上起着扩大地区差距的作用。尹恒等（2007）运用中国2000多个县级地区1993—2003年的财政数据对转移支付的财力均等化效应进行分析发现，上级财政转移支付不但没有起到均等县级财力的作用，反而拉大了财力差异，特别是分税制改革后，转移支付造成了近一半的县级财力差异，专项补助和税收返还是非均等性最强的转移支付，明确定位在缩小财力差异的各项因素法转移支付并没有达到预定的效果。欧阳华生（2007）对中国2000—2005年省际间财政收支差异分析发现，转移支付制度对调节省际间财力分配差距有一定的作用，但地区间财力不均的格局并未从根本上改变；改革财政体制中长期形成的某些既得利益成为解决地区间财力不均的重要途径。而靳和邹（Jin and Zou，2005）认为中央对地方转移支付的设计，近50%是为了维持地方的财政既得利益，并不体现中央的调控意图。因此，在这种情形下，对中国转移支付的地区间平衡效应研究得到上述结论也是必然的。此外，范子英和张军（2010）对1995—2006年省级面板数据的分析发现，转移支付比重每增加1个百分点将使得地方经济的长期增长率降低0.03个百分点，这种无效率的水平在西部地区更是达到0.37个百分点，表明1999年以来倾斜性的转移支付政策恶化了这种无效率的状况，支出结构的不合理变化和转移支付带来的激励扭曲都可能降低经济增长的潜力。

五 地方政府主导的转型式增长

1978年开始的经济转型极大地改变了中国的经济面貌。国内外学者对中国经济转型进行了深入的探讨，揭示了中国经济转型方式的某些经验和特点，丰富了对经济转型过程的认识。比较代表性的观点有：林毅夫等（1994）认为，改革前中国经济发展缓慢的根本原因在于推行重工业优先发展的"赶超战略"，而改革后中国快速发展的关键在于改革三位一体的传统经济体制，发挥了中国资源的比较优势；同时，中国

政府悖论、国有企业行为与中国经济和谐增长

改革成功的一个重要保证是选择了一条风险小、代价小且能及时带来收益的渐进式改革道路。樊纲（1996）把渐进式改革的实质概括为"增量改革"（特别是非国有经济的迅猛发展）和"双轨过渡"。张军（1997）认为以价格双轨制为特征的"边界改革"的优势在于，国有部门在计划外边界上通过价格信号捕捉获利机会要比突然私有化的国有部门对经济扭曲和短缺作出的反应更迅速。钱颖一和许成钢（1993）认为中国改革的成功主要得益于传统体制的 M 形结构，即一种以区域原则为基础、多层次、多地区的"块块"结构；这种结构弱化了行政控制，强化了市场活动，刺激了非国有部门的发展。

因此，学者们普遍认为，改革开放以来制度变迁是推动中国经济增长的主要因素。学术界对中国转型过程中的高速经济增长形成的一个基本共识是，地方政府在改革和发展过程中起到了非常重要的作用。有些学者把中国改革开放后的增长模式归为东亚经济增长模式（Sachs and Woo, 1997）；张军（2002）把目前中国形成的经济增长特征归为资本增长过快和过渡工业化；靳涛（2006）认为中国的经济增长是一种地方政府推动的资本拉动型经济增长，这种增长主要是通过投资和资本深化拉动的；等等。中央政府在经济分权的同时，仍然掌握着地方官员的人事任免权，且通过绩效考核机制约束地方政府行为，特别是制订了以 GDP 增长率为主要指标的绩效考核体系，促使地方官员通过相互竞争获得晋升以保证地方经济发展。周黎安（2004）通过分析地方政府官员行为发现，地方官员往往有充分的激励去支持本地企业和发展本地经济。崔和王（Tsui and Wang, 2004）认为中央政府通过经济分权与政治集权能够提供足够的激励和约束，促使地方政府互相竞争，能够实现经济持续增长。政治和经济上的混合双重激励结构是支撑中国经济持续增长的内在机制，使得中国区域经济在其发展过程中具有明显的强势政府特征，表现为地方政府推动经济增长的热情非常高。

在政治晋升和财政压力的双重激励下，地方政府不惜成本，想方设法招商引资，以求在短期内获得 GDP 的较快增长，而税收手段往往是地方政府间展开经济竞争的主要策略之一。陈晓和李静（2001）对上市公司所得税负担的研究中发现，很多地区都会给上市公司税收返还或减免的特别优惠。然而，招商引资中的税收优惠竞争造成地区税率不断

下降，导致地方公共品供给不足，降低社会福利水平（Oates，1972；张晏，2005）。不仅如此，在当前的土地出让制度条件下，土地优惠也是地方政府支持其廉价工业化的经济发展政策。在2003年前后的一波开发区热潮中，各地制定的招商引资政策中几乎无一例外地设置了土地优惠政策，包括以低价协议出让工业用地，按投资额度返还部分出让金等。企业对生产成本非常敏感，且比较容易进行区位调整，因此，处于强大竞争压力下的地方政府不得不提供廉价土地、补贴性基础设施与劳动管制在内的优惠政策。梁若冰（2009）发现财政分权与土地出让制度为地方政府的土地违法行为提供了正的激励，使地方政府可以在不损失地方财政收入的前提下支持其低价工业化的发展策略。此外，由于财力有限，甚至仅仅因与其他地区实力相当而难以提供更优的基础设施和制度环境来参与地区间竞争，地方政府经常使用一些非常规的竞争手段，比如降低环境和安全标准吸引投资，导致恶性竞争（Oates and Schwab，1988；Gordon，1983），结果，经济增长的同时伴随着环境的恶化和事故的频发。陶然等（2009）通过考察中央—地方和地方政府—企业两个维度关系及其在中国转型30年中两个不同阶段的变化，研究了不同时期地方政府在财政激励下所面临的约束条件的变化和对应的地区竞争行动，指出中国当前发展阶段中以地方政府提供低价土地、补贴性基础设施乃至放松劳工、环境保护标准吸引制造业的地区"竞次性"发展模式，不具备经济、社会发展乃至环境保护上的可持续性。而且，杨其静（2007）认为，地区间竞争导致的友好商业环境（如土地优惠）往往是以另外一些居民遭受不公平待遇为代价的。事实上，在中国，地区间竞争不仅导致地方政府对本地区外的企业采取歧视性政策，即使对本地区内的不同企业也存在歧视，追求任期内政绩最大化的地方官员为了吸引外资，通常对本地民营资本的市场准入进行限制等。这种竞争格局在一定程度上扭曲了资本和劳动力等要素资源的市场化流动，阻碍了地区经济增长的收敛。

中国的渐进式改革是在宪政秩序保持不变条件下的市场化改革，这种失衡性的体制改革保持了政治体制和利益格局的连续性和稳定性，是一种帕累托效率改进式的体制转型（Lawrence et al.，2000），刺激了生产性努力的增长，短期内取得了巨大的效率改进。但是，渐进式的体制

政府悖论、国有企业行为与中国经济和谐增长

转型往往会使计划体制下的公共权力在市场化改革深化的同时，衍生为寻租能力，长期内寻租约束使经济增长无法实现均衡，只能在一个低人均资本存量水平的区域内进行生产（黄少安和赵建，2009）。刘欣（2005）认为资源再分配权力、衍生性的寻租能力及市场化过程中形成的市场能力，在体制转型中自我加强，最终会使初始权力禀赋分配愈不平等。在改革过程中，作为制度变迁主体的政府官员会仅仅采取那些有利于维护和增强自身资源再分配权力和寻租能力的改革措施，结果就使市场化改革进程参差不齐，产生所谓的局部性改革现象（章奇和刘明兴，2005）。而且，黄少安和宫明波（2003）认为，在初始谈判能力不等的条件下，拥有权力优势的政府官员完全有能力和条件在改革过程中仅仅采取有利于自身利益的改革措施，这些措施通过自我强化演化成路径依赖式的惯例，这正是以寻租机会为目标的局部性改革长期存在的逻辑所在。然而，体制失衡性的转型带来的对宪制秩序的扭曲可能会产生长期的负面结果，政治体制改革的滞后使得原政治体制内的政治权力通过业已存在的市场与经济利益联姻，政治"权力"变成了"权利"，形成了有政治背景的庞大的利益集团，足以影响国家的法律和政策（Sachs et al.，2000）。与中央政府最大化社会福利的目标不同，地方政府最大化的目标更为丰富，为满足地方特定的利益集团，它需要在提供有效公共品与供养财政人口之间做出权衡，相对于高层政府，低层政府更易受地方利益集团的约束（Bardhan and Mookherjee，2001），这也是中国的改革进程步履维艰的根本原因所在。

从以上文献检索可以看到，与国外的垄断不同，行政垄断不仅是依靠垄断高价来获取垄断利润，而且还依靠政府垄断要素低价，把资源要素租金变成国有垄断企业的利润，这都和政府权力有关，垄断利益集团俘获利用公权、滥用公权攫取私利，这也是中国转型期改革不彻底，具有中国特色的显著特征。国有企业越做越大，但舆论的诟病也越来越多。批评来自两方面：一是国进民退，当国有企业陆续从一般竞争性领域退出后，在剩下的资源性和基础性等上游垄断行业，国有企业却在强势扩张，其垄断地位呈现出越来越强的趋势，形成了所谓"国进民退"的局面，提高了社会成本，挤压了民营经济发展的空间，是在"与民争利"；二是国有企业的高薪酬、高消费和某种"集体腐败"，加剧了

社会财富分配不公。究竟是国有企业垄断本身造成的，抑或是政府"过度"干预经济社会，尤其是国有垄断企业导致的这种不合意的结果？还是两者兼而有之？然而，很少有学者对此进行深入的研究，将地方政府行为、国有企业垄断以及经济增长放到同一个分析框架的研究尚不多见。特别是在中国这样一个以地方政府主导型发展模式的国家，地方政府行为与国有企业垄断相结合，会将中国的经济增长引到一个什么样的发展逻辑中去，会产生什么样的结果？这些是我们关注的问题。行政垄断的破坏力巨大，由此造成的资源配置扭曲、社会福利损失、收入分配不均以及地方保护和区域市场分割等问题而日益成为社会各界关注的焦点。各种问题的交织得不到解决，可能会形成一种缺乏效率的、僵化的改革路径，进而损害长期的经济增长。

第三节 研究思路

如图 1-1 所示，本书的研究思路层层推进，理论与实证研究并重。首先提出问题，回顾并评述相关的文献；然后对改革开放 30 年经济运行的特征事实做出整体评价，进而展开理论分析和实证研究；最后，总结全书并讨论此项研究蕴含的政策含义。

第四节 主要内容与结构安排

本书基于中国经济的转型特征，试从地方政府主导和国有企业垄断双重影响的视角，考察地方政府主导经济的增长模式所造成的成本和扭曲，并研判中国式分权塑造的地方政府增长取向是"趋好的"抑或是"趋恶的"，也就是说，地方政府更多地表现为"援助之手"还是"攫取之手"？除第一章提出问题外，其后九章所讨论的主要问题和内容概述如下：

要考察财政分权体制下地方政府的财政模式和行为取向等问题，前提就是要对中国改革开放 30 年的整体经济运行效率有个正确的认识，能够清楚把握一些基本特征事实。这是第二章的工作。第二章第二节回顾中国经济体制改革的历程与现状；第三节考察改革的三个主要阶段、地方政府行为取向的变化，以及其所引致的经济运行效率情况，并反思了地方政府能够拉动经济增长的结论。第四节总结。

主线	环节	研究任务	章节
政府悖论、国有企业行为与中国经济和谐增长	提出问题	明确研究主题：地方政府行为与国有企业垄断的双重影响	第一章 导论
	文献综述	研究任务：回顾并评论相关文献	
	特征事实	研究任务：改革开放30年地方政府主导型增长模式与中国经济运行效率评价	第二章 中国改革开放30年增长模式揭示
	理论分析	研究任务：中国式经济经济增长的内在逻辑	第三章 政府悖论与经济增长：理论分析框架
	实证研究	研究任务1：制约经济增长质量改善的体制因素	第四章 体制改革、增长潜力与经济的可持续发展
		研究任务2：民营经济发展是否存在体制内阻力？	第五章 政府行为、国有企业垄断与民营经济发展
		研究任务3：为什么产业结构升级步履迟缓？	第六章 政府行为、国有企业垄断与产业结构升级
		研究任务4：收入差距扩大化与高速增长并存的原因？	第七章 政府行为、国有企业垄断与收入差距
		研究任务5：城市化滞后于工业化的原因？	第八章 地方政府行为与城市化的发展
		研究任务6：中央政府通过转移支付调控地方政府行为的结果	第九章 政府行为、转移支付与效率研究
	结论政策	研究任务：总结全书、提出政策建议	第十章 结论、政策含义与研究展望

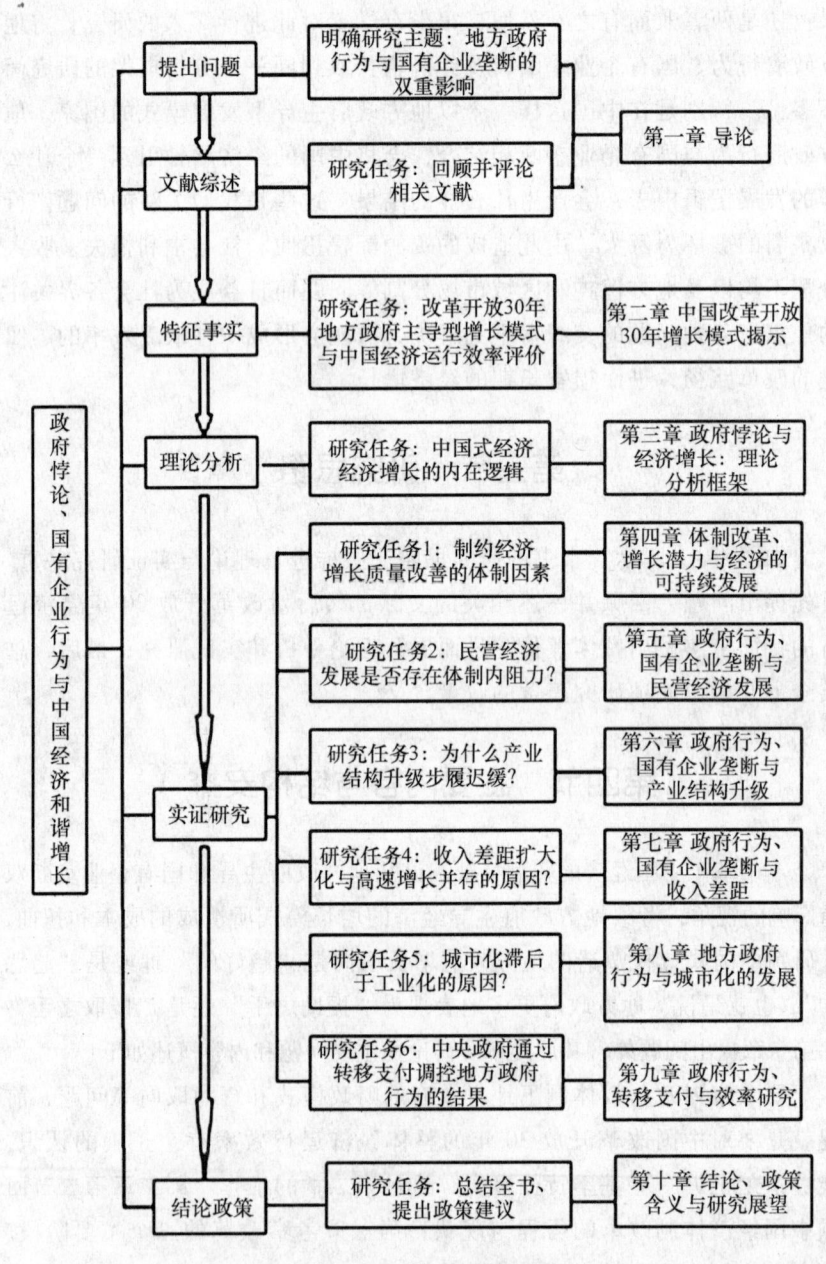

图 1-1 研究思路框架图

第三章我们建立了政府悖论与经济增长的理论分析框架，对它们之间的关系进行理解和阐释。第一节通过对政府悖论的分析发现，政府官员具有约束条件下最大化倾向的自利行为；第二节分析了中国从计划经济走向市场经济的转型过程；第三节分析了转型过程中推动经济增长的行为主体及其激励机制；第四节通过分析地方政府主导经济增长模式的弊端，引申出我们的逻辑主线及研究的主题。

第四章从总体上实证检验了制约经济增长质量改善的体制因素。第二节回顾了制度和经济增长方面的文献；第三节从理论上证明了渐进式改革进程中的经济增长绩效问题；第四节是模型分析、指标设计与数据处理；第五节从经济发展水平、资本效率和全要素生产率三个视角实证分析了渐进式改革与中国经济增长质量的关系；第六节是本章的结论。首先，从理论上考察了渐进式改革进程中的增长绩效问题。然后，利用中国1978—2010年间的省际面板数据从经济发展水平、资本效率和全要素生产率三个视角实证分析了渐进式改革等制度因素与经济增长质量的关系，判断这些因素的剩余潜力，研究制约经济增长质量改善的体制因素。结果发现，体制与制度因素是影响经济增长质量的重要阻滞力量，特别是政府对市场的干预和政府投资竞争一直都是抑制增长质量改善的显著因素。财政分权的短期释放效应显著，但宏观税负和财政软预算约束却成为贯穿经济发展始终的不利因素。国有企业和金融领域改革滞后已经和正在成为促进经济增长质量提高的绊脚石。市场化改革特别是非国有经济发展却是促进经济增长质量改善的重要制度因素。

第五章实证检验了地方政府主导及其与国有企业垄断的结合是否是民营经济发展的体制内阻力。此章第一节提出问题；第二节根据民营经济发展的体制背景提出研究假设；第三节为计量模型设定与实证检验结果；第四节是本章的结论和政策蕴含。通过构造地方政府主导和国有企业垄断的指标，利用1986—2010年的面板数据检验地方政府主导及其与国有企业垄断的结合影响民营经济发展的跨区差异。研究发现，地方政府主导对民营经济发展有积极作用，而国有企业垄断对民营经济的发展则具有明显的"挤出效应"，特别是政府主导与国有企业垄断的结合体—行政垄断更是制约民营经济发展的重要障碍。另外，由于中国各个地区的市场化程度存在较大差异,导致上述影响表现出显著的地区性差异。

第六章则把握了这样一个事实:中国长期存在的地方保护主义、大而全的地区发展战略、形形色色的"产业大战"和恶性竞争。这些现象的背后都有政府主导或推动的影子,是政府官员实施地区发展战略和产业政策的一部分,而不是简单的企业为谋求高额利润而过度进入某行业和保护本地区市场的问题。本章从地方政府主导与国有企业垄断双重影响的视角分析了产业结构升级步履迟缓的原因。分析发现,地方政府主导的经济发展模式不利于整体产业结构升级。单纯的国有企业垄断行为并不会对产业结构升级产生不利影响,而当国有企业垄断与地方政府行为结合在一起时(本书用行政垄断来表示二者的结合),其就会对产业结构升级产生极其不利的影响。这实际上揭示出,企业的所有权结构并不是制约产业结构升级的原因,本质在于政府对国有企业的控制而扭曲了国有企业的正常企业行为。从理论模型上刻画了政府主导、国有企业垄断和产业结构升级之间的逻辑关系,并在经验上寻找证据构成了本章的核心内容。

第七章探索了收入差距持续扩大和经济高速增长并存的内在原因。为什么中国改革开放后经历了 30 多年的高速增长,而收入差距还没有出现收敛的迹象?这是经济发展本身造成的,还是和政府主导的转型式增长模式有关?本章就是从中国转型式增长的内在逻辑来探其究竟,中国转型式增长是地方政府主导的投资拉动型经济增长模式,而这种模式最突出的两个特征就是地方政府主导和国有企业垄断。本节针对这两个特征的双重影响,研究发现,地方政府行为不仅没有弥合由市场竞争引起的收入差距的扩大,反而是收入差距扩大化的症结所在;国有企业垄断本身对收入差距扩大的影响并不显著,但地方政府与国有企业垄断的结合体即行政垄断却是导致收入差距扩大的深层次体制原因。这表明企业的所有权结构并不是收入差距扩大的根本原因,本质在于地方政府与国有企业的合谋,即权力与资本的结合。

第八章从地方政府主导经济的行为视角探讨了城市化滞后于工业化的体制扭曲问题。为什么中国的城市化长期显著滞后于工业化?从工业化主导向城市化主导的结构转型中,政府行为是如何转变的,城市化怎么才能可持续。在地方政府主导经济增长的背景下，本章从理论上分析了地方政府行为对城市化和工业化的影响，并进行了实证检验。结果发现，城市化严重滞后于工业化与地方政府行为有关。地方政府行为，特别是政府的财政压力和预算软约束虽然对工业化有直接加速效应，但却显著阻碍了城市化的进程，从而进一步扩大了城市化和工业化之间的差距。本章还发现，地方政府行为也不利于城市公共服务质量的改善，降低了城市对人的吸引力。如果政府不进行适时转型，则人口城市化的进程就会受阻。

第九章探索什么因素导致了地方政府行为的变化及其所引起的如上结果？我们知道，地方政府和任何一个社会主体一样，需要考虑自己和本辖区的利益；问题的症结在于，政府官员在什么样的体制环境下会去争取自己的利益。设定适当的体制，使局部和整体能够实现"激励兼容"，这就需要中央政府做对激励。本章从地方政府寻租的视角分析了财政体制演变过程中地方政府行为的变化及其所引致的宏观经济后果。这一分析解释了如下事实：第一，分税制较包干制是制度上的改进，为什么分税制实行这么多年仍没有达到预期的效果？第二，为什么旨在平衡地区间财力差距的中央向地方的转移支付是无效率的？在此基础上，本章还对中央转移支付的效率问题进行了实证检验。

第10章总结全书，提炼出对经济转型政策的一些启示，并展望进一步的研究空间。

第五节　研究方法与创新

一　研究方法

在方法论上，本书坚持理论和经验并重的研究范式。第二章基于中国财政分权体制以及地方政府治理体制演变的制度背景，考察了改革开放30年的经济运行效率状况，以期厘清一些基本特征事实。为此，本章运用了大量的图表分析法，对统计数据进行加工和处理；通过对中国经济特征性事实的描述，运用历史归纳法抽象出我们的研究主题。第三章建立了全书的理论分析框架，通过较为简明的模型，得出若干可供实证检验的命题。第四、五、六、七、八和九章首先利用逻辑演绎的方法推理论证，在现有文献的基础上，根据现象抽象出合理的假设，或通过数理模型推导出一般的理论命题，对相关的经济事实给予明确的解释。然后，我们利用中国省级面板数据对理论假说给予验证，分别采用静态面板估计方法和动态面板估计方法（GMM）。静态面板估计方法包括固定效应和随机效应估计，用 Hausman 检验进行判定具体采取哪种估计方法；动态面板估计一方面可以控制地区效应的影响；另一方面能够处理可能存在的内生性问题。GMM 估计的一致性取决于两个特定的检验。第一是检验确定工具变量的有效性；第二是检查差分方程中误差项不存在二阶序列相关的零假设，估计的模型不应拒绝这两个检验的零假设。我们详细考察经验证据是否支撑了我们的理论假说。

二　研究创新

本书的研究主题是转型中国的政府主导行为及其与国有企业垄断的结合对经济增长的影响，该研究中涉及许多尚未深入讨论的领域。然而，政府主导行为所涵盖的内容非常宽泛，为此我们选出改革开放以来最有代表性的一些政府行为，包括对财政激励、政府规模扩张、地方保护以及政府自主调控的行为进行研究，我们选择蕴含丰富体制背景的事件进行研究具有很大的意义，我们不追求对政府主导、国有企业垄断与增长的研究面面俱到，而是选取非常具有代表性的政府行为来体现政府主导在中国经济转型中的重大影响。

基于这样的认识，我们以中国经济的基本特征事实为研究起点，对中国地方政府主导经济增长模式进行了反思，对具体行为的结果建立了具有微观基础的模型，采用省级面板数据进行实证研究，得出了有价值的研究结论。具体而言，本书的创新之处主要体现在：

第一，我们从政府主导与国有企业垄断双重影响的视角探究中国高速经济增长背后存在的问题，政府主导与国有企业垄断是中国转型期的基本特征，且政府与国有企业垄断之间又具有天然的"父缘关系"，特别在中国，国有企业垄断更多地表现为行政垄断，即政府垄断或政府授予垄断，政府与国有企业的关系越来越不具有经济属性，而是一种行政关系。但很少有文献将这二者放入同一个逻辑框架中进行研究，本书的主要工作在于从理论和实证两个层面对这个问题进行深入的讨论。

第一章　导论

第二，在国内首次研究政府主导行为这个指标与国有企业垄断的结合会将中国经济增长引到一个什么样的轨道中去这一问题，我们从多个角度详细地进行了客观度量，构造了能够反映政府主导行为的度量指标，并厘清了政府主导行为、国有企业垄断与经济增长之间的关系，在相关的国内外文献中，目前还未发现这方面的相关研究，本书填补了这个空白。

第三，本书澄清了一些政策上的误区。大量关于国有企业垄断的研究由于没有考虑到地方政府行为的激励，有意无意地把国有企业垄断与行政垄断混淆在一起。实际上，本书的研究表明，单纯的国有企业垄断的不利影响较小，问题的症结在于地方政府与国有企业垄断的结合即行政垄断。也就是说，企业的所有权结构并不是拖累经济增长的根本原因，本质在于政府对国有垄断企业的控制而扭曲了其正常企业行为。

但是，客观来讲，本书也存在着不足之处，这集中体现在：第一，本书在指标选取上存在进一步努力的空间，为了刻画地方政府主导行为，本书尝试使用财政压力、政府规模扩张、地方保护和政府自主调控四个方面的指标，尽管实证结果较好地验证了文章假说，但如何更好地刻画地方政府主导行为仍然是一项富有挑战性的工作。第二，尽管本书实证试图为假说提供验证，并且试图克服潜在的内生性问题；但由于数据的局限，完全消除内生性问题显得尤为困难。因此，进一步寻找更为适当的数据和方法验证假说构成了下一步的工作。第三，在实证研究中，限于数据来源，本书主要是针对中央—省级层面上的政府行为，而政府主导行为主要体现在市县两级，并且国有企业垄断采用更加微观的企业数据是更加合理的，因而使用更细致的数据库将使结论更丰富而有说服力。如果能够获得省级以下及有关国有企业的微观数据，甚至进行实地调研，我们将可以开展更有趣的工作。

· 25 ·

第二章 中国改革开放30年增长模式揭示

第一节 中国经济转型特征

中国渐进式经济转型的过程是中央政府打破地方软约束和向地方政府分权的推进过程，中央政府通过权力分解和下放，以图打破长期以来束缚经济发展的僵化计划体制。其实，中央政府的财政分权和权力下放，不仅是市场经济规律的客观要求，而且也是推进经济体制转型成功和深化的重要保证。当然，这种权力下放，也是经济转型必不可少的诱导性措施。如果没有中央政府的权力下放和分解，地方政府和其他行为主体可能对改革的试验由于缺乏激励和利益的驱动，出于保护自己既得利益的考虑不会表现出高度的积极性。在经济体制转型中中央政府权力下放是一种明智的选择，通过这种权力下放来调动各级地方政府和其他行为主体的积极性，使生产效率、经济增长和各行为主体的福利水平同步提高。另外，这种权力下放和分解的过程往往伴随着中央政府对经济转型风险的转移过程，以通过转移风险来达到风险最小化的目标。地方政府在转型中随着中央政府的分权和财政包干，地方政府调节当地资源配置的积极性和主动性都大大增强，这既是地方政府锦标竞赛的结果，也是地方政府追求地方自身利益最大化的结果（周业安，2003）。

解释中国经济增长的特征，必须从中国经济转型的内在逻辑出发，将经济增长的特点和中国经济转型的特征结合起来分析，中国的经济增长是内生于中国独特的转型路径和方式的一种特殊增长方式。改革初期中国经济增长可归为从短缺经济过渡到商品经济的报复性经济增长，这种增长可以看作是由投资和需求共同推动的。1994年中国实施全面财政分权改革以后，中国的经济增长主要走的是一种由地方政府推动的投资拉动型经济增长模式，这种模式根植于地方政府在短期内达到 GDP 增长的直接目标（靳涛，2008）。由于中国经济转型过程是中央政府和地方政府财政分权的过程，也是地方政府为了"政治前途"利益最大化而追求"锦标竞赛"的过程，随着地方政府财政独立和地区间"GDP 竞赛"的展开，地方政府行为发生了显著的变化，地方政府行为最大的变化就是干预地方经济的动力和热情越来越大。因此，从中国经济转型的特征来考察和揭示中国经济增长问题是一个有效的研究视角和线索。

本章将首先回顾中国经济体制改革的历程和现状，并分析地方政府的财政模式和行为取向等问题；第三节中国改革开放 30 年增长模式的客观评价；第四节对中国经济增长模式的反思。

第二节 中国改革开放后经济体制改革历程和现状

中国高速的经济增长主要受益于"增量改革"的策略，即在不触动现存的"存量"格局（包括利益格局、功能角色等）的基础上，通过"做大"新的增量成分，进而达到改善整体经济增长速度或效率的改革策略。这似乎也是渐进式改革的逻辑所在，渐进式改革并不在于其速，即改革并不立即取消旧体制，而是在暂时不触动旧体制的情况下，先发展新体制，进而随着经济结构的改变，逐步改革旧体制（樊纲，2000）。而财政体制改革和国有企业改革始终是中国渐进式改革的重点和中心环节，依据改革内容逐步深化的顺序，本书将改革开放后 30 年划分为三个不同的阶段和时期。

第一阶段：1978—1991

1980 年中央决定实行财政包干的基本体制，从此，中央与地方的财政关系发生了剧烈的变化。中央与地方的财政关系开始以地方与中央签订财政上的"承包"（contracting）为主，形成了以划分收支为基础的分级包干和自求平衡的协议关系。但其间伴随着国有企业改革的推行，中央与地方的财政体制也相应地做了一些调整。1982 年，国务院颁发《关于实行"划分收支，分级包干"财政体制的暂行规定》，实行所谓"分灶吃饭"。这个规定的主要内容是对财政收入和支出进行分类，地方财政在划分的收支范围内以收定支，自求平衡。1988年的财政大包干体制基本延续了1980年的体制模式，将这个体制模式向更大的范围推广。在财政承包制下，地方政府拥有了一种地方财政收入的"剩余索取权"，至少在边际上改变了地方政府的激励，提高地方政府对增长财政收入的努力；但这种财政上的分权体制产生很多负面的结果。最重要的是，财政承包制度的实行逐步改变了政府预算财政的增长格局和中央财政的相对地位，集中表现在政府预算收入占GDP的比重开始出现下降的趋势，中央财政收入也开始出现相对下降的趋势。

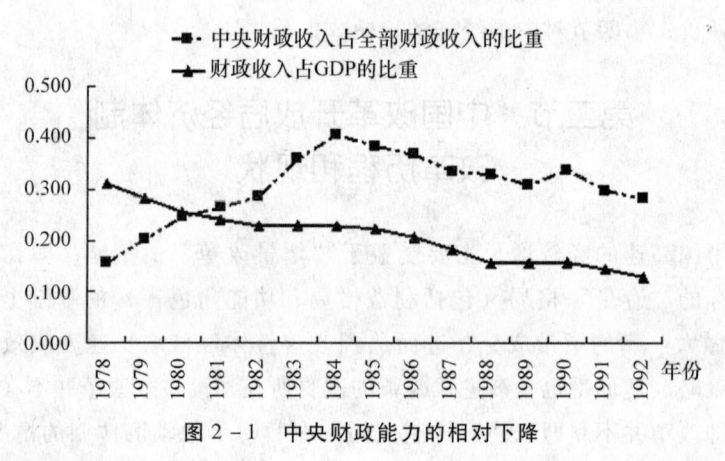

图 2-1 中央财政能力的相对下降

资料来源：国家统计局（1996）。

之所以出现这种现象，其中的原因之一就是国有企业的改革，减少了计划经济的主要税收基础——国有企业利润。作为经济体制改革的中心环节，国有企业改革开始于对国有企业放权让利的改革试点。1984年十二届三中全会提出国有企业改革主要是为了实行政企分开，所有权与经营权分离。1987年底，中国国有大中型企业普遍实行了承包制，同时，中共十三大报告肯定了股份制是企业财产的一种组织形式，可以继续实行试点。1988年2月国务院更加明确了企业承包制在国有企业改革中的地位，规定了"包死基数，确保上交，超收多留，欠收自补"

的承包原则,同时全国人大颁布了《全民所有制工业企业法》,从而将扩权试点以来取得的改革成果用法律形式固定下来。虽然承包制在当时取得了一定的成功,但承包制的问题也逐渐暴露出来,仅靠企业内部转换机制,难以达到改革的预期目标。

第二阶段:1992—2001

1992年党的十四大明确提出了改革的目标模式是"社会主义市场经济体制"。在这一时期,生产要素市场的发育以及与此相关的财税、金融、外汇、社会保障体制的改革成了改革的重点,以建立现代企业制度为核心的国有企业改革不断深化。1993年中共十四届三中全会通过的《中共中央关于建立社会主义市场经济体制若干问题的决定》明确指出,国有企业的改革方向是建立"适应市场经济和社会化大生产要求的、产权清晰、权责明确、政企分开和管理科学"的现代企业制度,使企业成为自主经营、自负盈亏、自我发展、自我约束的法人实体和市场竞争主体。在社会主义市场经济体制下建立现代企业制度是国有企业改革实践的重大突破,为国有企业改革指明了方向。随后就对国有企业进行战略性改革与国有经济布局调整。1995年中共十四届五中全会指出:"要着眼于搞好整个经济,以市场和产业政策为导向,通过存量资产的流动和重组,搞好大的,放活小的,把优化国有资产分布结构、企业结构同优化投资结构有机结合,择优扶强,优胜劣汰,通过资产重组和结构调整,加强重点,提高国有资产的整体质量。

进入90年代中后期,与非国有经济迅速发展形成鲜明对比的是,国有企业由于高负债率、冗员多等原因陷入了发展的困境。据不完全统计,1996年上半年亏损的国有企业达到43.3%,国有资产的损失数额也逐年上升。为了给国有企业解困,中央推出了多项政策,包括兼并重组、主辅分享及债转股等,其中影响最大的是结合国有商业银行集中处理不良资产的改革。但是由于国有企业亏损面太大,亏损额太高,无法从根本上给国有企业解困。在国有企业改革中,仅靠银行的间接融资已难以满足其巨大的资金需求。因此,中共十四届三中全会提出的《中共中央关于建立社会主义市场经济若干问题的决定》指出,要利用资本市场积极稳妥地发展债券、股票融资。截至2001年初,中国境内上市公司从1990年的14家增加到1063家,其中包括114家境内上市外资股公司和52家境外上市公司。

本阶段国有企业改革较20世纪80年代为解决短缺问题而实行的改革有较大的区别，随着国有企业改革的推进及集体经济和非国有经济的迅速发展，短缺现象在20世纪90年代已有了非常明显的改善。国有企业面临的生存困境是20世纪90年代国有企业改革的主题，其背后隐藏的是企业制度上的问题。不涉及产权和计划体制本身的国有企业改革，只能停留在经营管理层面，不能触及企业的核心。在这种情况下，企业的状况不断恶化，建立现代企业制度的改革成为必然要求。

与之相伴的是，80年代初实行的财政承包制在促进地方政府努力发展经济的同时，也对中央政府的权威提出了挑战：第一，预算外收入的超常规增长，据国家统计局统计，到1992年全国预算外资金为3855亿元，是当年预算内财政收入的97.7%。第二，中央财政预算收入占全部预算收入或GDP比重的持续下降，见图2-1。这也是导致1994年中央最终决定用"分税制"取代多年实行的"财政承包制"的主要原因。1994年起建立了新的政府间财政税收关系，将原来的财政承包制改为合理划分中央与地方职权基础上的"分税制"。分税制预算财政管理体制的主要内容：第一，中央和地方明确划分了各自的政府事权和财政支出的范围；第二，中央和地方明确划分了各自财政收入的范围，明确划分了中央税、地方税和中央与地方共享税；第三，建立了中央对地方的财政转移支付制度，即税收返还和专项补助以帮助实现地区平衡；等等。

图2-2描绘了分税制改革前后中央和地方预算收支占全部预算收支的变化趋势。即使考虑中央对地方的财政转移支付，也不足以达到收支平衡。更重要的是，1994年的分税制改革在地方政府层面切断了收入与支出需求的联系，没有为提高地方政府的融资提供更多的选择机会，使地方政府尤其是落后地区的政府负担加重了。因此，分税制的实行似乎没有能够在平衡地区收入差距方面发挥更大的作用。正如黄佩华（2005）所指出的，中央与地方的共享税和税收返还的主体是增值税，且增值税主要来自制造业和服务业部门；因此，分税制和主要建立在税收返还基础上的中央财政转移支付实际上就是一个扩大地方财政差距且更有利于富裕和发达地区的财政体制。

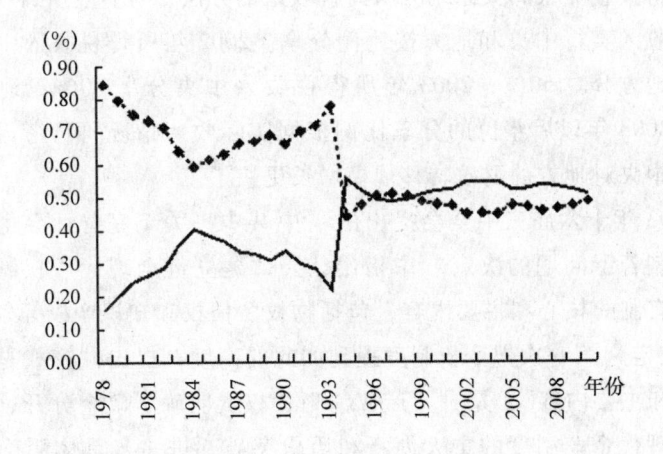

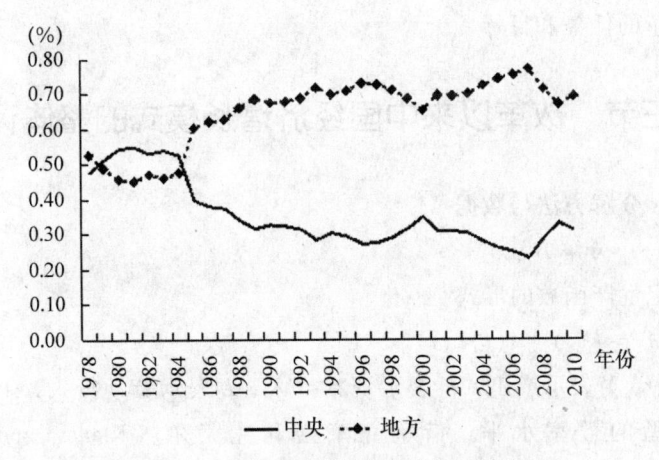

图 2-2 中央预算收入和支出的相对变化

第三阶段：2002 至今

随着社会主义市场经济的发展，现行按企业隶属关系划分中央和地方所得税收入的弊端日益显现。主要是制约了国有企业改革的逐步深化和现代企业制度的建立，客观上助长了重复建设和地区封锁，妨碍了市场公平竞争和全国统一市场的形成，不利于促进区域经济协调发展和实现共同富裕。为了进一步规范中央和地方政府之间的分配关系，建立合理的分配机制，防止重复建设，减缓地区间财力差距的扩大，逐步实现共同富裕。国务院决定从 2002 年 1 月 1 日起实施所得税收入分享改革。

改革现行按企业隶属关系划分所得税收入的办法，对企业所得税和个人所得税收入实行中央和地方按比例分享。2002年所得税收入中央分享50%，地方分享50%；2003年所得税收入中央分享60%，地方分享40%；2003年以后年份的分享比例根据实际收入情况再行考虑。与此同时，中央对地方的财政转移规模增长更快了。

2003年十六届三中全会提出的《中共中央关于完善社会主义市场经济体制若干问题的决定》中指出，要"建立健全现代产权制度，产权是所有制的核心和主要内容，包括物权、债权和知识产权等各类财产权。《决定》第一次把产权制度提到如此的高度，提出"产权是所有制的核心和主要内容"，是对"产权清晰、权责明确、政企分开、管理科学"的现代企业制度的重大创新和历史突破，进一步具体明确了国有企业改革的任务和目标。

第三节 改革以来中国经济增长模式的整体评价

一 分解方法与数据

（一）分解方法

假定生产函数的形式[①]：

$$Y(t) = k(t)^a [A(t)L(t)]^{1-a} \qquad (2-1)$$

其中，Y表示产出，K表示资本投入，L表示劳动投入，A表示劳动增进型的效率水平。借鉴克莱诺和克莱尔（Klenow and Clare, 1997），霍尔和约翰斯（Hall and Jones, 1999）和罗默（Romer, 2001）使用的方法将（2-1）式变换为：

$$Y(t) \equiv Y(t)/L(t) = A(t)[k(t)/Y(t)]^{a/(1-a)} \qquad (2-2)$$

将劳均生产函数表示为资本产出比的函数，有两个优点：第一，当经济处于平衡增长时，索洛模型预测的K/Y取决于储蓄率、技术进步率和人口增长率，即$K/Y = s/(g+n+\delta)$，s是储蓄率，g是技术进步率，n是劳动力增长率，δ是折旧率。因此，跨国之间K/Y对收入的贡

---

① 我们在生产函数中并没有包括人力资本，而是将人力资本作为效率提高的一个因素，易纲等（2003）也将人力资本积累作为中国效率改进的一个原因。

献反映了索洛模型对跨国收入差别的解释能力（李坤望等，2006）。第二，当储蓄率不变时，劳均资本 K/L 会随着生产率的提高而提高。如果将劳均产出表示为劳均资本的函数会将本质上是因为生产率提高的贡献归结为资本的贡献，而（2-2）式则不会（Hall and Jones，1999）。

定义 $k(t) \equiv K(t)/Y(t)$，代入（2-2）式并取对数，得到：

$$\ln y(t) = \ln A(t) + [a/(1-a)]\ln k(t) \qquad (2-3)$$

克莱诺和克莱尔（Klenow and Clare，1997）对（2-3）式两边取差分，将劳均产出增长分解为生产率提高与要素密度的变化：

$$\triangle \ln y(t) = \triangle \ln A(t) + [a/(1-a)]\triangle \ln k(t) \qquad (2-4)$$

其中，$\triangle \ln A(t)$ 表示生产率的增长，那么，$\triangle \ln A(t)/\triangle \ln k(t)$ 表示生产率增长对劳均产出的贡献。

与传统的索洛增长分解方法相比，（2-4）式对产出增长分解的优点是：如果生产率增长是外生的，$\Delta \ln A(t)$ 代表了生产率增长对产出增长率的全部贡献，而索洛增长分解方程会将一部分生产率增长的贡献归结为资本积累的贡献（Barro and Martin，2000）。

（二）数据

资本存量的估算较为复杂，本书利用文献中使用较多的方法，即永续盘存法（PIM）估计物质资本存量，它的核心假设是相对效率几何下降的模式时，重置率为常数。资本存量的基本估计公式表示：

$$k_t = k_{t-1}(1-\delta) + I_t \qquad (2-5)$$

在这种模式下折旧率和重置率是相同的，上式估计资本存量主要涉及以下三个变量：一是基期资本存量 k_0；二是不变价的投资额 I_t；三是折旧率 δ。

（1）基期资本存量：一般文献中将中国资本存量估算的基期基本定为 1952 年和 1978 年，由于我们考虑改革开放后的增长模式，因此，本书以 1978 年为基期进行估算。根据黄勇峰和任若恩（2002）的方法，利用已有的数据推算出 1978 年资本存量是 5800 亿元。

（2）不变价投资额：张军等（2004）认为总量生产函数的资本投入应为直接或间接构成生产能力的资本存量，那么，我们就不必然要扣除住房投资或非生产性投资；因此，本书认为选择固定资本形成额的时间序列是一个较好的选择。同时利用固定资本形成价格指数计算以

1978年为基期的价格平减指数,最后将固定资本形成额进行价格平减之后即得不变价投资额。

(3) 折旧率:折旧率是影响资本存量测量精度的一个重要参数,以往的研究通常假定一个不变的折旧率,但是任何折旧率的假定都不可能是现实的,本书采用与单豪杰(2008)相同的假定,每年为10.96%。

利用获得的投资数据和对初始资本存量及折旧率的假设,可得到1978—2010年的资本存量估计值。由于资本形成是按支出法计算的GDP的一部分,因此,产出也取支出法计算的GDP,并转换为1978年不变价。所有数据均来源于2011年《中国统计年鉴》、《新中国60年统计资料汇编》。

二 中国经济增长模式的整体评价

要分析改革期间中国经济的现实特征,我们需要从弄清楚问题开始。我们最感兴趣的问题是,改革是否引发了一些变化能够加速GDP的增长。一旦确定增长加速了,接下来就要分析1978年后哪些情况发生了变化。这个问题可以在两个层面上做出回答:增长的源泉,例如资本、劳动力以及生产率发生的变化;以及哪些政策变动带来了最大的变化?

根据2011年《中国统计年鉴》的数据,中国经济在1978—2010年平均每年增长9.45%,尽管有学者怀疑已公布的经济增长率的准确性,但改革期间人们生活水平大幅度改善却是不争的事实。因此,改革以来中国实现了高速经济增长应该是确定无疑的。那么,这种增长速度应该归因于资本和劳动力的增长,还是生产率的增长?研究这个问题的分析框架是增长因素分解,即将产出增长分解为要素投入增长与TFP增长两部分。图2-3描绘了1978—2010年中国资本、劳动力要素投入、产出和TFP的增长。

(一)增长源泉及贡献分析

由图2-3可以看出,TFP与经济增长率的波动趋势较为一致,资本的波动趋势较为平缓,而劳动力的增长趋势最为平缓。

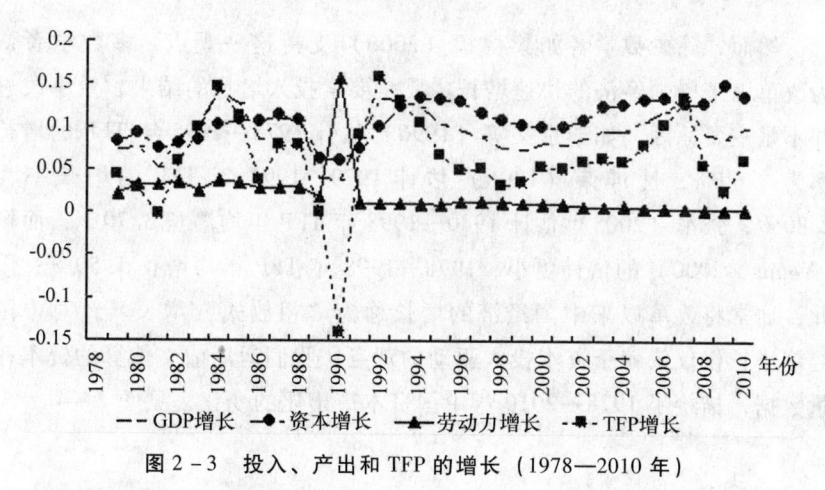

第二章 中国改革开放 30 年增长模式揭示

图 2-3 投入、产出和 TFP 的增长（1978—2010 年）

资源来源：笔者计算整理。

进一步地，我们对 1978—2010 年中国经济的增长因素与效率提高情况进行了估计，见表 2-1。1978—2010 年 GDP 年均增长 9.45%，要素投入中，劳动力年均增长 1.99%，资本产出比年均上升 1.30%，对产出增长的贡献，劳动力增长占 21.10%，代表索洛模型的转移动态的资本产出比上升仅占 13.79%。而反映效率水平的 TFP 每年提高 6.14%，对产出增长的贡献达到 65.11%。因此，改革以来，中国经济增长的主要因素来自于效率提高，而非要素投入。

表 2-1　　　　　　1978—2010 年中国经济的增长核算

	1978—2010	分阶段：				
		1978—1991	1992—2001	1996—2001	2002—2010	2008—2010
GDP 增长率	9.45	8.64	9.84	8.23	10.18	9.31
L 增长率	1.99	3.76	1.05	1.12	0.49	0.34
K/Y 增长率	1.30	0.14	1.55	2.65	2.71	4.35
TFP 增长率	6.14	4.73	7.23	4.45	6.98	4.61
对产出贡献：	100.00	100.00	100.00	100.00	100.00	100.00
L 增长	21.10	43.57	10.68	13.62	4.81	3.66
K/Y 增长	13.79	1.62	15.77	32.23	26.62	46.77
TFP 增长	65.11	53.81	73.55	54.13	68.57	49.57

然而，除少数学者如黎德福（2006）支持这一观点，多数学者认为改革以来中国经济的快速增长主要是要素投入增长的结果，效率改进并不是主要原因，如李京文等（1996）估计1978—1995年TFP的增长率为3.69%，沈坤荣（1996）估计1979—1994年TFP的增长率为2.80%，张军（2003）估计1980—1998年TFP年均增长3.70%，而杨（Young，2000）的估计更小，1978—1998年TFP年均增长1.50%；因此，通常将改革以来中国经济的增长称为"粗放式"增长。针对中国经济增长仅仅依赖于资本投入驱动的观点，我们运用前文估算的资本存量数据，描绘了1978—2010年中国资本产出比的变化，见图2-4。

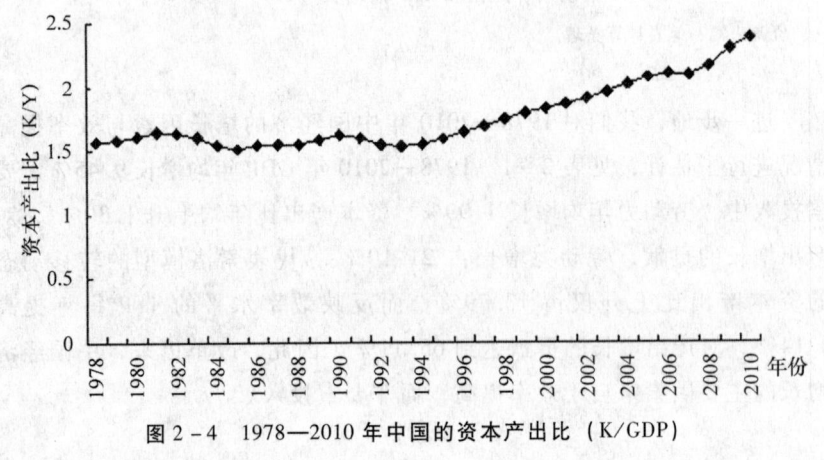

图2-4 1978—2010年中国的资本产出比（K/GDP）

资源来源：笔者计算整理。

从图2-4中可以看出，1978—1993年资本产出比在波动中略有下降，从1.564下降到1.528。但1993年后再次持续上升，到2010年上升到2.37%，年均增长率为2.69%。由图2-3也可以看出，1993年后，资本存量的增长率始终高于经济增长率，结果资本生产率（等于经济增长率减去资本存量增长率）由正（为0.7%）变负（为-3.5%），下降了4.2个百分点，表现为资本深化过程。

1. 1978—1991年增长源泉及贡献分析

由图2-1可以看出，在此期间，经济增长率呈现频繁的小幅波动，而TFP的波动幅度较大，但整体趋势两者较为一致。1978—1981年均

第二章 中国改革开放30年增长模式揭示

略有下降,1981年TFP甚至出现负增长。随后,经济增长率和TFP均开始迅速好转,至1984年达至峰值,经济增长率为18.12%,TFP年均增长达到14.46%。而且GDP的增长速度超过资本的增长速度,这表明此间的增长较少依赖于资本与劳动力的增长(World Bank,1997),主要是依赖于生产率的增长,特别是80年代早期农业改革的成功,导致农业部门TFP短期内快速上升。1985年增长速度和TFP略有下降,1986年降到波谷,1987年经济又开始好转,一直持续到1988年。1980年,国务院决定实行"分收支、分级包干"的财税体制,1983年国营企业实行利改税,调动了地方政府和企业的积极性。1984年开始放开工业投入品市场,这项改革措施带来了乡镇企业的繁荣成长。乡镇企业能够在市场上购买其需要的原材料,于是他们开始寻找被国有工业部门忽视的生存空间,这些小规模的乡镇企业的扩张速度要比国有部门快很多。由图2-3可以看出,1986—1988年TFP和增长率均明显回升,而资本的增长率基本不变,甚至出现下降。这期间流向乡镇企业部门的资本份额并没有显著增长[①]。这表明增长率的回升不是由于增加固定资产导致的,而是乡镇企业的繁荣导致的生产率的更大增长,乡镇企业取得了比国有企业更高的效率水平和TFP的增长(Woo et al.,1994)。然而,80年代以来频繁调整的财政体制使得中央与地方财政分配关系缺乏稳定性。中央为了扩大财政收入份额,运用权力采取多种措施频频从地方财政"抽调"资金,挫伤了地方积极性。在这种情况下,地方政府通过各种途径来避免中央对地方所有企业的利税争夺。因为地方政府是地方国有企业和乡镇企业的所有者,而私营企业,地方政府不仅很难从企业那里抽取资源,也无法进行收入隐藏。为了回避潜在的中央政府税收,地方政府甚至利用权力限制私营企业的发展(Che and Qian,1998)。计划体制下长期压抑的消费品需求和大量廉价劳动力的存在使得地方政府所有企业实现了快速增长(林毅夫等,1999)。各个地方为了增加收入,重复建设、盲目建设很严重,地区之间相互封锁,地方保

[①] 1981—1984年乡镇企业开放之前,乡镇企业固定资产投资占全国固定资产投资总量的12.15%,到了1985—1988年乡镇企业繁荣的第一个阶段时这个百分比上升到13.17%,然后在1989—1991年乡镇企业回落时下降到12.14%(德怀特·帕金斯,2005)。

护主义分割市场,引发了各地之间的"棉花大战、烟草大战、皮革大战",财政包干制走到了死胡同。此后进入1989—1990年经济衰退期,经济增长率由1988年的10.68%下降到1989年的3.98%,1990年进一步下降至3.76%;TFP开始呈现负增长。这一期间的波动较为频繁主要源于经济改革的不确定性,这也是早期改革"摸着石头过河"的经济表现。

表2-1显示,资本产出比的年均增长率为0.14%,对产出增长率的贡献仅为1.62%。由图2-4也可以看出,这一期间资本产出比基本不变,保持在1.5左右。劳动力的增长率与TFP的增长率接近,劳动力年均增长率3.76%,TFP年均增长4.73%。因此,1991年之前中国经济的快速增长除了改革带来的效率提高之外,劳动力的迅速增长也是重要原因。这种劳动力增长的贡献应归于劳动力从农业向第二和第三产业部门中具有更高生产率的职业的转移,第二、三产业与就业人口之比1978年是29.5%,1991年上升为39.9%。

2. 1992—2001年增长源泉及贡献分析

经历了1989—1990年的衰退以后,伴随着1992年邓小平南方谈话和市场化改革的复苏,投资加速,1992—1995年资本年均增长11.88%。此后,虽然受到1995—1996年间房地产泡沫破裂[①]和旨在控制剧烈通货膨胀的紧缩性政策,以及1997—1999年间的亚洲金融危机的影响,减缓了投资的增长,但此间的资本年增长率仍保持在10%以上。从1994年开始,资本存量的增长率超过经济增长率,1994年资本生产率为-0.01%,至2001年下降为-2.1%。同样,由图2-4也可以看到,从1994年开始,资本产出比持续快速增长。但是GDP的增长率除在1992—1995年保持在10%的高位外,之后就开始下降,1998年甚至下降到8%以下,一直到2001年止。TFP的增长亦如此,但波动更剧烈。1992年TFP增长最快,达到15.74%,随后开始缓慢下降,但仍保持在10%以上。但从1995年开始迅速下降至6.64%,1998—1999年

---

① 1993年6月23日,国务院宣布终止房地产公司上市、全面控制银行资金进入房地产。随后,房地产泡沫破裂,以海南最为典型,1995—1996年间,在海南留下了600多栋烂尾楼、18834公顷闲置土地和800亿元积压资金,仅四大国有商业银行的坏账就高达300亿元。

甚至下降到3%左右，此后才开始有所好转。由图2-3可见，TFP的变化要超前于GDP的变化，且波动更大。这一期间增长的两个显著特征：第一，资本的增长比GDP的增长快，这是粗放型增长的一个关键特征（Ofer，1987）。第二，TFP的增长率较低，且持续下降。

1992年以邓小平南方谈话为起点的新一轮市场化改革开始启动，外商直接投资和私营企业迅速增长。外商直接投资在当年就增加了70亿美元，1993年增加了160亿美元，至2001年增长到近500亿美元。地区间贸易壁垒逐渐瓦解，国内产品、资本、劳动力市场的一体化进程加快，产品市场竞争日益激烈，这些变化迅速压缩了地方国有和乡镇企业的发展空间。1993年中央政府开始的金融体制改革，进一步抑制了地方政府影响国有银行通过行政性贷款扶持本地国有和乡镇企业的做法。1994年的分税制改革改变了中央—地方与地方政府—企业关系，在GDP竞赛和政治晋升激励的双重作用下，地方政府有巨大财政压力同时开拓预算内和预算外财源，而吸引投资又是短期内带动GDP增长的最切实可行的方式。然而，到90年代中期，乡镇企业在很大程度上回落到常规发展的轨道，地方国有和乡镇企业的盈利能力显著下降，由地方政府控制的这些企业已经开始成为地方政府的负资产。因此，一方面不得不对地方国有和乡镇企业进行大规模改制和重组（Li and Zhang，2000）。国有部门产值虽然仅占GDP的三分之一，却控制了中国投资中的大部分（Wu，2000），1993—2000年，国有企业得到的贷款数额超过全部贷款的60%（Wolf，2005），且国有企业的融资成本往往为零；另一方面，地方政府不惜成本，通过补助和定价调控把土地、电力及包括水在内的其他公共资源等关键投入品的价格保持在低水平，吸引包括外商投资企业在内的私营企业到本地发展。同时，地方政府也成为投资的主体。从而支持了这一时期超乎寻常的投资增长。

上面的分析发现，这一期间投资迅猛增长，TFP增长率下降，且资本的增长超过GDP的增长，显示出"粗放式"增长的特征，那是否还存在效率的改进？由表2-1可以看出，1992年之前与之后两个时期经济增长因素变化很不相同，1992年之前经济增长主要是因为劳动力增长与TFP提高。而1992年特别是1995年之后发生了显著变化：第一，劳动力增长率下降①，且劳动对增长的贡献也显著降低，前期是43.57%，后期是10.68%。第二，TFP的年均增长较快，但是1996年后TFP的增长率显著下降至4.45%，比前一时期的TFP增长率还低。因此，与1992年之前相比，第二阶段的初期效率提高速度进一步加快，而第二阶段的中后期效率不但没有上升，反而下降很快。第三，资本产出比变化很大，第二阶段资本产出比的增长率比第一阶段提升了10倍，特别是1996年之后，资本产出比上升更快，年均增长率为2.65%，对产出的贡献也增加至32.23%，比前期增加了近20倍。

3. 2002—2010年增长源泉及贡献分析

2001年中国加入WTO后国际贸易高速增长，2002年所得税分享制度改革导致财权进一步向中央集中，地方政府为争夺投资而展开的地区竞争愈演愈烈，地方政府竞相为投资者提供低成本土地和补贴性基础设施。在2003年前后的一波开发区热潮中，各地区制定的招商引资政策中无一例外地设置了用地优惠政策，通过以低价甚至零地价出让工业用地、建立了大批工业园区和城市开发区②，掀起了新一轮的投资热潮。从图2-1中也可以看到，2002年之后资本的增长速度开始上升，年均增长率为12.89%，而GDP的年均增长率为10.18%，比资本的增长率低近三个百分点。从图2-2也可以看出，这一时期资本产出比的增长速度也是一路飙升，而TFP的增长率从2005年开始上升较快，至2007年年均增长率达到13.27%，此后，受到2008年金融危机的影响，TFP增长率直线下降，仅一年时间就下降了7个百分点，到2009年更是下降到了2.36%。然而，金融危机并没有冷却投资的热潮，为了使中国经济尽快走出金融危机的阴霾，政府制定出台了十大措施以及两年4万亿元的刺激经济方案，2008—2009年的资本增长率不仅没降，反而上升较快。同时我们也要看到，资本的增长速度上升的同时，GDP增长率却是下降的。2008年GDP增长率比2007年下降了4个百分点，资本生产率降为-3.44%。资本产出比率从1996年的1.64持续上升，至

---

① 1990年以后劳动力统计口径发生变化，导致劳动力增长率和贡献在该点发生断崖式断点。

② 2003年7月全国各类开发区清理整顿结果显示，全国各类开发区达6866个，规划面积3.86万平方公里。

2010年达到2.37。如此高的资本产出比率意味着，维持既定经济增长速度需要的资本要素投入也在不断上升。张（Zhang，2006）也发现，在20世纪80年代和90年代，每2—3美元的新增投资可以产出1美元的增长，而现在需要4美元以上的新增投资才能产出1美元的增长，投资的边际回报很低，越来越不具有效率。

表2－1显示，资本产出比率的上升很快，年均增长率为2.71%，对产出的贡献是26.62%，比上一期增长了11个百分点，然而，考虑到2008年政府极力摆脱金融危机采取措施的影响，就会发现，结果要高得多。2008—2010年资本产出比的增长率攀升至4.35%，对产出增长的贡献上升至46.77%，比第一阶段增长了30倍，一跃成为经济增长的主要因素之一。而劳动力的增长却在下降，这一时期劳动力的年均增长率由第一阶段的3.76%下降到0.49%，劳动力对增长的贡献仅为4.81%，这意味着目前的人口红利正在消失，势必会影响中国未来的经济增长。虽然学者在衡量人口红利的标准上存在一定的分歧，但对于目前人口红利正在消失持相同态度。TFP的增长率也在下降，特别是2008年之后，TFP增长率下降更快，年均增长率仅为4.61%，对产出增长的贡献降到49.57%，仅略高于资本产出比的贡献。这一时期的三个显著特征：第一，资本产出比显著上升，特别是2008年以来，资本产出比成为推动经济增长的主要因素之一，依靠资本要素拉动经济增长的"粗放式"特征越来越显著，且资本的生产率下降更快，这种增长模式越来越不具有持续性。第二，劳动力几近呈现零增长，其对产出的贡献越来越小，人口红利正在逐渐消失。第三，TFP的增长率也在下降，特别是2008年以后，TFP增长率下降更快，降低了在产出增长中的份额。

主流经济增长理论认为，在长期持续经济增长过程中，全要素生产率会不断增长，而资本产出比率会自动稳定和保持下降的动态趋势。但中国在转型期经济发展中资本产出比率不断上升和TFP持续出现停滞甚至下降的事实，让我们必须对中国经济增长的特殊性做特殊的考察。

中国经济转型的过程是中央政府打破地方软约束和向地方政府分权的推进过程。随着中央的分权和财政包干，地方政府调节当地资源配置的积极性和主动性都大大增强，这既是地方政府政治晋升锦标赛的结果，也是地方政府追求自身利益最大化的结果（Lazear and Rosen，1981；钱颖一等，1992，1996；等）。从20世纪90年代初期，特别在1994年财政分权以来，对地方政府的绩效考核主要用GDP指标。从GDP支出法的角度分析，增加一个地区GDP主要依靠投资或消费，而对于一个旨在追求GDP最大化的地方政府来说，扩大投资是最切实可行的办法，投资对于短期内GDP的增长有着直接的影响。地方政府不惜代价、不计成本拼"招商引资潜力"是短时间内达到"GDP竞赛"胜出的重要手段，因而，以政府干预和投资拉动的低效率经济增长模式的出现就不可避免，并且这种高投入、低回报的经济增长模式已经出现增长极限的势头，上面的指标分析都反映了这一点。由于这种地方政府推动的经济增长模式主要是通过投资和资本深化实现的，这也就很容易解释资本产出比率不断上升和TFP持续出现停滞甚至下降并存的现实。

第四节 中国经济增长模式反思

从上述分析发现，中国经济增长越来越呈现出粗放型增长方式的特点，资本投入大量增加且资本的生产率快速下降，资本产出比显著上升；而技术进步或全要素生产率（TFP）的贡献较低。廉价的能源、原材料和资金成为现在增长方式的基础，价格管制的结果是人为扭曲资源要素的真实成本，助长了资源的浪费，这种依靠资源要素大量投入推动的增长方式是不可持续的。因此，适时地对中国经济增长模式进行反思，以图理解中国经济增长中的政府、要素价格和微观企业等因素所形成的增长机制，对于转变经济增长方式，保证中国经济增长的可持续性无疑具有重大的现实意义。

我们认为，中国地方政府主导的经济增长模式动员了中国巨大的劳动力资源，形成了政府与企业相互促进的一个特殊发展道路，极大地发挥了中国经济的比较优势，激励了中国工业化的大发展。这是非常值得肯定的。然而这一增长机制逐步受到严重挑战和质疑。

第一，地方政府主导投资的体制之虞。传统的经济增长方式难于突破，在于体制性障碍。我们认为，资本的大量投入仅仅是一个表象，表象背后才是问题的症结所在，即地方政府主导的投资体制，其突出表现为地方政府对资源配置的主导，对投资准入管制导致的行业垄断和行政垄断等，大量投入资源，获得GDP高速增长这一"虚假繁荣"。目前商品市场的发展相对较快，而要素市场发育严重滞后，三大要素（土地、劳动力和资本）的配置还是政府主导，政府的权力很大。无论是劳动力市场，还是房地产市场以及金融市场，"灰色区域"过多，导致要素分配长期不合理，最终导致各市场出现不同程度的扭曲。土地一级市场几乎由政府垄断；劳动力特别是职业经理人的配置方面，国有企业的高层主管不是在市场上选聘而主要是由政府指定；资本市场实行股票的核准制，企业发债需要政府审批额度，上市公司主体仍然是国有企业，政府对资本市场的影响很大，除直接控制资源外，政府还通过价格管制如存贷款利率、汇率间接进行资金配置。这种体制的结果更多反映为一种权力与资本的结合或者是权力资本化的加速。然而，在中国，不同所有制性质的资本并不具有平等的权力、同样的待遇和盈利机会。与备受歧视和限制的非国有企业不同，大量国有企业享有政府优惠和扶持政策，这体现着政府对国有企业的"父爱主义"，其实质上就是对其他没有机会与权力结合的资本的一种侵害。不仅如此，政府配置偏爱给国有企业的资源要素往往是无偿或是低价的，并不收取任何租金。比如，国有企业使用的国有资本并不需要向国家支付资本报酬，国有企业和民营企业一样只需向国家上缴33%的公司所得税，并不因为国有企业的存在而需要向国家上缴资本的租金。

第二，地区竞争格局下的粗放式增长模式锁定。目前，中国的资本积累仍在进一步深化，而资本的生产力却变得越来越低，这意味着政府主导的投资拉动模式已根深蒂固，再加上技术进步对中国经济增长的贡献相对较弱，中国已陷入了粗放式增长模式锁定状态。在财政压力和政治晋升的双重激励下，地方政府习惯于把经济增长作为政绩工程，于是便通过持续的投资来促进GDP的高速增长。由于资本是稀缺的，为了尽可能地吸引投资流向本地区，地方政府间展开了激烈的竞争。1994年分税制改革使得财政收入显著地向上集中，而改革并未相应调整不同层级政府间支出责任；同时国有企业、乡镇企业的大规模改制极大地增加了地方社保支出压力，显著增加了地方的实际支出责任，从而导致各地方政府为扩大地方税基而争夺投资的激烈竞争。于是，地方政府开始通过大规模的招商引资来争夺制造业投资，同时开拓以土地出让收入及各种行政事业性收费为主的预算外收入来源。由于分税制后地方争取制造业投资的税收工具锐减，地方政府开始更依赖于各种非税收手段，如降低劳工、环保管制要求，提供低地价工业用地和补贴性配套基础设施等作为制造业投资竞争的主要工具。这必然会导致中国制造业投资过多，并形成过剩的、国内市场无法消化的生产能力。GDP竞争导致地方政府热衷于搞政绩工程，劳民伤财，以及带来中国区域发展中的政府非合作倾向，从而出现地方保护主义盛行和重复建设问题；而且，这种竞争还会带来晋升博弈下的软预算约束问题，比如地方政府会运用一些政策手段（包括财政和金融工具）来支持企业和其他商业的扩张，这种重数量而轻质量的扩张很容易造成企业经营绩效低下。而且，很多学者的研究也发现，地方政府以不同方式进行深度介入的发展模式都会很快带来经济过热、国内制造业生产能力过剩及地区间产业结构趋同，这种模式必然会产生一系列经济、社会乃至环境方面的负面影响。

第三，权力与资本的结盟之祸。政府主导型的经济发展模式最容易引致行政干预，行政干预将导致经济扭曲并产生社会福利损失。而政府对经济的干预更多的是国有企业。在所谓的"国有企业改革"下，国有企业与政府之间的关系越来越不具有经济属性，而逐渐演变为一种超经济的行政垄断现象（韩朝华，2003）。垄断利益集团俘获利用公权、滥用公权摄取私利，垄断部门不仅强化了垄断势力，提高了对经济的垄断力和控制力；而且占用了过多的社会资源，并不断向社会转嫁其运营成本，造成资源错配和结构失衡，利用对上游要素市场的垄断力量获得了大量的垄断利润和要素租金。毋庸置疑，国有垄断部门都存在着权力与资本结盟导致的"超额垄断利润"，都存在着可悲的"分配效应"。尽管改革多年，但是垄断部门依然在膨胀，中小企业日益困窘、民营企业环境日益恶化，普通民众在国民财富中的分配比重日益下降甚至已有的财富也被掠夺。目前贫富差距产生的原因主要源于腐败和垄断，而这都和政府权力有关，其根源仍在于体制性障碍。政府主导资源配置、政府出面招商引资、政府过深地介入经济，由此带来了一系列问题，容易造成"权贵"市场经济。

第三章 政府悖论与经济增长：理论分析框架

第一节 政府行为与政府悖论

布坎南提出的公共选择理论产生于20世纪80年代，探讨在政治领域中经济人行为怎样决定和支配集体行为，研究了市场经济条件下政府干预行为的局限性或政府失灵问题，是新政治经济学中最有影响力的理论思潮。布坎南指出，政治家和政府官员也是有理性的"经济人"，以追求自利为目的。他们像企业家在经济市场上追求最大利润一样，在政治市场上追求着自己的最大利益（权力、地位和威望等），而不管这些利益是否符合公众和社会利益。不管是在哪一级公共机构服务，只要有可能官员们便会选择能为自己带来最大利益的决策。从"经济人"假设出发，布坎南对当代西方政体下的政府行为进实证分析，得出了"政府失败"的结论，政府同样有缺陷，也会犯错误，也常常会不顾公共利益而追求其官僚集团的私利；政府不一定能纠正问题，常使之恶化。"政府失灵说"认为政府机构低效率的原因在于三个方面：一是缺乏竞争压力；二是政府行为趋向于资源浪费；三是监督信息不完备。

与布坎南不同，奥尔森的理论和方法是以集体行动的内在矛盾和固有逻辑为基础，以分析利益集团的影响及作用机理为主线，认为经济增长和社会发展的根源取决于利益集团的形成和发展。他认为，任何一个国家都存在着大大小小、各式各样的利益集团。在利益集团特别是大型利益集团中，一般不依靠提供集体利益来取得其成员的支持，而是依靠所谓"选择性刺激手段"的惩罚和奖励作用，根据其成员的官员决定是否向其提供集体利益。由于个人行为的理性特征和集体利益必须分配

政府悖论、国有企业行为与中国经济和谐增长

给集团所有成员的性质决定了有选择性刺激手段的集团比没有这种手段的集团更易于采取集体行动，较小的集团比较大的组织更易于采取集体行动。由于利益集团的结盟和排他性质，要么组成卡特尔获取高额垄断利益，要么进行院外活动，扩大政府管制，提高利用法律、政治和官僚主义以及通过讨价还价和复杂协议获得报酬，这一切必然阻碍技术进步、资源流动和合理配置，增加社会交易成本，降低社会经济效益。因而，利益集团的活动不能增加而只能减少社会总收入，利益集团的发展和强大就会阻碍经济增长，相反，利益集团的削弱和重组会促进经济增长。他把政府看作是一个能够利用其垄断权力以税收方式获取最大财富的利益集团，他认为，如果政府具有共容利益（encompassing interests），即它能够获得社会总产出增长额中的相当大的份额，且同时会因社会总产出的减少而遭受极大的损失；那么，即使这个政府不受任何约束，它也有动力提供社会生产所需要的公共品，从而鼓励人们进行生产、投资和多边互惠贸易，而不是一味地对经济进行掠夺。在共容利益的引导下，即使政府仅仅是出于自利而不是善良的愿望，也会按照与社会利益相一致的方向使用权力。

然而，诺思认为，国家具有双重目标，一方面通过向不同的利益集团提供不同的产权来获取垄断租金的最大化；另一方面，国家还试图通过降低交易费用实现社会总产出的最大化，以获取国家税收的增加。而这两个目标经常是冲突的，这就是著名的"诺斯悖论"。这样，在最大化政府及其集团垄断租金的所有制结构与降低交易费用来促进经济增长的有效率体制之间就存在着持久的冲突，因而在面临竞争约束和交易费用时，政府会容忍低效率产权结构的长期存在。统治者为了他们自己的利益来界定和行使产权，致使一些非效率的产权普遍存在。"诺斯悖论"描述了国家与社会经济相互联系和相互矛盾的关系，即"国家的存在是经济增长的关键，同时又是经济衰退的根源"。

他们的理论用来考察中国改革前后的经济发展，可以得到很多新的认识。尽管中国的政府在改革和发展过程中发挥了举足轻重的作用，但是同样也存在着"政府悖论"的问题。改革前的国有经济和重工业部门可能是社会中最强有力的特殊利益集团，从某种意义上来讲，政府是其利益的代表，当时判断有点敏感的中国政府也同其他国家政府一样，

第三章 政府悖论与经济增长：理论分析框架

并不是全社会利益的代表，而是某种意义上的特殊利益集团。差别就在于当时的政府不具有一般自然垄断的性质，而是掌握了很大一部分经济垄断权，并与之紧紧地结合在一起。作为一个特殊的利益集团，其主要职能在于重新分配而不是创造更多的国民收入，这就会降低全社会的生产积极性，从而在更大范围内引起产出和效率的下降；此外，政府对一般经济活动的垄断造成价格和工资的相对固定以及向重工业部门倾斜，阻碍了资源的自由流动和合理配置；等等。这都将会直接影响社会经济发展动力的分布和发展方向，延缓中国经济的发展速度。分权化改革削弱了中央政府及其代表的利益集团的力量，形成了地区间相互竞争的局面，改变了优先发展重工业的战略安排；国有部门地位的削弱和相对势力的下降，引发了资源的自由流动，促进了资源的有效配置；非国有部门的迅速发展实现了经营决策从政府公共决策向企业和个人私人决策的转变，缩小了政府活动的范围，弱化了政治统治；等等。这一切创造了近十多年中国经济的活跃局面。

政府在经济社会活动中具有强制性和统一性，政府拥有对经济活动进行干预的垄断能力，这种能力既可以是有利的，也可以是有害的。政府的这种权力往往掌握在少数人手里，权力为他们通过牺牲公共利益来攫取私利创造了条件。如果这些人信息有限或动机不良，寻租和腐败就不会消失。政府由政治家、官员和一般公务员组成，从本质上看，政府中的人和市场中的人并没有本质区别，或许他们有更高尚的理想，但他们也追求由财产、权力、威望等因素构成的个人效用函数的最大化。另外，转型过程中处于体制外的一小部分人获益于改革的红利，在相当程度上改善了经济状况；而体制内的政府人员却由于国家财政困难，经济的改善并不明显，这就使得他们在追求自身利益最大化的同时，更容易背离社会普遍利益的方向。因此，在由计划经济向市场经济的转型中，他们更珍惜自己的权力，更不会轻易放弃自己处置资源和管理市场的权力。正是由于政府一些部门的层层设租，才导致一些人和利益集团的寻租和腐败，从而出现国有企业"胁迫"政府强化垄断，即既得利益集团"挟持"政府的现象。

然而，改革走到今天，原有的既得利益集团已经发展到一定程度，阻碍了中国的改革和社会进步，导致官僚腐败横行。打破既得利益集团的愿望越来越强烈,中国的改革已经进入深水区,进入攻坚阶段,任重而道远。中国的实践证明,战略选择和改革决策既直接关系到经济增长和国家兴衰,又是一个典型的集体行动和公共选择过程。

第二节 从计划经济体制向市场经济体制的转型逻辑

一 从计划体制走向市场体制的必然性

1949年中华人民共和国成立之初,经济落后、资本稀缺,为了尽快实现国家富强和人民幸福,中央政府建立了中央集权的计划经济体制进行资源配置,并选择了重工业为主导的发展战略。在较短时间内建立起了工业门类齐全的国家经济体系,国家的重、化、生产资料工业和国防工业得以快速发展,并带动了相关其他行业的快速发展,逐步形成了以国有工业为主、集体工业为辅、中央和地方各成体系、大中小企业齐头并进的发展局面,经济获得了快速的增长,缩短了与发达资本主义国家之间的差距。因此,计划经济体制在特定时期内对经济发展的有效性是毋庸置疑的。

然而,重工业的发展战略并不符合当时中国的经济现实,重工业为资本密集型产业,而当时的中国资本供给十分稀缺,因此,中国的重工业主导战略实际上违背了自己的资源禀赋。另外,中国与主要西方国家尚未实现外交关系正常化,也很难从国外获得必需的资金、技术与设备。中国不得不通过压低资本、原材料和劳动力的价格人为地降低重工业发展的成本。低利率政策用于保证重工业在低成本条件下快速发展;政府高估本国货币,并干预汇率的形成机制以确保必需设备的进口;同时政府还采用低税率政策,制定低的名义工资以保证劳动力廉价,这必然就会压低属于生活必需品的农产品价格。这种人为控制价格的结果导致在中国出现了信用、外汇、原材料、农产品及各种生活必需品供给与需求之间的非均衡。为解决这些问题,中央政府在宏观上建立了一套资源配置的计划机制。

在典型的中央计划管理体制下,市场被取缔,由国家直接管理所有企业,生产与交换及价格水平均由中央政府控制;计划者追求对实物资本投资的最大化,并将其视为经济增长的基本源泉,只有一小部分产出以工资的形式支付给个人,个人没有激励对企业家技能的发展进行投资,企业家技能的存量并不会随着时间而改变;另一方面,受占主导地位的重工业导向发展战略的推动,政府致力于最大化对实物资本的投资,这样,中央计划机制能够在相对较短时期内实现快速资本积累和产出增长。但在给定技术和假定对基本要素(资本和劳动力)报酬不变的条件下,产出增长率和资本增长率会随着时间而很快地向人口增长率回落,因而,这种高速增长是不可持续的。

历史事实也证明,计划体制尽管在一段时间内带来了较高的经济增长,但这种增长是不可持续的,其内在制度结构造成的劳动激励不足、经济结构扭曲和资源配置效率低下等弊端也是非常严重的。社会主义国家建立的计划体制脱离了经济理性人假设,事实上,社会主义社会内部也存在着资源的稀缺性与人的私欲性的矛盾,但是它并没有对社会内部的责任与义务、收入与付出、激励与约束的制度安排予以足够重视,这就导致人们工作积极性不高,社会生产率低下。同时林毅夫等(2000)认为计划体制的赶超结构和重、化工业的发展战略必然会造成工业结构的扭曲。郭灿鹏(2001)也认为计划体制国家,政府通过价格管制的分配效应实现财政资源的占有和配置方式,会压低原材料和农产品价格,通过价格"剪刀差"把农业等部门的剩余资金转移到工业部门,必然会造成价格和结构的扭曲,等等。在计划经济体制下,国家工业化是在城乡隔绝的状态下通过国家动员资源和强制投资的手段实行的,这大大限制了工业化的进度和经济的整体效率。在上述种种因素影响下,国家经济增长速度的趋缓或下降就是不可避免的。在计划体制下,政府是全能的,从宏观经济到微观经济"一竿子插到底",用行政命令控制。计划体制的这种内在缺陷决定了其必然会被市场经济所替代,从而走向市场经济的转型。

二 市场经济体制的基本确立

从计划经济到市场经济的转型并不是一蹴而就的,中国走的是渐进式改革道路,即以"增量改革"的方式进行,对于计划经济原有的部分(存量部分)不做大的改变,改革和发展着重在增量部分进行。在

政府悖论、国有企业行为与中国经济和谐增长

当时的旧体制下,许多改革是行不通的,利益集团的阻碍非常大。因此,改革尽量在不触动既得利益的条件下,政府通过放权让利来推进改革。1978年以来,中国一直以放权让利为改革主线,着重解决两方面的问题:一是从一个由行政权威控制的计划经济转变成一个自由交换的市场经济;二是从行政命令支配、政府机关和党政官员的自由裁量权特别大的命令经济转变为一个规则透明、公正执法的法治经济。

中国改革之初,人们对改革的目标并没有清醒的认识,只是从对传统体制的批判中引申出走向新体制的基本方向。1984年十二届三中全会明确了社会主义经济是有计划的商品经济,1988年党的十三大报告提出"计划与市场内在有机统一的体制",同时提出"国家调控市场,市场引导企业"的间接调控模式。1992年党的十四大明确提出了改革的目标模式是"社会主义市场经济体制",自此,生产要素市场的发育及与此相关的财税、金融、外汇和社会保障体制的改革成为改革的重点,市场经济的基础作用开始逐渐显现,市场成为调节国民经济的主要工具。市场经济的目标虽然至此已逐渐形成,但是改革的推进仍然按照80年代初期"增量改革"的方式进行,由于没有触动国有经济和改变"双轨制"的基本态势,就带来了一系列消极后果。计划体制虽然已经解体,但市场体制尚未真正建立,不完全的计划和不完全的市场同时对资源配置起作用。

在计划体制下,地方政府的作用仅仅是执行计划,对经济运行的作用十分有限。随着市场化改革的不断深入,特别是分权化的财政体制改革之后,地方政府成为支持改革和发展的利益集团,他们支持乡镇企业的发展,推动放开价格,反对外贸垄断等,地方政府的作用不断增强,在推动本地区经济增长中起了关键作用。的确,在体制过渡时期,市场体制尚未完全建立,地方政府的参与可以弥补市场的不足,起到弥补不完全市场和不完全计划的作用,这对经济增长是有利的。但是,政府对经济的过多干预会增加经济运行的成本,降低经济运行的效率。就完善的市场体制而言,所谓市场经济是这样一种经济,其中,市场机制是资源配置的基本形式,处于基础和主导地位;政府在资源配置上只能是市场机制的补充者和引导者,处于从属地位。然而,这个问题远没有完全解决。政府在许多重要资源的配置中还起着主导作用,而且近年来通过

地方政府直接控制的国有垄断企业和地方融资平台，这种主导作用还有着增强的趋势。

中国现在已基本完成了从计划经济到政府主导型市场经济的转型，这一过程地方政府已成为体制转型时期偏好和追求高速经济增长的政府行为主体，地方政府在推动改革及经济增长方面起了主导作用。但是这一转型还远未完成，中国目前的经济体制现状已成为中国经济增长方式无法超越和突破的"体制性障碍"。这种障碍主要集中在：第一，政府还保持着对许多重要经济资源过大的配置权力；第二，对政府官员政绩的评价标准主要还是GDP增长率；因而，各级地方政府利用自己支配资源的权力来营造GDP的高速增长，这就是所谓的"数字出干部，干部出数字"。第三，财税体制缺陷，表现在以生产型增值税为主的收入结构和支出责任（事权）的过度下移等，导致地方官员不得不追求GDP的高速增长。第四，资源等要素价格扭曲，计划经济有一个传统，就是把上游产品价格尽可能定得很低，这样国家就很容易把纯收入从下游产品、从商业中拿上来，这种扭曲的价格刺激了官员和企业浪费资源。劳动和资本要素价格也是如此，这种增长方式使得投资的比重越来越高，而消费的比重越来越低，结果造成产能增长过快，而最终需求不足，造成企业经营困难，过度依靠出口又会引起我们与贸易伙伴国之间的摩擦，等等。

从中国经济转型的现状来看，政府转型已成为推动经济转型的关键和难点。政府掌握过多资源，抑制市场在资源配置中的基础性作用；而一系列集权式的制度安排使政府在资源配置中起了基础作用，大量投入资源，获得GDP高速增长这一"虚假繁荣"，传统的经济增长方式难以突破。如果不能把中国目前的经济体制转型推向深入，那么，中国要想转变目前已陷入路径依赖的粗放式经济增长将成为一句空话。如何从政府主导型经济向更加自由开放的市场经济转变，几乎是所有在高速赶超发展阶段上采取"政府主导型市场经济"发展模式的国家和地区都曾经遇到过的问题。由于体制的演进会有路径依赖，一旦进入政府主导的路径，从寻租活动中得利的既得利益者必然会力求推动"半统治经济、半市场经济"的体制蜕变为政府控制经济社会发展的国家资本主义经济。因此，现阶段应通过步伐坚定的经济和政治改革阻断这一路径，使之回归市场化、法制化和民主化的正常轨道，完成从政府主导型市场经济向市场主导型市场经济的转换，实行完善的社会主义市场经济体制。

第三节 政府推动下的转型式经济增长

随着计划经济体制向市场经济体制的转变，推动经济增长的政府行为主体也发生了变化。我们要搞清楚这一转变的结果，首先就要明确划分政府行为主体，所谓政府行为主体是指具有特定政治经济利益目标，在特定环境下，采取可行措施实现其目标的行政组织。就中国而言，政府行为主体主要包括中央政府和各级地方政府。那么，不同体制环境下的政府行为对经济增长的作用如何？

一 计划体制下政府行为与经济增长

在传统的计划经济体制下，推动经济增长的行为主体是政府，而且主要是中央政府。中央政府依据战略目标及偏好而非市场信息做出增长决策，经济计划是资源配置的主要方式，中央政府拥有较大的经济决策权；并且国有经济在计划经济体制下占有举足轻重的地位，国有经济的决策权基本上由国家掌握。因而计划体制下实现经济增长的基本条件是中央政府集中动员资源的能力。中央政府依据储蓄和投资规模制定经济增长的计划指标。

储蓄或积累是影响经济增长的重要变量，假定储蓄/产出比率不变，则储蓄是经济增长的基本源泉。总储蓄按其主体划分包括居民储蓄、企业储蓄和政府储蓄。改革开放前，中国一直实行中央计划经济，居民收入不高，用于生活消费后所剩无几；因此，居民储蓄额很小，再加上，居民储蓄资金非常分散，对经济增长的作用十分有限。企业储蓄在总储蓄中的比重也微不足道，基本上不存在所谓的企业储蓄；因为企业没有经营自主权，企业的财务收入由国家统筹管理。但是，由于国民收入分配向政府倾斜，政府储蓄在总储蓄中的份额很高，因而政府储蓄是中国总储蓄的主体。政府储蓄首先以财政收入的形式集中，再以财政拨款的形式进入投资领域，政府财政事实上起着"政府出纳"的作用。而且，财政集中度比较高，导致中央政府储蓄在总储蓄中的比重达50%以上。

因此，从这个意义上讲，中央政府是推动经济增长的主要行为主体。但是，作为计划体制下经济增长激励的储蓄，对经济增长的作用不是直接的，直接决定增长的是一定时期内的投资规模。

在计划体制下，决定投资总额进而决定相对投资规模的也主要是政府行为主体，因为形成投资的各渠道实际上大部分都是由政府控制。这些投资渠道包括：国家预算内、外投资，国内贷款投资，国外贷款投资。国家预算内投资是指统一计划并由国家统一财政预算拨款形成的投资，实际上这是由中央政府统一控制的直接投资。国家预算外投资是指由国务院各部委、各省、市、自治区及地（市）、县和企业自筹资金形成的投资，这主要是由各级各类部门和地方政府自行控制的直接投资。而且国内、国外贷款实际上是由政府控制的间接投资，因为在计划体制下，各种信贷资源都是由政府集中管理。总体来说，投资始终都是由政府所控制，特别是中央政府占有绝对的优势，这就决定了计划体制下中国投资规模的主体主要是政府，而且是以中央政府为主的政府行为主体；所以该主体也就拥有决定中国经济增长的行为权能，即在计划体制下的中国经济增长属于中央政府推动型的增长模式。

传统的计划经济体制可能在一段时间内会带来较高的经济增长，但其内在制度结构导致的劳动激励不足、经济结构扭曲和资源配置效率低下等弊端不可避免。这种弊端主要是因为中央政府不可能洞察和有序计划全国整体的经济运行，这主要包括两方面的问题，一是信息的不完全，二是政府的理性预期。另外，计划体制下，产权不明晰、激励和约束机制不健全也是导致计划体制低效率的主要原因。这种体制性弊端累积达到一定程度后，就会严重影响一国的经济发展和政治稳定，从而产生从根本上进行体制变革的强烈要求。

二 转型期政府行为与经济增长

（一）政府行为主体角色的转换

改革前中国是一个中央集权的计划经济体制国家，中央政府拥有较强的对经济活动干预的垄断能力，这种能力有利于政府推动经济转型。虽然政府组织和发动经济体制改革是政府自我否定的选择，但是政府决策者的这种行为是属于理性人行为决策，政府的目的是寻求其福利和效用的最大化。政策决策者之所以发动体制改革,一是为了发展经济,提高国家的竞争力;二是为了调动人们的积极性,提高经济效率,满足人们的物质、文化需求。当然,不可否认,在实施制度创新时,政策决策者也具有力图获取最大化垄断租金的一面。因此,在降低交易费用、促进经济发展的有效率体制与最大化政府及其集团垄断租金的产权结构之间就存在着持久的冲突,这就是所谓的"诺思悖论",它会影响政府在经济体制转型中的行为决策。

中国的经济体制改革是由中央政府组织和发动的,中央政府的力量非常强大且具有权威性,以强有力的激励制度调动社会各阶层的积极性,促使创新者去面对新问题和解决新问题,以此促进经济转型,这就决定了中国经济体制转型是一个在中央政府控制和引导下的强制性和诱导性共同作用的过程。在经济转型过程中,中央政府由于信息约束和有限理性,不可能对各个地方的经济发展做出明确且可行的安排,而地方政府在管理地方经济中却有有利的一面。斯蒂格利茨认为,地方政府比中央政府更接近民众,因而更了解其辖区内的居民需求和效用,而且地方政府还能够实现不同地区不同种类公共服务进行选择的机制。因此,中央政府向地方政府下放经济管理的权限,赋予国营企业更多的经营自主权,不仅是市场经济规律的客观要求,而且也是必须的,是体制转型中必不可少的诱导性措施。通过中央政府权力下放来调动各级地方政府和其他行为主体的积极性,使生产效率、经济增长和人民群众福利水平同步提高。同时,中央权力分解和下放的过程往往伴随着中央政府对经济转型风险的转移过程,通过转移风险达到风险最小化的目标。这样就尽可能地避免了对既得利益集团的直接触动,减少既得利益集团对经济转型造成的阻力。

(二) 地方政府推动增长的动力机制

在经济转型过程中,随着市场边界的不断扩大,市场机制开始对经济增长起调节作用;但推动增长的模式在本质上仍然属于政府推动型,不同的是,推动增长的政府行为主体不再是中央政府,而是地方政府。改革开放以来,中央与地方的分权问题一直是经济体制转型中的重要问题,地方政府在分权的改革过程中被赋予了前所未有的经济权力,其相对独立的经济利益日益受到重视,相应地承担起推动经济增长的责任,从而形成了以地方政府为主推动中国经济增长的格局。事实上地方政府推动本地区经济增长有其自身的动因。首先是政治利益，主要涉及政府官员政治晋升激励。很多学者都认为中国地方官员之间存在着围绕GDP增长而进行的政治晋升锦标赛，行政和人事方面的高度集权将地方官员置于极强的激励之下，为了实现政治晋升，地方政府不惜一切代价加快增长速度。因此，晋升锦标赛是将经济增长与政治晋升兼容在一起的一种激励模式。其次是财税激励。1978年以来的财政体制改革使地方政府拥有一定的经济自主权，从财政包干制到现行的分税制，地方政府的可支配财力取决于本地区的经济增长水平。本地区经济增长速度越快，可增加的地方财力就越多，因此，地方政府有着强烈的推动经济增长的冲动。第三，直接经济利益。这是在地方政府背后存在的一种超越政治激励和财税激励之外的一种激励力量。直接经济利益深刻地影响了地方官员行为，对地方政府行为起了决定性的影响。比如，官员通过"权力资本化"或"权钱交易"搞工程、搞建设来攫取私利，这些行为的出发点可能不是基于政治晋升或财税收入，而可能是官员运用地方政府的公权力谋取私人直接经济利益，结果必然会影响本地区的经济运行。经济发展的推动力由中央动员转向地方竞争，地方分权使得每一等级的地方政府变成了其管理的公共经济的实际所有者，调动了地方官员发展经济的积极性，导致了地区间发展经济的竞争，加快了经济发展速度。

第四节 地方政府主导的经济增长模式

一 中央对地方政府的激励机制设计

上节的分析表明，中央政府的放权让利改革激发了地方政府进行改革和发展经济的动力，地方政府主导的增长模式不负众望，实现了中国经济的高速增长，这就是中央政府设定的局部和整体"激励兼容"体制的结果。地方政府和任何一个社会团体一样，需要考虑自己和本地区的利益，问题的症结在于，人们在什么样的体制环境下争取自己的利益。

在经济转型期，中央政府主要是通过两种途径来引导地方政府行为取向,一是通过财政转移支付和相关资源分配来调控地方政府行为。转移支付包括一般性转移支付和专项转移支付,一般性转移支付比较透明,但专项转移支付是与许多中央部门掌握的专项资金相联系,使用不透明,在管理上具有不规范性和随意性,容易受地方政府和企业"跑部钱进"的影响。并且中国的一般性转移支付比较少,而专项转移支付却很多。更重要的是,一个地区拿上级政府的转移支付多了,也会丧失促进地方经济发展的动力,地区的"人格"完整性也会丧失,地方政府领导人只会集中精力做上级政府的工作,而不会考虑本地区的发展。而中国的实践也恰恰证明了,转移支付越多的地区,经济往往更落后。

另一方面,中央政府通过一整套政府和官员绩效考核制度来约束地方政府行为。改革开放后政府的首要任务是发展经济,地方政府事实上就成为任务的执行者。地方政府为了完成其任务目标,一方面和中央政府博弈,力求获得更多的资源和更有利的政策空间;另一方面,地方政府借助国有经济部门直接参与经济活动,或者通过技术和制度创新等吸引资源流入,间接促进地方经济发展。发展当地经济需要大量的资源,在资源有限的条件下,就会迫使地方政府间围绕资源展开竞争。在这个过程中地方政府为了在较短时间内追求 GDP 的最大化,不惜成本招商引资,严重依赖投资来刺激 GDP 增长。政府官员和国有企业的管理层对扩大投资这种近乎疯狂的追求,从纯粹的经济学是很难解释的,因为产能已经过剩,卖不掉了,为什么还要增加投资、扩大产能?这就要考虑政府决策者自身的利益(晋升、权力等)才能理解他们投资饥渴症的动机。

与日本、韩国和新加坡等国家的"政府主导型市场经济"不同,中国政府直接进行经营活动,中国拥有庞大的直接管理国民经济的国家机器和强大的掌握国民经济命脉的国有经济,国有部门在资源配置中仍然起着主导作用,因此,中国国有部门对经济的控制和干预更为直接有力;而且近年来通过各级政府直接控制的国有垄断企业和地方融资平台,政府在重要资源配置中的主导作用还有增强的趋势。由于体制的演进会有路径依赖,一旦进入政府主导的路径,从寻租活动中获得利益的既得利益者不愿意继续朝法治市场经济的方向前进,他们采取各种各样

第三章 政府悖论与经济增长：理论分析框架

的手段阻止进一步进行经济和政治改革，以防自己的寻租权力被削弱，甚至假借"改革"的名义扩大权力的干预，以扩大寻租活动的空间。

二 地方政府主导的增长模式

中央的改革设计实现了中央与地方的激励一致性，地方政府为发展而竞争产生了巨大的发展动力，并在地方层面上形成了一个行之有效的促进经济发展的机制，这是中国经济发展成功的关键原因。但是，与亚洲四小龙的初始条件不同，中国的地方政府要靠自己解决资金的短缺问题。为加快资本的积累，地方政府对外资的依赖和渴求是急迫的，很自然就主要依靠"招商引资"这个模式来实现。为了全力引进外资，地方政府间展开了激烈的竞争，导致地方对基础设施的投资和有利于投资增长的政策环境的改善，加快了金融深化的进程和金融市场化的步伐，让中国经济在制造业和贸易战略上很快融入了国际分工的链条与一体化的进程。不可否认，在中国经济转型中，外资利用对中国经济增长发挥了积极作用。但是，为了实现本地区更快的经济增长，在"GDP竞赛"中获胜，为了显示本地政府的"政绩最大化"，地方政府间展开了一系列拼招商、拼基础设施和拼地方政府补贴的恶性引资竞争。这种过分倚重基础设施来达到引资增加的竞争行为必然会破坏地方政府财政支出平衡，从而进一步扭曲地区资源配置，因为基础设施投资报酬在一定程度内可能是增加的，但过分增加基础设施的投资必定会使得基础设施投资报酬递减，从而使地方政府资本投资收益递减（靳涛，2006）。

另外，招商引资的成功很大程度上取决于当地的投资环境，特别是制度和物质基础设施条件，这就需要地方政府巨大的公共投入，而当地储蓄（贷款）不足是一个严峻的金融约束。为了克服金融约束，政府使用类似金融市场的方式将国有土地未来的收入流量在时间上做了很好的平移。在中国，政府正是通过一系列的制度变革和制度安排实现了对土地市场的介入和控制。农村土地所有权的模糊使得地方政府很容易侵害农民利益，地方政府是征地的实施者，在农地征用过程中，地方政府所需支付的补偿金往往远低于其实际的市场价值，这一超低的征地成本也是地方政府经常可以低价甚至免费出让工业用地的一个重要原因。地方政府在土地市场上拥有绝对的垄断权力，一方面通过协议出让方式以低价，甚至零价格的亏本价格出让工业土地来招商引资，在全球吸引制造业投资的激烈竞争环境下，企业对生产成本非常敏感，又比较容易进行生产区位调整，导致制造业部门具有较高的流动性，而处于强大竞争压力下的地方政府就不得不提供包括廉价土地、补贴性基础设施等在内的优惠政策。另一方面通过限制商住用地供应并以诸如"招拍挂"等竞争性较高的方式高价出让土地来最大化出让金收入，将这种高地价转嫁给本地服务业消费，解决由分税制引起的地方财政困境和廉价地出让工业土地产生的财政损失。这种既通过廉价供应工业用地实现工业化，又通过出让城市商业和居住用地获得巨额收益的行为又被称为"廉价工业化、高价城市化"。这种以地方政府通过压低土地、劳工乃至环境价格为基础的发展模式必然会带来一系列经济、社会乃至环境方面的负面影响。

　　中国的经济增长可能主要不是靠企业的经营表现，而是依赖于政府规模庞大的基础设施建设投资的支撑以及持续增长的外商直接投资。这些年来，相对于 GDP 的快速增长，投资以更快的速率增长；而且，绝大多数投资是流向基础设施和新建扩大生产能力，总的数量扩大了，但没有变得更有生产力。中国在企业改革政策上始终保护着国有企业，资本市场的设立和发展也试图拯救国有企业，尽管大多数生产领域的国有企业已不再为社会经济创造什么价值。民营企业虽然在经营体制上比国有企业有优势，更有效率；但却被挡在资本市场甚至整个金融体系之外，只能依靠非正规融资和自身的积累艰难地发展。歧视民营企业，限制资本所有权的流通和交易，不仅拖累了整个资本市场的发展，而且使得企业至今没有走上良性轨道。不仅如此，各级政府掌握了太多的资源，拥有支配土地、资金等重要经济资源流向的巨大权力，抑制了市场的运作。要素价格扭曲，特别是生产资料价格扭曲鼓励了资源的浪费，政府部门和官员特别容易利用手中的权力营造巨大的寻租环境，扩大了腐败的基础。由于国有企业改革滞后造成的"胁迫"政府强化垄断，即既得利益集团"挟持"政府以攫取私利，致使要素资源配置的主体始终不能归位于市场。在政府与既得利益集团唇齿相依的利益结构中，政府以及依附于政府的既得利益集团不愿放弃凭借行政垄断权力获取巨大的潜在收益，造成资源错配和产业结构失衡，导致财富的逆向转移，

第三章 政府悖论与经济增长：理论分析框架

在加大经济风险的同时，也激化了社会矛盾。可见，这种地方政府主导的投资推动型增长方式并不是一种高效、集约式的经济增长模式。

地方政府主导和国有企业垄断是中国经济转型的基本特征，地方政府主导的投资拉动型经济增长模式创造了中国经济的高速增长，但是一些负面的、以前被高速增长的 GDP 掩盖的问题也逐渐浮现出来，地方政府以不同方式进行深度介入的发展模式都会很快带来地区间产业结构趋同、经济过热、部分行业生产能力过剩及贫富差距等问题。这些问题一旦成为经济发展的桎梏，中国经济的辉煌将难以为继。那么这些问题是什么因素造成的？地方政府和国有企业垄断的结合是否是其发展的"体制障碍"？本书正是从这个逻辑出发来探讨这些问题产生的本质所在，也就是说，我们要试图弄清楚地方政府和国有企业垄断的结合会将中国经济增长引到一个什么样的发展轨道中去。

第四章 体制改革、增长潜力与经济的可持续性

第一节 体制改革影响经济增长可持续性问题的提出

1978年改革开放以来,中国经济一直保持着高速增长。但是,在高增长的背后,我们应看到经济当中存在的方方面面的问题①,经济增长的质量和持续性并不让人乐观。近年来,国内的经济学家们越来越认为这种增长是"粗放型"的,适应于要素投入型增长的传统经济体制和制度安排还在顽强发生作用,体制和制度因素越来越制约着增长方式的转变。目前,关于粗放型增长方式的研究基本上都是基于制度层面,因为粗放型增长本质上是市场主体在一系列约束条件下行为选择的结果(李永友等,2009)。然而,为什么改革以来的制度供给会固化和强化粗放型增长方式,现有文献并没有做深入研究。改革确实对中国经济持续增长做出了贡献(王小鲁,2000),体制的释放效应很大;但如果深入到中国经济体制改革的历史进程中间,就会发现,体制改革本身也非常复杂,是一个多维的不断演进的过程。忽视体制背景的差异会导致所开出的政策处方不符合中国的国情,从而影响政策效力的发挥。对中国所实行的改革措施进行经验总结,进一步分析哪些改革因素在今后还存不存在,它的贡献是否会持续,哪些贡献大一点,哪些贡献小一点,显

---

① 能源消耗过大、环境污染严重;投资消费关系不协调、需求结构失衡;产业结构不合理、产业结构升级缓慢以及持续扩大的地区差异、行业差异和城乡差异等问题给经济的持续增长带来了隐患。

第四章 体制改革、增长潜力与经济的可持续性

然具有重大的理论和现实意义,不仅可以帮助我们更加清晰地理解中国经济体制转型的得与失,更重要的是能够为中国今后的改革政策设计和修正指明方向。

关于中国经济改革问题的研究,近30年来一直是中国经济理论研究的核心话题,国际上越来越重视为制度变迁和改革措施对于经济绩效的影响提供经验证据,而中国自1978年以来处于以经济转型为主导的全面大转型中,为经济的可持续增长实施了一场"制度实验"。因此,从这个角度来说,研究中国渐进式改革对增长质量的影响是一项具有非常重要的理论价值和实践意义的工作。在中国从计划经济向市场经济的转型期间,体制变动是全方位的。这期间中国经历了财税体制改革、政府体制改革、国有企业改革、外贸体制改革、对外国投资的市场开放以及新兴非国有部门的迅速发展等一系列重要体制变革。任何层次上的体制转变都表现为对传统计划方式的废弃和市场机制的确立,制度只有通过对市场活动产生正向激励才能对经济增长产生积极影响(庞晓波等,2000)。毋庸置疑,改革开放政策的实施是推动中国经济高速增长的最重要力量。但是,同时我们也要看到,体制和制度因素越来越制约着中国经济增长方式的转变。

那么,究竟是哪些制度因素适应了增长方式转变的要求,哪些是束缚经济主体行为、阻碍经济有效率运行的制度因素?我们整理相关文献时发现,虽然已有研究涉及这一点,但现有文献并未能够对中国的渐进式改革进行全面彻底的讨论,在理论的完整性和政策的可行性指导上都存在着不足。基于中国经济转型的背景,本章从经济增长质量的视角来评估中国经济增长中经济运行层面的宏观经济绩效,以便对现有制度安排的均衡结果做出较为科学、准确的评估。

本章的研究重点和创新之处在于:第一,对中国的渐进式改革进行了较为全面和深入的剖析。我们认为,虽然体制改革变动是全方位的,但就主要方面包括财税体制改革、政府体制改革、国有企业改革、市场化改革及福利制度改革五个方面,在以往文献的基础上,根据我们的理解,分别对各项改革体制进行了具体的量化,共设计17个指标。第二,在中国的整个经济转型期,从体制外到体制内及增量到存量的阶段性改革特征显著(吴敬琏,1996),每个改革阶段可能会有不尽相同的问

题，因此，我们具体划分改革的三个阶段，并进行对比分析，以考察改革措施在不同阶段的适应性。

本章以下部分的结构安排如下：第二节回顾制度和经济增长方面的文献；第三节从理论上证明了渐进式改革进程中的经济增长绩效问题；第四节是模型分析、指标设计与数据处理；第五节从经济发展水平、资本效率和全要素生产率三个视角实证分析了渐进式改革与中国经济增长质量的关系；第六节结论与政策启示。

第二节 制度对经济增长的影响

自诺斯等（North et al., 1973）的开创性研究以来，新制度学派尤其关注制度变迁对经济增长的重要作用。诺斯提出了增长由制度"启动"的论断，以产权为基础，制度变迁为核心，形成了包括国家理论和意识形态在内的严密体系。他们认为，只有实施有效制度、实现执政者约束和产权保护，才能够刺激民间投资和技术进步，实现经济的持续增长（North, 1994；Delong and Shleifer, 1993）。罗德里克等（Rodrik et al., 2004）将政体形态、产权保护和制度内生化，构建了制度决定论增长模型，强化了经济增长依赖制度约束和"有限"政府的结论。一国的政府权力越有限，经济活动者所遵守的规则越透明，就越能促进该国的经济增长（De Long and Shleifer, 1993）；近年的实证研究表明，一国实行的政策制度越趋于自由化，越能促进该国的经济增长（Easterly and Levine, 2003）。一些学者从交易成本的角度解释制度的效率，杨小凯等（1999）提出分工水平的演进是长期经济增长微观基础的思想，利用超边际分析框架得出，一个国家的制度安排很大程度上影响了这个国家的交易费用，而交易费用又决定专业化水平，从而导致一个国家经济绩效的差异。制度对经济增长的影响最为直接，它决定了经济活动者受约束的程度，通过减少交易成本，降低市场准入，促进了市场的有效竞争（Haber et al., 2003）。斯蒂格利茨（Stiglitz, 1998）研究转型国家的经济事实得出，在经济发展过程中，除物质资本、人力资本和知识资本外，社会资本对经济增长的作用也很重要，这种资本包括价值观的形成、调节交易和解决争端的各种制度和关系等。

第四章 体制改革、增长潜力与经济的可持续性

随着新制度经济学的发展和制度对经济增长问题解释力的增强,主流经济增长文献开始认识到制度对经济增长特别是在要素所有者激励约束方面的作用,尝试把制度因素纳入到标准的经济增长模型。内生增长理论在深化技术进步和知识教育等要素发展对经济增长作用的同时,将制度纳入内生经济增长模型,认为制度能够通过刺激内生要素的发展实现要素有效配置,影响经济增长(Romer,990)。然而,令人遗憾的是,内生增长理论无法解决制度变迁的报酬来源问题,正如新古典增长理论无法解决技术创新的报酬来源一样,因而无法把制度内生化。这并不代表制度在经济增长中不重要,事实上,主流增长文献已经有很多从制度的角度解释各个经济体经济增长绩效的差异。其中最具有代表性的是霍尔和约翰斯(Hall and Jones,1999)提出的社会基础设施假说,该框架把经济增长的决定因素大致分为两类:生产要素、生产率和社会基础设施,利用127个国家或地区的样本研究了社会基础设施与劳均产出之间的关系,结果发现,社会基础设施每相差0.01,经济增长绩效就显著地相差5.14%,从而得出经济增长绩效的差异取决于各个经济体的社会基础设施的结论。

那么,中国作为一个最大的转型经济体,渐进式改革等制度因素在中国的经济发展过程中又扮演了什么样的角色?国内外很多学者对此做了大量的研究。李富强等(2008)发现,制度不仅直接作用于经济增长,而且还通过影响生产要素投入和配置效率来促进经济增长,即物质资本和人力资本作用包含制度贡献。徐现祥(2005)从理论和实证方面证明,渐进改革经济中的最优增长路径能够非常稳健地刻画我国1979—1999年间的经济增长。王小鲁(2000)认为,改革开放的20年,资本形成加速做出了很大贡献,但更重要的贡献来自制度变革引起的资源重新配置。改革带来的经济高速增长,主要是市场化制度变革的结果,而且主要是通过非国有经济部门的发展实现的[①]。康继军等(2007)从4个方面、以19个指标为基础构造了衡量市场化进程的制

[①] 刘伟等(2001)也认为,所有制的变化,尤其是非国有化率的变动,对中国经济增长具有特别的解释能力,这种解释能力不仅一般化地体现在增长的数量方面,而且更特殊地体现在增长的质量及效率方面。

度变量—市场化相对指数,证实了 1978—2003 年间经济体制的市场化改革确实促进了中国经济增长。樊纲等 (2011) 研究也发现,1997—2007 年间,市场化进程对经济增长的贡献达到年均 1.45 个百分点,市场化改革推进了资源配置效率的改善,这一时期全要素生产率的 39.2% 是由市场化贡献的。而钱和温加斯特 (Qian and Weingast, 1996) 认为,财政分权是中国经济改革成功的关键,分权后产生的一些机制保证了中国市场化改革的顺利进行。[①] 崔和王 (Tsui and Wang, 2004) 认为中国垂直控制的行政管理体制和自治性不强的财政分权为地方的经济增长提供了源动力。沈坤荣等 (2005) 研究结果显示,财政分权可以促进经济增长。然而,李永友等 (2009) 认为分权改革策略不仅未能为经济增长动力结构升级提供有效激励,而且在政治集权和风险大锅饭体制下,使粗放型增长方式被进一步强化。[②] 周立 (2003) 认为,财政分权和地方政府的干预扭曲了金融市场化改革的路径。然而,分权体制本身无所谓好坏,分权的影响取决于具体的制度设置 (Litvak 等,1998)。制度在不同的环境和约束下,制度变迁和经济增长的关系并不总是保持一致性 (Acemoglu, 2007)。克莱诺 (Klenow, 2001) 认为,如果不继续改革,中国人均收入的增长可能会放缓。郑京海等 (2008) 对中国改革时期的经济进行研究发现,改革的措施往往导致对全要素生产率 (TFP) 的一次性的水平效应,中国现在需要调整其改革方案以促进生产率的持续增长。刘瑞明 (2011) 发现,经济转型过程中,庞大的国有经济不仅因为自身的效率损失影响了经济增长,而且通过金融压抑、歧视和效率误配的途径对整个国民经济产生拖累效应。黄 (Huang, 2005) 证明,政府宁可欢迎 FDI,也不允许有可能挑战政治现状的本土企业家阶层的成长;结果,FDI 成为一种拖延政治改革的方式。

从以上文献检索,我们可以看到,国内外学者对中国转型期间改革

---

① 朱恒鹏 (2004) 分析了财政分权体制下,地方政府推动国有经济产权改革的动力机制,财政预算约束的硬化,国有经济和民营经济对财政贡献的差异,使得国有部门经济成为财政的负担。

② 张曙等 (2008) 研究发现,在财政分权背景下,地方政府直接或间接干预金融机构的资金运用固化了中国目前依靠资本投入和积累速度提高的"粗放型"经济增长方式,因而对经济增长方式转型产生极为不利的影响。

的成效众说纷纭，莫衷一是。早期的研究仅考察了渐进式改革的某一重要方面，如市场化改革、分税制改革或国企改革等，这些研究都是有意义的，但是不全面的，无法涵盖渐进式改革进程的全貌，中国的渐进式改革是一系列的大规模制度变迁。事实上，关于中国的渐进式改革对经济增长和资源配置效率的贡献，迄今还缺乏比较系统的实证研究。因此，要从实证上定量考察渐进式改革对经济增长的影响，必须要有一套系统的度量渐进式改革的指标体系。在既有研究的基础上，我们从财税体制改革、政府体制改革、国有企业改革、市场化改革和福利制度改革等五方面衡量渐进式改革的进展，这样的视角提供了更加丰富的制度内涵，也更有利于解释渐进式改革等制度要素与经济增长质量之间的内在联系，这也是我们研究的不同之处。

第三节 理论模型

霍尔和约翰斯（Hall and Jones, 1999）把经济增长的决定因素大致分为两类：一是生产要素和生产率；二是社会基础设施，指的是鼓励人们生产、积累的政策和制度环境。各个经济体生产要素积累和生产率上的差异，从而经济增长绩效的差异最终取决于各个经济体的社会基础设施，即社会基础设施假说。该假说最大的贡献是直接考察了社会基础设施与经济增长绩效之间的关系，但是，他们并没有回答政府（即社会基础设施的提供者）为什么会提供有效的基础设施？本书就是以社会基础设施假说和30多年的经济增长事实为基础，考察渐进式改革与经济增长绩效的关系。

一 模型设定

本书假定政府提供社会基础设施的最大目的是实现 GDP 最大化。原因有以下两点：第一，诺斯（North, 1994）假定政府是理性人，强调政府的目标是国家获取垄断租金最大化和税收最大化。第二，这一目标也符合中国的经济现实情况，与"以经济建设为中心"，不惜一切代价搞建设的经济目标是一致的。

改革的收益是多方面、多层次的，最具代表性的是经济增长。本书假定政府对改革收益的关注主要集中于经济增长，经济增长越快，政府得到的税收越多，改革进程越快，但是政府的改革意愿是递减的。简化起见，我们把政府的改革意愿 $r(g)$ 设定为：$r(g) = \alpha g - \frac{1}{2}g^2 + \beta$，其中，$\alpha$ 是常数，且 $\alpha > 0$；g 是经济增长率。

改革是有成本的，假定政府的改革成本由两部分构成：政府实际承担的成本和预期要承担的成本。随着改革的深入，必然会触动既得利益集团的利益，从而政府改革的成本增加，经济增长放慢。另一方面，经济的增长在一定程度上能够降低渐进式改革所带来的成本。从这个意义上讲，改革与经济增长是负相关的。简化考虑，我们将成本函数设定为：$c(g) = \gamma - \theta g$，其中 γ, θ 均为常数，且 $\gamma > 0, \theta > 0$。另一部分是预期成本，政府在改革实施前并不清楚改革成本到底有多大，在很大程度上只是一种预期。因此，我们在改革成本中引入了预期因素。假定这是一种适应性预期，即 $\dot{\pi} = \rho(\varphi - \pi)$，其中 $\rho > 0$，且为常数，表示预期改革成本的调整速度。于是，总改革成本可以表示为：

$$c(g,\pi) = \gamma - \theta g + \tau \pi \qquad (4-1)$$

其中，$\tau \in [0,1]$，表示预期改革成本在总成本中占的比重。显然改革成本越低，政府改革的动力就越大，为简化，我们把政府的改革意愿 $r(c)$ 表示为：$r(c) = -\kappa c$，其中 $k > 0$，为常数，可视为政府对改革的厌恶系数。

为了简单起见，我们假定改革意愿函数具有可加性。这样，政府的瞬时总意愿就可以表示为：

$$r(g,c) = ag - \frac{1}{2}g^2 + \beta - kc \qquad (4-2)$$

为使问题简化并突出本书的主旨，我们在社会基础设施的框架内把制度变迁与经济增长绩效定义为一一对应的函数关系，即假定政府每提供一单位有效的社会基础设施，经济增长绩效就增加一个单位。

然后，我们考察改革的阶段性。由于中国走的是渐进式改革道路，那么，在每个改革阶段，政府的改革意愿就可以表示为[①]：

[①] 在式（3）的最优动态模型中没有引入贴现因子，而是对任意时刻的 r 值赋予了相同的权数1，这种简单化的做法并不影响本书的结论。

第四章 体制改革、增长潜力与经济的可持续性

$$r = \int_0^T r(g,c)dt \qquad (4-3)$$

二 最优均衡解

政府的目标是通过改革获得最大的收益。因此,每出台一项改革措施,政府所面临的问题:

$$\max r \ s.t. \ c(g,\pi) = r - \theta g + \tau\pi \quad \pi = \rho(\varphi - \pi)$$

在该问题中有三个变量:g,c,π。显然,π是状态变量,g,c分别是改革收益和改革成本,政府通过控制改革进程及其力度直接或间接地影响g,c。即二者都可以作为控制变量。由式(4-1)可知,一旦我们求出π,g的路径,改革成本的路径自然就确定了。因此,本章把g视为控制变量。我们假定制度变迁与经济增长绩效是一一对应的,因此,政府选择了最优的g也就意味着选择了最优的渐进式改革路径。

该最优化问题的汉密尔顿函数[①]:

$$H = ag - \frac{1}{2}g^2 + \beta - k(\gamma - \theta g + \tau\pi) + \omega\rho[\gamma - \theta g + (\tau - 1)\pi]$$

一阶条件:

$$\frac{\partial H}{\partial g} = a - g + k\theta - \omega\rho\theta = 0 \qquad (4-4)$$

$$\zeta \equiv \frac{\partial H}{\partial \pi} = -k\tau + \omega\rho(\tau - 1) \qquad (4-5)$$

$$\lim_{t \to T} \omega(t) = 0 \qquad (4-6)$$

由(4-6)-(4-8)可以推出,为了获得最大的收益,政府所希望的渐进式改革进程中的最优增长路径:

$$g^*(t) = \alpha + \frac{\kappa\rho\theta}{A}(1 - \tau e^{A(t-T)}), A = \rho(1-\tau) > 0 \qquad (4-7)$$

由(4-7)式对时间求一阶、二阶导数可知,最优经济增长路径

[①] 无论制度变迁是"引诱型"还是"强制型",解最优问题本身可能会引起误解。罗兰(Roland, 2002)指出,转型路线可能像对意外事件和压力的即兴反映一样,是一种不确定条件下有意识的前瞻性选择。因此,改革的实际路线可能与初始计划大相径庭。尽管如此,我们仍然认为,讨论改革的策略问题对于理解中国改革动态发展背后的逻辑是有用的。

具有以下性质：$g^*(t)$是减函数，也是凹函数。于是，得到命题1。

命题1：政府为了获得最大的收益，在改革措施开始实施即$t = o$时，希望有一个较高的经济增长率，但随着改革的深入，到了必须触动既得利益集团的利益时，改革的成本会逐渐上升，政府将会降低改革的努力，经济增长将会相应地放慢。

因为$g^*(t)$是减函数，当$t = T$时，$g^*(t)$取得最小值，即$g^*(t) = \alpha + \kappa\theta > 0$。因而，我们可以得到命题2。

命题2：当最优经济增长率接近最小值时，不管改革成本有多大，政府都会考虑采取新的有效改革措施，将渐进式改革推进一个新的阶段。因此，最低经济最长率可视为改革进入下一个新阶段的先验性指标。

第四节 模型分析、指标及数据处理

一 指标及数据处理

30多年来由改革开放政策带来的中国高速经济增长使我们在研究经济增长问题时，无法回避中国经济体制改革这一制度变迁过程的影响。伊斯特利（Easterly，2005）基于对发展中国家的研究提出，"把激励搞对"是促进经济增长的根本保证。但是，任何激励机制都是有代价的，以 GDP 增长作为衡量改革绩效的主要标准，而忽视其他的有益指标，将会导致激励努力向这一指标倾斜，从而产生配置扭曲，导致技术创新严重不足，产业升级艰难加重失业，地区差距和城乡分割等种种问题，严重损害经济的可持续发展。鉴于此，我们从以下三个维度来评价中国经济增长的质量。

（1）经济发展水平（pgdp）：本书以人均实际 GDP 衡量经济发展水平，即以1978年不变价格计算得到，以消除通货膨胀的影响。

（2）资本效率（pc）：要素（特别是资本）的积累是经济增长的源泉，因此我们以资本效率作为评价经济增长质量的一个方面，在储蓄率给定的条件下，产出资本比[①]从一个侧面反映了对现有资本的利用效

[①] 产出—资本比的提高是发展中国家走出"贫困陷阱"的必由之路（Murphy et al.，1989）。

率，即资本效率=实际 GDP/实际资本存量。实际 GDP 以 1978 年不变价格计算得到。省际资本存量的计算采用永续盘存法，运用张军等(2004)的方法对 1978—2010 年中国省际（含直辖市、自治区）的实际资本存量进行核算。要说明的是，为了提高反映资本投资效率的准确性，我们主要是基于固定资本形成而估算的生产性资本存量，不包括土地和存货投资等。

（3）全要素生产率（TFP）：全要素生产率是经济增长的另一个主要源泉，经济体制改革则通过改变技术创新效率，从而对 TFP 的增长产生影响，会直接影响到中国经济增长的质量。关于全要素生产率的测算方法，比较常见的是以"索洛残差"为代表的参数估计方法。但该方法是通过建立某种具体形式的生产函数进而估算出 TFP，且需要较强的理论假设。近年来，以数据包络分析（DEA）为基础的 Malmquist 指数法作为一种非参数估计方法而广为流行，能有效地避免因生产函数设定而导致的估计结果偏误。因此，本书通过非参数 Malmquist 指数法计算中国省际历年 TFP。关于 Malmquist 指数方法的详细介绍参见魏下海(2009)。根据 Malmquist 指数法，以实际 GDP 作为产出指标，历年实际资本存量和劳动就业人口数作为两种投入要素指标，利用软件 DEAP2.1 计算中国省际 1978—2010 年期间的全要素生产率。

在测定资源配置效率的方法中，全要素生产率和产出资本比是比较常用的方法，尽管这两个指标有一定的缺陷[①]，但相比其他的方法，在中国的适应性更好一些，所以经济学界还是把它们作为测定增长效率的主要指标。

关于中国经济改革问题的研究，近 30 年来一直是中国经济理论研究的核心话题，但是，很大一部分研究关注经济改革的某一或某些方面，如市场化改革、分税制改革等。按我们的理解，中国自 1978 年以来处于以经济转型为主导的全面大转型中，在一种强大发展共识环境下，由中央政府主导的政治集中的官员体制、经济分权体制、所有制改

---

① 如计算全要素生产率，没有考虑资本和劳动力的质量问题，忽视了隐含在资本和劳动力中的技术进步等问题；产出资本比的计算可能由于国民的储蓄偏好和经济发展阶段不同而出现一定的偏差等。

革、福利制度改革以及与之伴随的不健全的市场形成的缓慢演进的制度则构成了转型期中国经济增长的宏观制度框架和决定因素。下面我们将从经济体制改革的这五个方面进行展开和设计指标。此外，在设计中国经济体制改革的时候不能片面求全，必须考虑到数据的可靠性和可获取性。

（1）财政体制改革：在中国纷繁复杂的经济体制改革历程中，财政体制改革是贯穿始终的少数几个最重要的变革领域之一。这表明财政体制改革本身的复杂性，特定的财政体制总是体现着特定的政府、企业和居民间的分配关系。中国的财政体制改革不仅仅是财政分权，而是一场多方向展开的复杂的综合性体制变迁（沈坤荣等，2005）。因此，我们进一步从三个维度进行诠释。①财政分权（decent）：在市场经济改革背景下，1980年实行的财政分权使中央政府和地方政府的关系发生了质的变化，地方政府成为拥有独立经济利益的政治组织，地方政府的激励机制能够与经济运行的效率基本一致（刘汉屏等，2003）。另外，1994年分税制改革对地方的影响主要是财政收入，而财政支出由于提高税收返还等措施的同步推出，与分税制前并没有发生大的变化，因此，本书用各省财政收入占中央预算内本级财政收入衡量财政分权程度。②宏观税负（tax）：税收对经济的影响主要体现在资本形成上，而刺激私人资本形成历来是大多数国家税收政策的重要目标。因此，本书用税收收入占GDP的比率表示宏观税负。③财政软约束（soft）：在正式的财政制度之外存在大量非正式的财政安排，预算外资金管理相对松散，地方政府具有事实上的决定权。本书用预算外收入占财政总收入的比率表示财政软约束。

（2）政府体制改革：学术界对中国转型期的高速经济增长形成的一个基本共识是，地方政府在经济发展过程中起到了非常重要的作用。我们用以下三个指标刻画政府改革的变化：①政府对市场的干预（gint）：用财政总支出占GDP的比率表示。②政府投资竞争（ginv）：地方政府竞争具有不同的激励和特征，在财政分权体制和官员政治晋升机制下，地方政府同时受到经济利益和政治利益的双重激励，相比于提供公共物品和服务的数量与质量，它们更关心资源配置和经济绩效（周业安等，2009）。积极扩大投资以迅速做大经济"蛋糕"，是实现其利益最大化目标的有效途径；因此，投资竞争是地方政府竞争的重要方面。用国家预算内固定资产投资占全社会固定资产投资的比率表示。③政府规模扩张（gsca）：用政府消费占最终消费的比率表示。

（3）国有企业改革：从70年代末开始，中国以谨慎的态度逐步推进国有企业的改革重组。国有企业的公司化和民营化以及私有企业的发展使中国企业产生了多种所有制形式。我们认为，国有企业改革的结果主要表现为：①国有投资比重（soei）：计算公式：国有经济固定资产投资额/地区经济固定资产投资。②国有职工比重（soee）：用国有单位职工人数占地区职工总人数的比重表示。③国有工资比重（soew）：用国有企业平均工资占地区平均工资的比重表示。

（4）市场化改革：国内外文献关于市场化进程的测度很多，最具代表性和全面性的是樊纲等（2011）测度的中国各地区市场化指数。但是，考虑到樊纲等测算的市场化指数涵盖的分指标与我们设计的指标可能具有很强的相关性，并且其市场化指数从1997年开始，与我们的研究不相吻合。因此，我们选取四个代表性的指标来测度市场化程度。①非国有经济发展（priv）：用非国有经济产值在工业总产值中的比重表示。②贸易开放度（open）：用贸易进出口总额占GDP的比重表示。③投资开放度（fdi）：用外商直接投资总额占GDP的比重表示。④金融发展（loan）：中国属于银行主导型金融体制，且各省的国有银行贷款、广义货币供应量M2及其他金融市场指标等数据无法获取，因此，本书选取各地区贷款总额占GDP的比重来测度金融发展水平。

（5）福利制度改革：福利制度改革会影响居民的制度风险预期，改变消费—储蓄的跨时均衡，引起消费选择的变化。同样我们也设计了以下四个指标反映福利制度改革的进程。①失业率（empl）：由于中国统计的失业率未包括农民工在内，因此，我们以城镇登记失业率作为代理变量表示就业状况。②死亡率（heal）：用死亡率作为代理变量表示健康状况。③住房（hous）：用城镇人均住房面积指数表示。④医疗卫生（hosp）：我们用每万人口医疗机构床位数指数表示医疗条件。

二　计量模型

我们借鉴巴罗（Barro）有关经济增长的模型，将相关分析的回归模型设定为：

$$pgdp_{i,t} = \alpha_i + \beta' reform_{i,t} + \gamma' X_{i,t} + \varepsilon_{i,t} \quad (4-8)$$

$$pc_{i,t} = \alpha_i + \beta' reform_{i,t} + \gamma' X_{i,t} + \varepsilon_{i,t} \quad (4-9)$$

$$TFP_{i,t} = \alpha_i + \beta' reform_{i,t} + \gamma' X_{i,t} + \varepsilon_{i,t} \quad (4-10)$$

其中，模型中下标 i 代表省份，t 代表年份；α_i、β 和 γ 是系数矩阵，$\varepsilon_{i,t}$ 是扰动项。$pgdp$ 是人均实际 GDP，pc 是产出资本比，TFP 是全要素生产率。reform 是一改革指数矩阵，X 是控制变量。

刻画改革指数 reform 的指标主要分为五类，每一类中又包括若干子指标。具体：一是财政体制改革，主要包括财政分权 decent、宏观税负 tax 和财政软约束 soft；二是政府体制改革，主要包括政府干预 gint、政府投资 ginv 和政府规模 gsca；三是国有企业改革，主要包括国有投资比重 soei、国有职工比重 soee 和国有工资 soew 比重；四是市场化改革，主要包括非国有经济发展 priv、对外贸易开放度 open 和投资开放度 fdi 及金融发展 loan；五是福利制度改革，主要包括失业率 empl、住房 hous、死亡率 heal 和医疗卫生 hosp。另外，我们还加入了增长模型中的两个基础变量 θ：投资增长率（gi）：用全社会固定资产投资的增长率表示；从业人员比重（labor）：用从业人员占总人口的比重表示。

一个值得注意也是容易忽视的问题，就是改革阶段的度量，每个改革阶段可能有不尽相同的问题。在中国经济发展过程中，从体制外到体制内及增量到存量的阶段性改革特征显著（吴敬琏等，1996）。结合中国改革各阶段的特征性事实，我们将具体度量渐进式改革的阶段。

在样本期内，渐进式改革大致分为以下三个阶段：1978—1991 年，推行承包责任制阶段；1992—2001 年，建立社会主义市场经济体制和国有企业建立现代企业制度阶段；2002—2010 年，进行所得税收入分享改革，另外，也是"国进民退"的时期。在下节的计量分析中，我们将对改革的三个阶段进行详细的考察。

最后，本书的数据涵盖了 1978—2010 年中国大陆 29 个省（市、自治区）[1]，所有原始数据都来源于《新中国 60 年统计资料汇编》、历年

---

[1] 由于西藏部分数据严重缺失，我们未考虑这个地区；因重庆市从 1997 年设立直辖市开始才进行独立核算，为保持数据的延续性，我们将重庆市的数据并入四川省进行核算。

各省市统计年鉴、历年中国财政年鉴和 CEIC 数据库。进出口总额和实际利用外商直接投资数额的原始数据单位为美元,我们通过各年中间汇率进行了相应换算。个别年份数据缺失,利用指数平滑法进行补齐。

第五节 渐近式改革对经济增长质量的实证影响

本节运用省级面板数据固定效应（FE）—随机效应（RE）分析法来研究渐进式改革对经济增长质量的影响。具体分析中,我们采用似然比（LR）检验来检验是否存在异方差,对各组回归均进行 Hausman 检验,以选择合适的模型。

一 渐进式改革对经济发展水平的影响

表 4-1 给出了不同阶段的回归结果。列（1）-（4）分别是针对（1978—2010）、（1978—1991）、（1992—2001）和（2002—2010）四个时间段的估计结果。从中可以得到以下结论：

（1）财政体制改革：①财政分权 decent 在不同时期的影响具有显著差异,在整个样本期内,财政分权对经济发展水平的影响不显著,但在转型期的三个阶段却有显著不同,在（1978—1991）阶段,财政分权的影响显著为正,而在（1992—2001）阶段显著为负。这表明财政包干制比分税制更有利于提高经济发展水平,缩小地区间的差距。可见,我国的分税制改革也可能是导致我国地区间差距不断扩大的原因之一。很多研究都发现,即使有中央的大规模转移支付,分税制的实行似乎没有在平衡地区收入差距方面发挥更大的作用。究其原因,主要是财政体制的改革不仅没有为提高地方政府的融资提供更多的选择机会,而 1994 年分税制改革又在地方政府层面上切断了收入与支出需求的联系,加重了地方政府尤其是落后地区的政府负担。②宏观税负 tax 的影响显著为负,尤其是（1992—2001）阶段,分税制改革以来的税权向上集中趋势,以及中央对地方财政收入的规范化进程等因素,使得纵向竞争效应趋强,体现为十几年的税收持续超经济增长,实际的宏观税负很可能越过社会最优的水平（汤玉刚等,2010）,从而抑制微观经济主体的经济活力。③财政软约束 soft 的影响也显著为负,且在不同阶段的显著性是依次加强的。20世纪80年代财政分权之后,预算外收入急剧膨胀,演变为一个庞大的地方收入来源。当中央集权之后,地方的最好策略是选择预算外收入来增加自己的利益。正如陈抗等(2002)所认为的,预算外收入的扩张改变了地方政府行为,导致地方政府从"援助之手"到"攫取之手"的转变。

(2) 政府体制改革:①地方政府干预 gint 对经济发展水平的影响显著为负,这表明地方政府对经济的干预不利于提高经济发展水平,由于,政府干预打乱了企业的预期,扰乱了市场的正常运行,导致投资驱动的增加模式难以为继;政府主导经济的发展方式已经越来越不适应我国经济进一步发展的要求,甚至已开始成为市场经济发展的桎梏。因为政府承担着主导经济发展的责任,把实现更高的经济增长速度作为自己的首要目标,这会固化中国目前依靠资本投入和积累速度提高的"粗放式"增长模式。②政府投资 ginv 的影响为负,不显著,但(2002—2010)阶段较为显著,这表明政府投资的负面影响开始凸显,地方政府的投资基数逐年扩大,但由于地方政府在很大程度上并没有严格控制投资的质量及投资效益,因此,投资的效率下降。另一方面,政府投资增加带动了企业投资,企业争相盲目上项目,追加投资,结果从担心踩空到深度套牢,就像2008年的四万亿投资计划,很多企业因此而破产、倒闭。因此,政府间的投资竞争不利于经济发展水平的提高。③政府规模 gsca 的影响显著为正,但在(2002—2010)阶段却不显著为负。这表明消费需求是提高经济发展水平的重要因素,而我国则是以政府主导的投资"挤掉"家庭消费需求成为总需求中的主导力量,但这种"重投资、轻消费"增长模式是不可持续的。

(3) 国有企业改革:①国企投资 soei 的影响显著为负,国有企业的"投资饥渴"及普遍的低效率无疑是阻碍经济发展水平提高的重要原因。②国企职工 soee 的影响不显著为正,但表现出显著的阶段差异,第一阶段为正,较为显著,第二和三阶段均显著为负。这意味着国企改革过程中,所维持的冗员仍然过多;因为,冗员越多,就越需要投入更多的政府补贴,导致更多的银行坏账,对经济造成更大的拖累(樊纲,1999)。③国企工资 soew 的影响显著为负,随着国有企业的改革和政府对国有企业的管理确立了"抓大放小"的基本方针,国有企业陆续从

第四章 体制改革、增长潜力与经济的可持续性

许多竞争性领域退出,而在资源性和基础性等上游垄断行业,国有企业却在强势扩张,再加上国家政策的保护和扶持,进一步巩固和强化了国有企业的垄断地位。而国企垄断所创造的巨额垄断租金为国企的低效运营和维持较高的工资福利水平提供了充足的资金,本应属于国家的资源收益和社会共享的成果变成了特殊的集团利益收入,这些特殊的利益集团将垄断利润异化为职工利益。

表4-1　　　　改革影响经济发展水平的跨时差异

时间范围	1978—2010	1978—1991	1992—2001	2002—2010
因变量:(pgdp)	(1) FE	(2) FE	(3) FE	(4) FE
decent	0.329 (0.281)	0.581*** (0.155)	-1.801*** (0.651)	0.169 (1.779)
tax	-2.589*** (0.446)	-0.114 (0.411)	-6.018*** (0.184)	0.306 (0.402)
soft	-0.457*** (0.053)	-0.096* (0.040)	-0.172** (0.070)	-0.961*** (0.245)
gint	-2.853*** (0.401)	-0.842*** (0.324)	-3.596*** (0.871)	0.356 (0.576)
ginv	-0.207 (0.207)	-0.006 (0.119)	-0.729 (0.866)	-2.226** (1.025)
gsca	2.522*** (0.348)	0.508 (0.318)	1.311** (0.588)	-0.278 (0.748)
soei	-0.855*** (0.155)	0.005 (0.089)	-0.910*** (0.340)	-0.512 (0.354)
soee	0.361 (0.379)	1.605* (0.820)	-2.120*** (0.731)	-2.310** (1.075)
soew	-1.785*** (0.250)	1.417** (0.572)	-1.987*** (0.738)	-0.115 (0.292)
priv	1.291*** (0.296)	0.443** (0.173)	1.521*** (0.267)	0.367 (0.295)
open	-0.146** (0.057)	0.200*** (0.056)	-0.850*** (0.149)	0.350** (0.160)
fdi	0.001 (0.675)	0.602 (1.330)	-0.802 (0.855)	0.378 (1.512)
loan	0.378*** (0.066)	0.443 (0.173)	0.000 (0.132)	-0.114 (0.109)
empl	0.078*** (0.010)	0.200*** (0.056)	0.045 (0.030)	-0.007 (0.051)
heal	-0.145*** (0.022)	0.029* (0.014)	-0.159*** (0.040)	-0.073** (0.034)

续表

时间范围	1978—2010	1978—1991	1992—2001	2002—2010
hous	0.069*** (0.016)	0.289*** (0.044)	-0.024 (0.032)	-0.003 (0.028)
hosp	0.870*** (0.052)	0.731*** (0.084)	0.295** (0.127)	0.718*** (0.075)
C	2.316*** (0.349)	-2.507*** (0.658)	5.511*** (0.890)	3.183*** (0.806)
Hausman P-value	0.031	0.000	0.000	0.000
R^2	0.893	0.801	0.797	0.833

注：*、**和***分别表示在10%、5%和1%的水平上显著。使用stata11.0软件。

(4) 市场化改革：①非国有经济发展 priv 的影响在1%的水平上显著为正，在各阶段均表现出较强的正向效应。这表明非国有经济的发展是推动经济发展水平提高的积极因素。[①] ②贸易开放度 open 的影响为负，较为显著，但我们也应看到其表现的跨时差异。除第二阶段显著为负外，第一和三阶段均显著为正。③投资开放度 fdi 的影响为正，不显著。④金融发展水平 loan 的影响显著为正，但在各阶段均不具有显著性。这与以往的研究结论是一致的，金融发展有利于促进经济增长 (Levine and Zervos, 1998)，这说明我国的金融改革进程是滞后于社会经济发展的。

(5) 福利制度改革：①失业率 empl 的影响显著为正，即失业率越高，越有利于提高经济发展水平，这与已有的理论似乎是相悖的，但是进一步发现，除第一阶段较为显著，第二阶段不显著，第三阶段的系数由正变为负。这可能是由于非正规部门，及大量隐性失业的存在使得我国失业率的统计并不能正确反映我国就业的真实情况。②死亡率 heal 的影响显著为负，降低死亡率，有利于提高经济发展水平。③住房 hous 的影响也显著为正。④卫生 hosp 的影响也显著为正。这表明，提

[①] 在1989—2005年间，非有国经济创造的国民生产总值以年均28%的速度增长，非国有经济占GDP的比重已达65%，对国民经济的贡献度也超过国有经济部门（罗党论等，2009）。

高就业率，保障住房条件及改善人们的健康和医疗卫生条件，是提高经济发展水平的重要保证。

控制变量的结果与预期一致，不再赘述①。

二 渐进式改革对资本效率的影响

具体的回归结果见表4-2。由表4-2可知：

(1) 财政体制改革：在整个转型期和改革的第一阶段，财政分权 decent 的系数均显著为正，而在第二、三阶段均不显著。这说明财政包干制的实行起到了优化资源配置的作用，从而显著提高了资本效率。财政包干制的实行使得政府、企业和居民的正能量得以释放，新兴的部门（尤其是乡镇企业和其他非国有部门）不断进入和扩张，显著提高了"资本的生产力"。宏观税负 tax 的影响为负，较为显著。宏观税负的提高对产出资本比具有明显的不利影响。在改革的第一、二阶段均显著为正。分税制改革之前，我国的税收增长路径是典型的横向竞争主导型，日趋激烈的横向竞争使得宏观税负不断下降，而有限的公共收入又被地方政府重新投入到有利于争夺资本的领域，而分税制之后，中央向上集中财权、规范地方预算外收入、规范地方横向竞争等一系列举措使得税收增长路径从横向竞争主导模式渐变到纵向竞争主导模式，结果，实际的宏观税负很可能越过社会最优的水平②（汤玉刚等，2010），从而降低了资本效率。财政软约束 soft 的影响不显著。

(2) 政府体制改革：地方政府干预 gint 的系数显著为负，这表明地方政府出于自身的财政压力和 GDP 竞争等因素，干预市场的动机和行为不利于资本效率的提升，而在改革的第三阶段，其系数不仅由负转为正，且较为显著，这也从一个侧面反映了政府职能的渐进式转变。政府投资 ginv 的系数显著为负，特别是在第三阶段，更为显著。这表明政府主导的投资体制是阻碍资本效率提升的内在体制原因。政府对资源配置的主导、对投资准入的管制所导致的行业垄断和行政垄断等才是问

---

① 为节省篇幅，控制变量的结果未列出。
② 1995—2008年，我国名义国内生产总值增长了近四倍，而同期国家各项税收却增长了近八倍（汤玉刚等，2010）。

题的症结所在。政府规模 gsca 的影响也显著为负,中央和地方的财政分权、政府政绩评估、政府官员升迁和政府换届等因素,都可能造成政府短期内的自利性,政府的赢利性动机及其对公共财政职能产生的挤出效应推动居民和非国有企业不得不增加预防性储蓄(徐忠等,2010),从而改变了资本的优化配置,降低资本效率。

(3)国有企业改革:国企投资 soei 的系数为正,具有弱的显著性,第一阶段显著为正,第二阶段为负,不显著,第三阶段为正,不显著。这一结果与国有企业的改革进程是密不可分的,这也意味着国有企业的改革进程是非常缓慢的,并没有从根本上改变国有企业的低效率。国企职工 soee 的系数也显著为负,但第三阶段的系数也由负变为正,因为在国企改革之前,职工与国企之间的无限责任、终身制劳动关系,使企业背上沉重包袱,难以参与市场竞争,资本的运作自然是低效率的,而1998年国企改革之后取得了一定的成效。国企工资 soew 的系数显著为正,特别是第三阶段。为什么职工工资高反而有利于资本效率的提高?可能的原因是,由于大学生就业更偏爱国企,国有企业不仅是资本的汇集地,也是人才的聚集地,国有企业"获取"的高额利润一部分异化为职工利益,虽然通过职工高收入、高福利侵蚀了国家的利益,但也表现出积极的一面。

表 4 - 2　　　　　　改革影响资本效率的跨时差异

时间范围	1978—2010	1978—1991	1992—2001	2002—2010
因变量:(pc)	RE	RE	FE	FE
decent	0.787*** (0.205)	1.027*** (0.248)	0.259 (0.359)	0.961 (1.394)
tax	-0.589* (0.327)	2.488*** (0.660)	1.128* (0.598)	-0.247 (0.315)
soft	-0.000 (0.039)	0.072 (0.064)	0.050 (0.038)	0.258 (0.192)
gint	-0.836*** (0.290)	-1.307** (0.511)	-0.357 (0.481)	1.101** (0.451)
ginv	-0.326** (0.151)	-0.126 (0.194)	-0.486 (0.478)	-2.271*** (0.804)

第四章 体制改革、增长潜力与经济的可持续性

续表

时间范围	1978—2010	1978—1991	1992—2001	2002—2010
gsca	-0.512*** (0.254)	-0.154 (0.511)	-1.769*** (0.324)	0.289 (0.586)
soei	0.208* (0.113)	0.433*** (0.146)	-0.083 (0.187)	0.153 (0.278)
soee	-2.049*** (0.268)	-1.435* (0.839)	-0.924** (0.403)	0.627 (0.843)
soew	0.761*** (0.183)	0.437 (0.927)	-0.103 (0.407)	0.590** (0.229)
priv	-0.455*** (0.142)	-0.514* (0.272)	0.178 (0.147)	-0.667*** (0.231)
open	-0.052 (0.041)	0.084 (0.087)	-0.150* (0.082)	-0.312** (0.123)
fdi	-2.255*** (0.494)	-12.101*** (2.165)	0.189 (0.472)	-4.828*** (0.185)
loan	-0.739*** (0.048)	-0.746*** (0.123)	-0.172** (0.073)	-0.949*** (0.086)
empl	0.004 (0.007)	0.035*** (0.008)	-0.009 (0.016)	0.049 (0.040)
heal	0.001 (0.016)	-0.008 (0.024)	-0.015 (0.022)	-0.010 (0.026)
hous	-0.134*** (0.011)	-0.160** (0.071)	-0.135*** (0.088)	-0.051** (0.0220)
hosp	0.201*** (0.038)	0.582*** (0.133)	-0.140** (0.070)	-0.000 (0.0590)
C	1.067*** (0.276)	0.073 (1.029)	2.485*** (0.496)	0.749 (0.632)
Hausman P-value	0.809	0.965	0.000	0.000
R2	0.557	0.500	0.587	0.584

注：*、**和***分别表示在10%、5%和1%的水平上显著。使用stata11.0软件。

（4）市场化改革：非国有经济 priv 发展的系数显著为负，第一阶段为负，弱的显著性，第二阶段为正，不显著，第三阶段显著为负。与享有政府优惠和扶持政策的国有资本相比，非国有资本却受到明显的歧视和限制，如行业禁入、不能或者至少不能以同等条件获得各种资源

等，这也是导致非国有经济发展较快，但宏观资本效率不高的原因。开放度 open 的影响为负，不显著，但在第三阶段表现出较强的显著性。对外开放度似乎并没有产生我们所期待的技术溢出效应，从而使资本效率不断下降。投资开放度 fdi 的影响显著为负，可能的原因是低水平的外商直接投资使得自主创新能力不足的本土企业陷入了"技术陷阱"的路径依赖中，进而恶化了资本效率。金融发展 loan 的影响在各阶段均表现出显著的负效应，这主要是由于我国偏向性的金融压抑[①]和所有制歧视[②]政策造成的，不仅使得大量无效率的国有企业能够继续生存，同时也损害了民营经济的效率（刘瑞明，2011）。

（5）福利制度改革：失业率 empl 和死亡率 heal 的影响均不显著。住房 hous 的影响显著为负，这与我国房地产业的发展有直接关系，在我国，房地产可谓是权力与资本结盟的典范，存在着权力导致的"超额垄断利润"和可悲的"分配效应"，扭曲了资源的优化配置，降低资本效率。医疗卫生 hosp 的影响显著为正，第一阶段显著为正，但第二阶段显著为负，第三阶段为负，不显著，这表明近年来我国的医疗制度建设是相对滞后的。

三　渐进式改革对全要素生产率的影响

类似地，我们在表 4-3 给出了改革影响全要素生产率的回归结果。

（1）财政体制改革：在整个转型期内，财政分权 decent 的影响不显著为负，第一和三阶段显著为负，而第二阶段却显著为正，这表明分税制改革的初期，财政分权有利于全要素生产率的提高，但是目前的财政分权却对全要素生产率产生了消极的负面影响，从而将对中国经济增长的可持续性产生极为不利的影响。宏观税负 tax 的影响为负，均不显著。财政软预算约束 soft 的影响为负，较为显著。该结果进一步表明，

---

① 所谓金融压抑，指的是政府通过一系列行政手段来管制金融业的现象，如规定利率的上限、定向分配低息贷款、限制信贷发放的规模及约束金融机构的业务范围等（McKinnon, 1973; Shaw, 1973; 等）。

② 勃兰特和李（Brandt and Li, 2003）研究表明，中国的民营企业在信贷上面临着所有制歧视，因此，不得不借助于更为昂贵的商业信贷。中小民营企业融资难问题一直是无法破解的难题，信贷过程中的所有制歧视依然是民营企业头上的"紧箍咒"。

预算外收入的膨胀是阻碍经济增长方式转变的重要障碍。

（2）政府体制改革：政府干预 gint 的系数为负，在5%的水平上显著，第一阶段较为显著，而第二、三阶段的系数由负变为正，均不显著。政府投资 ginv 的影响为负，不显著，但第三阶段却表现出强的显著性。政府规模 gsca 的影响为正，弱的显著性，且在各阶段均不显著。这表明政府体制改革严重滞后，成为阻碍全要素生产率提高的重要因素，已经越来越不能适应经济增长方式转变的要求。

（3）国有企业改革：国企投资 soei 的影响显著为正，第三阶段仍然为正，但不显著。国企职工 soee 的系数显著为负，第一、二阶段均较为显著，第三阶段为正，不显著。国企工资 soew 的影响显著为正。一般认为，国有企业是低效率的，尤其是刘瑞明等（2010）的研究表明，国有企业不仅本身存在效率损失，而且由于软预算约束的存在，拖累了民营企业的发展进度，从而对整个经济体构成"增长拖累"；那为什么还会对全要素生产率产生积极影响？这是政府与国有企业之间权力与资本结盟决定的必然结果。政府对国有企业的"父爱主义"和对民营企业的歧视与限制，导致国有企业主要集中在产业链的上游[①]，而民营企业只能分布在下游竞争性行业，必然决定了国有企业在国家创新中的重要地位，因而对全要素生产率产生正面影响也是无可厚非的，但同时也应看到，这种正向影响存在弱化的趋势。

表4－3　　　　　　　改革对全要素生产率影响的跨时差异

时间范围	1978—2010	1978—1991	1992—2001	2002—2010
因变量：（TFP）	（1）FE	（2）FE	（3）FE	（4）FE
decent	－0.011 （0.032）	－0.110** （0.048）	0.310*** （0.109）	－0.633*** （0.170）

[①] 国务院办公厅转发国资委《关于推进国有资本调整和国有企业重组指导意见》提出，国有资本要向重要行业和关键领域集中。所谓的重要行业和关键领域主要包括：涉及国家安全的行业、重大基础设施和重要矿产资源，提供重要公共产品和服务的行业，以及支柱产业和高新技术产业中的重要骨干企业。

续表

时间范围	1978—2010	1978—1991	1992—2001	2002—2010
tax	-0.050 (0.051)	0.055 (0.128)	-0.046 (0.181)	-0.053 (0.038)
soft	-0.014** (0.006)	0.011 (0.012)	0.016 (0.118)	-0.010 (0.023)
gint	-1.102** (0.045)	-0.213** (0.101)	0.133 (0.146)	0.035 (0.055)
ginv	-0.034 (0.023)	-0.042 (0.037)	0.185 (0.145)	-0.376*** (0.098)
gsca	0.077* (0.039)	0.028 (0.099)	-0.026 (0.098)	-0.081 (0.071)
soei	0.057*** (0.017)	0.091*** (0.028)	0.259*** (0.057)	0.019 (0.033)
soee	-0.178*** (0.043)	-0.553** (0.255)	-0.209* (0.122)	0.092 (0.102)
soew	0.140*** (0.028)	0.059 (0.178)	0.266** (0.123)	0.100*** (0.027)
priv	-0.077*** (0.022)	-0.251*** (0.054)	-0.097** (0.044)	0.102*** (0.028)
open	-0.008 (0.006)	0.003 (0.017)	-0.022 (0.025)	0.093*** (0.015)
fdi	0.326*** (0.077)	0.703* (0.414)	0.379*** (0.143)	-0.195 (0.144)
loan	-0.036*** (0.007)	-0.251*** (0.054)	-0.048** (0.022)	0.010 (0.010)
empl	0.000 (0.001)	0.000 (0.001)	0.000 (0.005)	0.005 (0.004)
heal	0.003 (0.002)	0.000 (0.001)	-0.000 (0.006)	-0.007** (0.003)
hous	-0.000 (0.001)	-0.000 (0.004)	0.009* (0.005)	-0.013*** (0.002)
hosp	-0.008 (0.006)	0.000 (0.013)	-0.055*** (0.021)	-0.011 (0.007)
C	0.953*** (0.039)	1.174*** (0.205)	0.954*** (0.149)	1.104*** (0.077)
Hausman P-value	0.000	0.000	0.000	0.010
R^2	0.130	0.250	0.435	0.464

注：*、**和***分别表示在10%、5%和1%的水平上显著。使用stata11.0软件。

(4) 市场化改革：非国有经济发展 priv 的影响显著为负，第一、二阶段均具有显著的负向影响，但第三阶段却表现出显著的积极作用。在民营经济发展的初期阶段，它们很弱小，缺少品牌，创新能力较差，对市场波动的风险认识不足，很容易产生过度投资，陷入大量小企业恶性竞争的境地，不利于全要素生产率的提高也是可以理解的。但是民营经济的发展很快，在目前的阶段已经发挥其积极的作用。贸易开放度 open 的影响为负，不显著，但第三阶段却在 1% 的水平上显著为正。这表明现阶段的对外贸易是技术扩散的重要渠道。投资开放度 fdi 的影响显著为正，第一、二阶段均较为显著，但第三阶段为负，不显著。科勒和耶普尔（Keller and Yeaple，2003）认为，与贸易相比，外商直接投资更有利于促进技术的扩散和转移。但是我们的结果发现，在改革的不同阶段，可供中国学习的世界先进技术扩散到中国的渠道是不同的。金融发展 loan 的系数在 1% 的水平上显著为负，第一、二阶段均较显著，第三阶段为正，不显著。虽然金融改革取得了一定的成效；但从现实来看，金融压抑和所有制歧视依然严重，这种低效率体制的维持使资本不能有效地配置，降低了全要素生产率。

(5) 福利制度改革：失业率 empl 的影响不显著。死亡率 dead 的影响也不显著，但第三阶段较显著为负。住房 hous 的影响为负，不显著，但第三阶段异常显著。医疗卫生 bed 的影响不显著。这表明当经济发展到一定水平时，改善福利状况，有利于提高全要素生产率，也是保证经济可持续发展的必要条件。

第六节　结论与政策启示

本章从理论上考察了渐进式改革与经济增长绩效的关系，即改革初期，经济增长率较高，随着改革的深入，改革的成本上升，政府推动改革的动力减弱，经济增长率将会放缓；当经济增长下降至最低增长率时，政府将会启动新一轮的改革，让体制去适应不同的和变化了的经济发展的阶段。在实证研究上，我们利用中国 1978—2010 年间省级面板数据从经济发展水平、资本效率和全要素生产率三个视角分析了渐进式改革的增长绩效，我们将改革期间划分为三个阶段进行实证检验，检验结果吻合我国渐进式改革和经济发展特征。改革确实对经济增长绩效的提高做出了贡献，体制改革的正能量得以释放；但是，在不触动原有体制基础上的增量改革已经越来越不适应增长方式转变的内在要求，僵化的体制束缚和阻碍着中国经济发展潜力的释放。我们的主要结论：

渐进式改革的增长绩效在不同的经济发展阶段表现出显著的差异性。具体表现：第一，财税体制改革，财政分权有利于改善经济增长绩效，且其短期释放效应明显；但分税制之后的分权改革却显著阻碍了增长绩效的改善。宏观税负和财政软预算约束却成为贯穿经济发展始终的不利因素。第二，政府体制改革，政府对市场的干预和政府间投资竞争的阻滞效应显著，特别是2002年之后，政府间投资竞争表现出更为负面的影响；政府规模虽然提高了经济发展水平，但却显著降低了增长效率。第三，国有企业改革，国企投资和国企工资均不利于提高经济发展水平，却成为改善增长效率的积极因素，但这种影响具有显著弱化的趋势。第四，市场化改革，非国有经济发展显著提高了经济发展水平，2002年之后，这种正向作用变得不显著，但其效率却显著提高；贸易开放度和投资开放度的阶段性特征显著，且具有"趋好的"作用；而金融发展水平却是阻碍经济增长绩效改善的绊脚石。第四，福利制度改革，就业对绩效改善的影响不显著，居住条件、健康和医疗水平的改善具有积极的影响。

这些结论对于深化我国体制改革、加快经济增长方式转变具有重要意义。从中我们可以得到以下几点建议：

第一，必须加快财税体制改革，逐步完善财政分权体制。建立健全财权和事权相匹配的体制，这就需要增加地区预算的本级收入，同时提高中央预算的支出责任，比如社会保障和义务教育的支出责任都需要上移；政府要有实质性的减税，降低政府收入的比重，改变税收收入的增长速度长期高于GDP增长速度的局面；进一步加强预算管理，提高预算的透明度，加强人民代表大会和公众对于预算制定和执行的监督。

第二，告别政府主导的投资驱动模式，释放中国经济的活力。这就需要改变官员的选拔和任命机制，取消以GDP和财政收入作为官员的考核指标。要大幅度削减政府支出，特别是在投资方面的支出和冗员工资支出；建立良好的市场秩序，政府就要退出经济，打破垄断、放松政府对一些行业的保护和解除管制，加强对私有产权的保护，营造竞争性的环境；上游产业市场向民企民资实质性开放，降低准入门槛，扫清不利于公平市场竞争和中小企业生产性投融资的体制障碍，大大减少政府对经济的干预，促进和鼓励宏观政策的长期稳定。

第三，加快国有企业改革，打破垄断利益集团的藩篱。国有企业不仅要退出竞争性行业，还要加快铁路、电力、石油、电信、航空、金融、医疗等领域向社会资本开放的改革进程，依靠市场的力量，促进市场各个主体参与，以公益性为重点调整优化国有资本的配置。

第四，改革政府主导型的金融体制，逐步消除存在的金融二元结构的路径。逐步放宽金融市场的市场准入，允许民间创设银行等金融机构；通过与企业共同研究制度创新方法、创新工具和手段的创新等推进金融为实体经济中的中小企业和农村金融服务。进一步推进福利制度改革，逐步实现比较完整的以市场为基础的社会福利制度，形成经济增长方式转变的合力，保证改革和发展齐头并进。

第五章　政府行为、国有企业垄断与民营经济发展

第一节　民营经济发展的体制内阻力分析

改革开放 30 多年来，中国渐进式改革的主要成就在于发展起了一个以市场为导向的"非国有经济"（樊纲，2000）。民营经济在推动中国经济增长、增加出口和税收收入、提供就业等方面起着至关重要的作用，已成为支撑中国经济大半边天的巨大支柱。然而，令人扼腕的是，民营企业处于"既被需要、又被歧视"的奇怪地位，民营经济是在缺乏法律保护和稳定支持政策的歧视性环境中曲折发展的，在多方面遭受着制度和政策上的"歧视"；而在市场准入方面的政策"歧视"尤为突出。民营企业主要集中在一般竞争性产业，较少进入基于市场垄断和行政垄断的垄断产业（王劲松等，2005）。陈斌等（2008）发现，只有约 20% 的民营企业进入了汽车、交通运输、能源、金融等政府管制行业，而国有企业的这一比例则高达 90.31%。也有学者认为，中国民营企业的成长总是与不断面临和消除各种进入壁垒相联系的，同时这些壁垒主要体现为政府的管制性壁垒和在位国有企业的抵制行为（罗党论，2009）。

那么，民营经济在其发展过程中是否存在体制内障碍，其在政府主导的市场经济发展过程中以及在与国有经济的竞争中是否存在屏障与体制内阻力呢？这个问题非常值得深入探究。

就目前来看，相关研究文献综述主要围绕以下两个方面展开：

第五章 政府行为、国有企业垄断与民营经济发展

一 制度背景与民营经济发展

一些学者从制度层面分析了制约民营经济发展的因素。王曦（2005）分析了三方面的制度转型因素：产权体制改革、投融资体制改革和价格自由化进程对国有和非国有投资行为的影响，基于微观行为与制度转型的统一而规范解释了中国非国有经济"投资不足"及其变化，以及国有经济"投资饥渴"及其变化、国有经济投资与产量双重萎缩、低效投资等宏观现象发生的原因。高莉（2006）分析了非国有经济投资减缓的深层形成因素，即融资体制扭曲制约了非国有经济的投资决策。卢峰和姚洋（2004）也认为非国有企业外部融资困难的原因是中国的金融体系，他们认为，金融压抑与低效率的国有银行的垄断造成了银行业严重的信贷歧视，非国有企业深受其害。

而以钱颖一、温加斯特（Weingast）等学者为代表的第二代财政联邦主义者认为，中国自上而下的经济分权和地区之间的竞争为地方政府发展经济提供了"正确的激励"（Easterly，2005），促进了民营经济部门的快速成长。从而激发很多学者从财政分权和地方政府竞争的视角探讨地方政府行为对民营经济的影响。司政等发现财政分权对于非国有制经济发展的影响呈现出倒 U 形曲线的特征，分权在一定范围内能够促进非国有制经济部门成长，但过度的分权也会抑制其发展（司政和龚六堂，2010）。

二 行政干预与国有企业垄断对民营经济的危害

行政干预将导致经济扭曲并产生社会福利损失（Stigler，1971）。中国政府主导经济发展的一个非常重要的方面就是大量投资并控制国有经济，国有大中型企业仍然因其较大的经济规模、长期的经营和国家信用的支持而获得明显的优势，而这种制度和政策上的进入障碍明显阻碍了民营企业的进入（刘小玄，2003）。平新乔（2004）揭示了在中国，政府，主要是地方政府，通过对国有资产的控制，对产业实施控制与保护，其背后是存在着巨大的物质利益。结果，大量宝贵的经济资源继续"沉没"在对一些国有企业的低效、无效的投资中，而国民经济中急需投资而且能够产生更好的经济或社会效益的其他产业或部门却得不到足

够的发展资金。

刘瑞明等利用中国1985—2004年29个地区的省级面板数据,研究发现,国有企业不仅本身存在效率损失,而且由于软预算约束的存在,拖累了民营企业的发展进度,从而对整个经济体构成"增长拖累"(刘瑞明和石磊,2010)。在行政垄断下,竞争机制受到压制,资源配置效率被扭曲,特别重要的是,在一个介于市场经济体制和计划经济体制的制度环境中,行政垄断可能会更容易使得掌握公共权力的微观个体与垄断厂商进行共同的设租及寻租,这将引发大规模腐败的产生(Abedand,2000)。此外,史晋川等研究表明,国有经济部门中要素相对价格的扭曲程度要高于非国有经济部门(史晋川和赵自芳,2007)。

第二节 研究框架与理论假说

一 研究框架

从以上综述可以看出,大部分学者主要关注地方政府行为、国有企业自身的效率损失或对国有企业垄断所产生的某一具体影响进行研究。将地方政府行为、国有企业垄断以及民营经济发展放到同一个分析框架的研究尚不多见。特别是在像中国这样一个以地方政府主导型经济发展模式的国家,地方政府与国有企业垄断相结合,会将民营经济引至一个什么样的发展轨道中去,会产生什么样的结果?则是我们关注的重点。各种问题的交织得不到解决,可能会形成一种缺乏效率的、僵化的改革路径,妨碍民营经济的发展,进而影响中国的市场化进程。本书就尝试在这种复杂背景下来揭示,地方政府行为与国有企业垄断的双重互动作用对中国民营经济到底产生什么作用?

为了深入揭示这一问题,本书将通过引入行政垄断这一概念进行深入分析,"行政垄断"在国外并不常见,它实际上是指非市场垄断的范畴。"行政垄断"可以认为是中国转型经济特有的一个概念,"行政垄断"最早出现在20世纪的80年代,后来一些学者借用行政垄断的概念,研究行业壁垒、地区壁垒、政府限制交易或者强制交易等问题。"行政垄断"实际上就是"政府垄断"和"政府授予国有企业垄断"。本书进一步对行政垄断问题给予更为深入的界定,把行政垄断描述为政府主导与国有企业垄断的交互作用,通过用政府主导和国有企业垄断的交互项来计量分析行政垄断的影响效果。

二 研究假说

1994年以后的中国经济增长可归为是地方政府在"GDP竞赛"目标推动下的投资拉动型经济增长模式,这种模式根植于地方政府在短期内达到GDP增长的直接目标(靳涛,2008)。而在财政激励与政治晋升激励的共同作用下,地方政府也希望整合其所能控制和影响的经济和政治资源,通过与其所控制的国有企业和辖区民营企业进行合作,提高本地区的经济发展水平。然而,由于经济制度环境和政治利益目标的复杂性,政府对企业的干预既可能表现为"扶持之手",也可能表现为"掠夺之手"或"无为之手"(Shleifer et al.,1998)。中国正处于政府主导型市场经济向市场主导型市场经济转型中,各项制度建设还不完善,与国有企业相比,民营企业生存和发展的空间和机会更为狭窄和有限。中国政府对企业的管制几乎无所不在,单从行业进入管制来看,政府管制性行业有电力、自来水、煤气、煤炭、石油、钢铁、有色金属、航空航天、采盐、烟草、铁路、航空、电信、邮政、金融等,这种政府管制和行业垄断的结果是抵制民营企业的进入,挤压了民营企业的生存空间。然而,出人意料的是,当国有企业陆续从许多竞争性领域退出后,国有企业在资源性和基础性等上游行业却在强势扩张,一些大型国有企业开始了更大规模的兼并民营企业,并重新向一些竞争性行业扩张,改变了这些行业原有的"游戏规则",形成了所谓"国进民退"的局面;然而,"国进民退"并非市场公平竞争的结果,而是受国有企业过多的留存利润、歧视性的产业政策、国有银行的信贷支持以及地方政府对中央国有企业的支持等体制性因素扭曲所致(邓伟,2010)。在所谓的"国有企业改革"下,国有企业与政府之间的关系越来越不具有经济属性,而逐渐演变为一种超经济的行政垄断现象(韩朝华,2003)。伴随着地方政府在中国经济活动中投资主体的角色越来越突出,各级地方政府已经成为中国经济活动中一个非常重要的参与主体。地方政府干预地方经济的能力与动机、国有企业垄断及地方政府与国有企业之间天然的"血缘"关系必将对辖区内民营企业的经济行为产生重要的影响。在经

政府悖论、国有企业行为与中国经济和谐增长

济转型过程中，如何规范地方政府行为，如何根据体制环境的变化适时调整其作用边界，如何处理国有企业和民营企业的关系和地位，是本书研究的重点，也是中国成功完成经济转型、经济由高速增长的起飞阶段进入持续增长阶段的关键所在。

长期以来，中国的民营企业大多是在夹缝之中求得生存与发展的。凭借灵活的经营机制和对市场变化的快速反应，中国民营经济曾一度出现了繁荣时期，1978—1997年间，非国有经济在中国工业中的地位逐渐上升；特别在1985年以后，非国有工业的地位迅速上升。到1997年，非国有工业在工业总产值中的比重已占74.5%，国有工业下降到了25.5%，近20年中，非国有经济的比重上升了52.1个百分点，国有工业越来越集中在资本密集度高的基础产业中（夏小林，1999）。但在随后，民营企业大多遭遇到了成长中的烦恼，日益恶化的生存环境严重制约了其持续发展。2008年全球性金融危机爆发后，中国民营企业遭到了沉重的打击：①大量民营企业因人民币升值、国际市场萎缩和贸易保护主义抬头等因素导致出口受阻，从而陷入生存困境。②2008年底启动的四万亿元刺激经济发展的计划具有很强的国有经济偏好，使得民营企业在新一轮结构调整中机会减少的同时，融资环境也趋于恶化。③一些大型国有企业开始了更大规模的兼并民营企业，并重新向一些竞争性行业扩张，形成了所谓"国进民退"的局面，国有企业重组民营企业进入多发期，民营企业的生存价值受到质疑。现如今，在全球经济出现好转，需求逐步得到恢复的情况下，民营企业却因遭遇到用工紧张、融资难、缺电和高成本、高税负的难题再次陷入危机之中，民营企业的发展空间受到挤压。不仅如此，国有大型企业不满足于对经济命脉的控制，凭着在政策、法律、资金和资源等方面的优势，越来越多地向原本属于民营企业的行业扩张，打破了原来国有企业和民营企业基本平衡发展的格局。

民营企业伴随经济转型，经历过从不规范到规范的发展过程，1978年12月中共十一届三中全会后，非公有制经济开始得到恢复和发展。1988年4月，七届人大一次会议通过宪法修正案，确定了私营经济的法律地位和经济地位。1992年12月中共十四大明确了中国经济体制改革的目标是建立社会主义市场经济体制，并提出要以公有制包括全民所

有制和集体所有制为主体，个体经济、私营经济、外资经济为补充，多种经济成分长期共同发展。1997年9月中共十五大确立"以公有制为主体、多种所有制经济共同发展，是中国社会主义初级阶段的一项基本经济制度"，确认"非公有制经济是中国社会主义市场经济的重要组成部分"。1999年3月，全国人大九届二次会议通过的《中华人民共和国宪法修正案》明确规定，"在法律规定范围内的个体经济、私营经济等非公有制经济，是社会主义市场经济的重要组成部分。"这是国家根本大法对非公有制经济20年来生存发展及其贡献的充分肯定。2005年，国务院《关于鼓励支持和引导个体私营等非公有制经济发展的若干意见》正式下发。这是一部全面促进非公有制经济发展的重要的政策性文件。然而，继2005年中央政府"非公经济36条"颁布，这个旨在破除民资进入垄断行业障碍的条例，由于在提高行业准入条件、行业集中度、淘汰落后产能以及整顿行业秩序等诸多标准的制订上，大多是以国有大中型企业为标杆的，实际上反而限制了民间投资，排挤了民营企业。尽管国家对民营经济的合法性和法律地位在不断提升，但是支持民营企业的政策始终得不到落实。

中国的经济转型是政府主导式的经济推进转型，地方政府作为推动经济增长的行为主体具有明显的体制过渡特征。在体制过渡时期，在市场发育不完全的情况下，企业寻找市场的费用必然很大。供求、价格等市场行情的变化通常是在一个个相对独立的经济区域中发生的，带有区域性特征。如果企业间的外部交易变为由地方政府组织的地区内部的协调则可大大节省交易成本。随着市场化改革的不断深入，地方政府的作用不断增强，尤其是分权化的财政体制改革，中国地方官员的选拔和提升的标准由过去的纯政治指标变成经济绩效指标。周黎安（2004）指出，地方政府官员不仅在经济上为GDP和利税进行竞争，同时也在为政治晋升而竞争。在经济分权和政治晋升激励的共同作用下，地方政府有强烈的动机和热情发展当地经济。地方政府努力扩大基础设施投资水平、扭曲要素市场价格，尤其是压低土地市场价格等措施改善投资环境来吸引投资的行为就一浪高过一浪。但是，相对于来自非国有部门的利益集团，政府更为重视来自国有部门的利益集团。因此，在政治均衡中，国有部门的利益能得到相对较多的照顾。当国有企业占有大多数的产业时，对利益平衡的考虑使得政府只能"一碗水端平"的办法，几乎所有的产业都无法通过政策上的保护来获取垄断利益。但是，当国有企业只能占有少数产业时，政策博弈的结果将趋于失衡，政府就倾向于采取保护国有企业垄断利益的政策（邓伟等，2008）。基于非自然垄断的规制而维持的垄断实质上是行政性垄断，行政垄断往往造成资源配置扭曲、社会福利损失、收入分配不均以及地方保护和区域市场分割等恶性问题（于良春等，2007）。行政垄断并非基于自然垄断的制度选择，而是伴随着计划经济体制出现的，是政府运用行政权力的结果，与技术经济特征没有必然联系。白让让（2007）研究发现，在规制缺失或默许的条件下，包含惩罚方式的价格合谋是一个可行和可实施的机制安排，而寡头垄断和行政垄断的结合是诱发规制者干预价格竞争，最终形成所谓"价格同盟"的结构和制度条件。姜付秀等（2007）测算1997—2005年，仅仅是烟草、铁路运输、电力、邮电通信、石油开采与加工、金融6个行政性垄断行业所造成的福利净损失和制度总成本就令人触目惊心，中国行政性垄断的制度总成本9年的平均值最低限的估计为6022亿元，最高限的估计为9388亿元，分别占国民总收入的比重为5.30%和8.30%。政府重视国有企业的发展本无可厚非，但目前中国国有企业存在发展机制与地方政府过度地结合在一起，市场机制和企业自组织机制对国有企业的影响却十分微弱。国有企业似乎已经充当了政府伸向市场的"攫取之手"，其对市场的控制力也越来越强。众所周知，市场经济的本质在于自由竞争，而一个被"攫取之手"控制的市场又如何能发挥其有效配置资源的功能，进而有利于民营经济的发展？

基于以上讨论，我们形成以下有待检验的假说：

假说1：中国政府主导下的市场经济转型有利于民营经济的发展。中国政府主导的从计划到市场发展之路既是体制外增长之路又是增量式改革之路。在该路径下，地方政府受益于民营经济的快速成长；同时，地方政府对民营经济的发展在很多方面也表现为"支持之手"。

假说2：由于资源和市场的有限性，国有企业垄断会阻碍民营经济的发展。由于国有企业与政府的内在一致性，使得政府更侧重于支持国有企业，特别在一些垄断部门和在资源配置矛盾中更加倾向于国有企业。而国有企业的垄断必然会影响和阻碍民营经济的发展。

假说3：虽然地方政府行为支持民营经济的发展，但由于行政垄断是逆市场经济运行的，而民营经济的发展则是与市场经济相伴而生的，在这种情况下，行政垄断一定是民营经济发展的重要障碍。

第三节 政府主导、国有企业垄断对民营经济发展的双重影响

一 模型的设定和变量的选取及说明

本书选取中国29个省（含自治区、直辖市）[①]（1986—2010）的面板数据对前文逻辑进行验证。沿着前文的逻辑思路，我们重点检验政府主导、国有企业垄断及其交互项对民营经济发展的影响，观测结果是否和待检验假设一致。

我们提出如下的实证模型：

$$y_{it} = c + \beta_1 gov_{it} + \beta_2 msoe_{it} * gov_{it} + \sum_j \gamma_j control + \alpha_i + \mu_{it}$$

其中，下标 i 和 r 分别代表省份和年份，α_i 是无法观测的个体效应，u_{it} 是扰动项。y 是民营经济发展，$control$ 是一组控制变量，gov 和 $msoe*gov$ 是核心解释变量。前者是政府主导变量，后者是政府主导与国有企业垄断的交互项，即行政垄断，用来检验地方政府主导与国有企业垄断的结合对民营经济发展的影响。

民营经济发展水平：衡量民营经济发展水平的指标本应该是多维度的，比如民营企业的创新能力、经营成果等，但由于统计数据的局限，很多数据缺失或未统计。因此，本书用各地区民营经济的工业产值占工业总产值的比重作为替代指标。

政府主导：以往的文献很少进行定量描述政府主导行为，或者仅描述其行为的一个方面，如陈抗等使用预算外收入占地方政府总收入的比重来衡量地方政府对地区经济"攫取"的程度（即"摄取之手"指数）（陈抗等，2002）；张卫国等把政府预算内财政支出扣除了科、教、文、卫支出和行政管理费用之后的部分作为表示地方政府投资行为的一

[①] 由于重庆市在1997年才独立为直辖市，所以我们的数据把重庆市并入四川。西藏的数据资料不完整，故排除在外。

个代理变量（张卫国等，2010）。可见，以往研究地方政府主导行为的变量设定未免过于简单和片面。为了较为全面地度量政府主导行为，在现有文献的基础上，结合地方政府的主要行为特征，本书选取了以下四个子指标：

（1）财政自给率，以控制财政压力的影响。财政体制改革提高了财政的集权程度，增加了地方政府的财政压力；但地方政府促进本地经济增长的激励不仅没有下降，反而有所提高；地方政府为争夺制造业投资而展开的竞争愈演愈烈。地区间竞争的加剧使得不断提高企业效率成为实现地方政府利益最大化的最重要手段，这种竞争压力会有利于产权的明晰和保护（张维迎和栗树和，1998），从而促进民营经济的发展。

（2）政府规模，以控制政府扩张的影响。一方面，政府通过财政支出不仅提供了大量具有正外部效应的公共物品与公共服务（如交通、能源、通信等基础设施），有效地改善了私人投资的硬环境；还提供了经济运行所必不可少的公共教育、金融体系、法律法规等软条件；因此，政府支出规模的增加有助于促进民营经济的发展；另一方面，政府规模的扩大，可能会引发社会资源的扭曲配置与无效配置，导致机构臃肿、人员冗杂以及权力寻租等问题；更重要的是，政府规模的不断扩张将导致政府融资需求的增加，从而引发税负的不断增长并为民营企业带来沉重的负担。

（3）市场分割，以控制地方政府保护本地市场的影响。市场分割是中国经济转型的产物，主要体现为地方政府为保护当地利益而割裂与其他地区经济联系的行为，如李元旭等研究发现，地方政府的确在通过所得税优惠保护本地企业，并且市场分割越严重，保护力度越大（李元旭和宋渊洋，2011）。当然，市场分割还会阻碍本地本土企业利用国内市场来实现规模扩张和规模经济效应。

（4）政府调控，以控制地方政府自主调节经济的能力。在"政绩"竞争的推动下，地方政府更倾向于采取预算外的支持形式，如利用地方金融机构贷款、提供各种担保、对投资者给予某种承诺、设立"窗口公司"筹资等。但是，政府存在大量的预算外活动，政府行为和活动不受国家预算的严格约束，这种软化的制度环境不仅造成资源的浪费和

第五章　政府行为、国有企业垄断与民营经济发展

投资的扭曲，而且影响中国的市场化转型，进而不利于民营经济的发展。

表 5-1　　　　　　　　核心解释变量的定义和计算方法

变量性质	变量含义	计算方法
政府主导 （主成分方法计算）	财政自给率	（财政总支出－财政总收入）/财政总收入
	政府规模	财政支出/各省 GDP
	市场分割	（某省商品零售价格指数－全国商品零售价格指数）/（全国商品零售价格指数－100），取绝对值
	政府调控	预算外收入/财政总收入
国有企业垄断 （主成分方法计算）	国有企业投资占比	国有企业固定资产投资/全社会固定资产投资总额
	国有企业利润占比	国有工业企业利润总额/工业企业利润总额
	国有企业产值占比	国有企业工业总产值/工业总产值
	国有企业工资占比	国有平均货币工资/在岗职工平均工资
	国有企业贷款占比	国有企业贷款/各项贷款总额
行政垄断	政府主导与国有企业垄断的交互项	政府主导＊国有企业垄断

　　国有企业垄断：实际上对于反映国有企业垄断程度的测度无论是在理论层面还是在技术层面也是一个比较难以处理的问题，我们这里也是一个尝试。本书采用国有企业投资占比、国有企业利润占比、国有企业工资占比、国有企业产值占比和国有企业贷款占比五个指标，利用主成分分析法计算得到的总指标来衡量国有企业垄断程度。利用区域国有经济的比重指标测度地区性国有企业垄断具有较强的说服力，这五个指标代表企业经营活动的自主权。另外，国有企业贷款占比这一指标的测度比较困难，因为在公开的出版物中无法获得国有企业贷款的分地区数据。为解决这一问题，我们参照刘瑞明的做法，假定全部信贷只发放给国有企业和非国有企业，分配给国有企业的信贷变动可以用国有企业工业总产值占工业总产值比重变动的固定系数来表示（刘瑞明和石磊，

2010)。同时，我们利用各地区1986—2010年"国有及国有控股企业工业总产值/工业总产值"占比数据作为解释变量，用相应年度的"地区信贷总额/地区生产总值"占比数据作为被解释变量，采用固定效应模型估计各地区信贷中发放给国有企业的部分。通过计量分析，我们得到国有企业产值占比的系数为0.2668，T值在1%的水平上显著，且误差项不存在序列相关问题。假定所有地区的系数固定不变，通过简单计算即得到国有企业贷款占比数据。核心变量的计算方法在表5-1中详细列出。

除了上述变量之外，我们还采用财政支出中科教文卫费用占GDP的比重以反映各地区的人力资本水平；用人民币度量的进出口贸易总额占GDP的比重以反映各地区对外开放度；用非农业人口占总人口数的比重反映各地区的城市化水平；用各地区的GDP缩减指数即（GDP指数-100）/100反映宏观经济波动的程度，控制与国家宏观政策调控有关的外生因素对民营经济发展的影响；用民营经济贷款比重占地区贷款总额的比重反映各地区对民营经济发展的金融支持程度。

所有原始数据都来源于《新中国60年统计资料汇编》、各年《中国人口统计年鉴》、各年《中国财政年鉴》、各年地区统计年鉴和中经网。地区进出口贸易总额的原始数据单位为美元，我们通过各年中间汇率进行了相应换算。

二 模型处理的结果和分析

（一）全国样本的回归结果

全国样本的回归结果见表5-2。在模型1中，我们首先考察了政府主导、国有企业垄断与民营经济发展之间的关系，结果发现，政府主导变量在10%的显著性水平上呈现正效应，而国有企业垄断变量在1%的显著性水平上显著为负，这初步证实了我们的研究假设（1）和（2）。在模型（2）中，我们进一步引入了政府主导与国有企业垄断的交互项即行政垄断，同时在模型（3）中引入了控制变量，核心变量的符号和显著性均不变，证明我们的结论具有较高的稳健性。政府主导变量仍然显著为正，而行政垄断的系数在1%的显著性水平上显著为负，这说明我们前述的逻辑成立，学术界一般也认为在转型期政府表现的是

第五章 政府行为、国有企业垄断与民营经济发展

"援助之手",它促进了私人投资,调动了创新的积极性(陈抗等,2002);但与此同时,地方政府确实也通过国有企业垄断对民营企业的干预表现为"掠夺之手"。不同所有制性质的资本并不具有平等的权力、同样的待遇和盈利机会,政府主导和政府对国有垄断企业的"父爱主义"更多地体现为一种权力与资本的结合,实质上就是对其他没有机会与权力结合的资本的一种侵害。

为了进一步捕捉有益的政策信息,我们从地方政府的财政自给率、政府规模、市场分割和政府调控四个方面检验影响民营经济发展的体制因素,模型(4)-(7)给出了回归结果,模型(4)中财政自给率的系数在1%的显著性水平上显著为正,其与国有企业垄断的交互项在1%的显著性水平上具有显著的负效应,这说明在财政分权的制度安排下,财政压力和政治竞赛的双重激励使得不断提高企业效率成为实现地方政府利益最大化的最重要手段;另一方面,为了使国有企业更好地充当政府"第二财政"的角色。地方政府还运用公共权力限制和排斥市场竞争、设置进入壁垒、价格规制和金融压抑等措施保护和加强国有企业的垄断地位,直接阻碍了民营经济的发展。模型(5)中政府规模的符号为正,不显著;但政府规模与国有企业垄断的交互项在5%的显著性水平上为负。地方政府在中国经济生活中投资主体的角色越来越突出,地方政府通过干预地方银行信贷加大地区投资、扩大基础设施建设,而很大一部分的投资项目是由国有企业来承担的。尤其是2008年金融危机爆发后,中国政府推出4万亿元的政府投资计划和宽松的信贷政策来拉动内需,以大型央企为主的国有企业成为主要的受益者,使得民营企业在新一轮结构调整中机会减少的同时,融资环境也趋于恶化。在模型(6)中,市场分割符号为正,其与国有企业垄断的交互项为负,均不显著,这说明地方政府为保护本地企业(特别是国有企业)利益而割裂与其他地区经济联系的行为对民营经济发展的不利影响不显著。模型(7)的结果显示,政府调控及其与国有企业垄断交互项的符号为负,均不显著。说明地方政府采取预算外的形式支持企业,使得政府行为和活动不受国家预算的严格约束,这种软化的制度环境造成了资源的浪费和投资的扭曲,不利于民营经济的发展。

表 5-2　　　　　　　　　　全国样本回归结果

变量	总指标: 地方政府主导			分指标: 财政自给率	政府规模	市场分割	调控力度
	(1) FE	(2) RE	(3) FE	(4) FE	(5) FE	(6) FE	(7) FE
地方政府主导	0.102* (0.053)	0.295*** (0.070)	0.281*** (0.083)	0.238*** (0.070)	0.063 (0.052)	0.011 (0.017)	-0.019 (0.027)
国企垄断	-0.196*** (0.060)						
行政垄断		-0.379*** (0.116)	-0.374*** (0.130)	-0.303*** (0.098)	-0.507** (0.226)	-0.011 (0.028)	-0.023 (0.024)
人力资本	-0.065* (0.033)		-0.057* (0.033)	-0.062* (0.034)	-0.045 (0.033)	-0.040 (0.031)	-0.048 (0.034)
对外开放度	0.046 (0.031)		0.046 (0.031)	0.044 (0.031)	0.046 (0.031)	0.049 (0.031)	0.042 (0.032)
城市化率	0.109* (0.064)		0.119* (0.064)	0.096 (0.067)	0.145** (0.064)	0.163*** (0.063)	0.137* (0.068)
宏观经济波动指数	0.122*** (0.028)		0.125*** (0.029)	0.120*** (0.029)	0.130*** (0.029)	0.129*** (0.029)	0.124*** (0.029)
金融支持	-0.220*** (0.063)		-0.218*** (0.063)	-0.196*** (0.063)	-0.225*** (0.063)	-0.236*** (0.064)	-0.230*** (0.063)
C	0.499*** (0.130)	0.143*** (0.017)	0.452*** (0.131)	0.389** (0.155)	0.757*** (0.136)	0.620*** (0.110)	0.531*** (0.150)
within R^2	0.10	0.03	0.09	0.09	0.09	0.08	0.08
Hausman Test	16.12	1.34	14.7	12.17	13.32	16.88	13.72
省份数	29	29	29	29	29	29	29

注: (1) 括号内的数字为标准差; (2) ***、**、*分别表示在1%、5%和10%的显著性水平上显著; (3) FE估计的Hausamn检验的零假说是FE与RE估计系数无系统性差异;使用Stata11.0软件。

模型 (1) – (7) 中控制变量的结果基本一致,这进一步说明我们的结果是稳健的。人力资本的符号为负,除模型 (1) 和模型 (2) — (3) 在10%的水平显著外,其余均不显著。这说明人力资本水平不能满足当前民营企业快速成长所需要的专业管理和技术人才,已成为制约民营企业快速成长中的人才瓶颈问题。对外开放度对民营经济发展的影响为正,但在统计上并不显著。城市化水平的符号为正,也比较显著。宏观经济波动指数与地区民营经济发展呈现显著的正相关。金融支持在各模型中均在1%的水平上显著为负。这说明"融资难"、"贷款难"、"担保难"等问题已成为制约民营企业发展的"瓶颈"。金融压抑和所

第五章 政府行为、国有企业垄断与民营经济发展

有制歧视政策在过去几十年里一直被维持,而且至今尚无明显改善。卢峰等(2004)研究发现,非国有部门对 GDP 的贡献超过 70%,但它在过去十几年里获得的银行贷款却不足 20%,其余 80% 以上都流向国有部门,民营企业的借贷受到严重约束。

(二)区域样本回归结果

中国以市场化为导向的转型和改革进程中,由于资源禀赋、地理位置及国家政策等差异,中国各个地区的市场化程度存在较大差异(樊纲,2000),这种差异也必然会影响到政府对市场的干预程度和企业的行为。在制度环境不健全的地区,各种资源的配置不完全是市场行为,政府拥有通过对资源配置的干预为实现其自身目标而服务的空间(Shleifer and Vishny,1994)。因此,本书进一步估计了东、中、西部地区政府主导、国有企业垄断对民营经济发展的影响。估计结果分别见表5-3、表5-4和表5-5。

得出的主要结论是:

表5-3　　　　　　　东部地区样本回归结果

变量	总指标: 地方政府主导			分指标:			
				财政自给率	政府规模	市场分割	调控力度
	(1) RE	(1) RE	(2) RE	(4) RE	(5) RE	(6) RE	(7) RE
地方政府主导	0.012 (0.064)	0.254 (0.204)	0.163 (0.203)	0.072 (0.094)	0.071 (0.083)	0.036 (0.050)	-0.011 (0.035)
国企垄断	-0.112 (0.133)						
行政垄断		-0.570 (0.473)	-0.356 (0.471)	-0.075 (0.165)	-0.939 (0.657)	-0.066 (0.095)	-0.011 (0.086)
人力资本	-0.070** (0.035)		-0.064* (0.035)	-0.072* (0.037)	-0.072** (0.033)	-0.062* (0.032)	-0.066** (0.033)
对外开放度	-0.017 (0.021)		-0.016 (0.021)	-0.013 (0.020)	-0.019 (0.021)	-0.015 (0.020)	-0.016 (0.021)
城市化率	0.055 (0.045)		0.051 (0.045)	0.045 (0.046)	0.055 (0.045)	0.056 (0.045)	0.050 (0.046)
宏观经济波动指数	0.186*** (0.036)		0.189*** (0.035)	0.190*** (0.035)	0.190*** (0.036)	0.190*** (0.035)	0.186*** (0.036)
金融支持	0.001 (0.077)		0.002 (0.078)	0.013 (0.081)	-0.002 (0.081)	-0.005 (0.077)	-0.013 (0.077)

续表

变量	总指标: 地方政府主导			分指标:			
				财政自给率	政府规模	市场分割	调控力度
	(1) RE	(1) RE	(2) RE	(4) RE	(5) RE	(6) RE	(7) RE
C	0.406***	0.175***	0.387***	0.348**	0.575**	0.402***	0.368**
	(0.151)	(0.020)	(0.149)	(0.164)	(0.230)	(0.133)	(0.157)
within R^2	0.13	0.006	0.13	0.13	0.13	0.13	0.13
Hausman Test	3.82	0.07	3.91	3.76	4.07	4.07	4.08
省份数	10	10	10	10	10	10	10

注:(1)括号内的数字为标准差;(2)***、**、*分别表示在1%、5%和10%的显著性水平上显著;(3)FE估计的Hausamn检验的零假说是FE与RE估计系数无系统性差异;使用Stata11.0软件。

(1) 政府主导变量存在较为显著的地区差异。在各地区,政府主导对民营经济的发展均具有正向的影响,但其显著性不同。东部地区在可接受的水平上不显著,中部地区在5%的显著性水平上显著,西部地区在1%的显著性水平上显著。这说明地方政府主导民营经济的发展具有明显的体制过渡特征。就完善的市场经济体制而言,市场机制在资源配置中处于基础和主导地位。在制度环境欠发达的地区,市场化进程相对迟后,政府主导和宏观调控就显得非常必要。地方政府官员为实现自身政治晋升的压力也较大,为实现政府和官员自身的目标(政治晋升),其也有更大的动机和热情给予民营企业各种优惠政策的支持以促进其快速发展。随着市场机制的不断完善,政府对资源的配置作用逐渐让位于市场,从而政府主导型经济也就逐步让位于市场机制作用下的企业推动模式。

(2) 国有企业垄断的显著性也存在差异。东部和中部地区在可接受的水平上均不显著,西部地区在1%的显著性水平上显著,这说明国有企业垄断不利于民营经济的发展,特别是在西部地区更是阻碍民营经济发展的绊脚石。这也从另一方面说明市场化比较完善的地区,国有企业垄断对民营经济的"拖累"效应会弱化。与中、东部地区相比,西部地区市场化进程相对迟缓,国有企业改革相对滞后,国有企业与国有资产在各大领域中都占据绝对重要的地位,必然不利于民营企业的发展。

(3) 行政垄断的影响也存在显著的地区差异。无论是在东、中部还是西部地区,行政垄断都是非常有害的,只是危害程度不同而已。行政垄断变量在东部和中部地区均不显著,但西部地区在1%的显著性水平上显著。之所以会出现地区间的差异,主要还是缘于行政垄断的本质。行政垄断在本质上仍然是政企不分,政府对国有企业的"父爱主义"实质上就是对没有机会与权力结合的民营经济的一种侵害。与国有企业相比,民营企业却受到明显的歧视和限制,这种限制和歧视存在于各种领域,如行业准入限制、不能或者至少不能以同等条件获得要素资源等。受益于改革开放战略的实行,东部地区的市场化进程相对较快,竞争比较激烈,民营经济发展较快,并逐渐发展成为一个新的利益集团,在与垄断既得利益集团不断抗争的过程中能够得以继续发展,竞争的市场环境部分抵消了行政垄断对民营经济发展的阻滞作用;因此,行政垄断在东部地区的危害相对较小。而西部地区恰恰相反,政府过于迷信直接配置资源的威力,过分依赖中央政府的资金投入,努力争夺工程项目和扶贫资金,摄取垄断部门收益;而市场化改革落后,民营经济发展迟缓,行政垄断的危害更大也是无可厚非的。

表 5-4 中部地区样本回归结果

变量	总指标:地方政府主导			分指标:			
				财政自给率	政府规模	市场分割	调控力度
	(1) FE	(2) RE	(3) FE	(4) FE	(5) FE	(6) FE	(7) FE
地方政府主导	0.200** (0.092)	0.248** (0.107)	0.289** (0.133)	0.343*** (0.120)	-0.142 (0.096)	-0.005 (0.017)	0.040 (0.055)
国企垄断	-0.107 (0.083)						
行政垄断		-0.230 (0.172)	-0.177 (0.188)	-0.156 (0.150)	-0.155 (0.356)	0.014 (0.016)	-0.003 (0.027)
人力资本	-0.035 (0.070)		-0.032 (0.070)	-0.047 (0.070)	0.004 (0.071)	-0.014 (0.072)	-0.003 (0.071)
对外开放度	0.196** (0.078)		0.196** (0.079)	0.200** (0.078)	0.221*** (0.080)	0.212*** (0.080)	0.218*** (0.081)

续表

变量	总指标：地方政府主导			分指标：			
				财政自给率	政府规模	市场分割	调控力度
	(1) FE	(2) RE	(3) FE	(4) FE	(5) FE	(6) FE	(7) FE
城市化率	-0.181 (0.134)		-0.181 (0.134)	-0.270* (0.142)	-0.047 (0.132)	-0.145 (0.132)	-0.050 (0.140)
宏观经济波动指数	0.114* (0.058)		0.116** (0.058)	0.078 (0.059)	0.094 (0.060)	0.125** (0.060)	0.119** (0.059)
金融支持	-0.545*** (0.058)		-0.548*** (0.116)	-0.506*** (0.115)	-0.595*** (0.120)	-0.544*** (0.117)	-0.562*** (0.118)
C	0.480* (0.262)	0.130*** (0.034)	0.438* (0.263)	0.139 (0.308)	0.552** (0.268)	0.688*** (0.231)	0.890*** (0.303)
within R^2	0.15	0.02	0.14	0.16	0.13	0.13	0.13
Hausman Test	13.16	1.11	13.45	12.65	16.68	15.96	14.45
省份数	11	11	11	11	11	11	11

注：(1) 括号内的数字为标准差；(2) ***、**、*分别表示在1%、5%和10%的显著性水平上显著；(3) FE估计的Hausamn检验的零假说是FE与RE估计系数无系统性差异；使用Stata11.0软件。

表5-5 西部地区样本回归结果

变量	总指标：地方政府主导			分指标：			
				财政自给率	政府规模	市场分割	调控力度
	(1) RE	(2) RE	(3) RE	(4) RE	(5) RE	(6) RE	(7) RE
地方政府主导	0.241* (0.130)	0.630*** (0.152)	0.582*** (0.180)	0.412*** (0.125)	0.316*** (0.114)	0.147* (0.077)	-0.035 (0.063)
国企垄断	-0.326*** (0.112)						
行政垄断		-0.671*** (0.210)	-0.613*** (0.214)	-0.426*** (0.150)	-0.750** (0.347)	-0.180* (0.100)	-0.176* (0.094)
人力资本	-0.022 (0.051)		-0.021 (0.051)	-0.030 (0.053)	-0.111 (0.077)	0.022 (0.046)	-0.045 (0.054)
对外开放度	0.024 (0.034)		0.023 (0.034)	0.025 (0.034)	0.039 (0.036)	0.016 (0.034)	0.005 (0.034)
城市化率	0.008 (0.072)		0.011 (0.072)	0.004 (0.073)	0.063 (0.065)	0.078 (0.066)	0.060 (0.067)
宏观经济波动指数	0.077 (0.058)		0.078 (0.058)	0.073 (0.058)	0.092 (0.058)	0.087 (0.059)	0.056 (0.061)
金融支持	-0.082 (0.095)		-0.077 (0.095)	-0.065 (0.094)	0.052 (0.108)	-0.066 (0.097)	-0.095 (0.098)

续表

变量	总指标：地方政府主导			分指标：			
				财政自给率	政府规模	市场分割	调控力度
	(1) RE	(2) RE	(3) RE	(4) RE	(5) RE	(6) RE	(7) RE
C	0.418 (0.267)	0.053 (0.054)	0.243 (0.265)	0.201 (0.273)	0.891*** (0.210)	0.624*** (0.188)	0.329 (0.278)
within R^2	0.11	0.08	0.11	0.11	0.10	0.08	0.09
Hausman Test	7.10	0.19	7.04	6.11	6.37	9.18	6.53
省份数	8	8	8	8	8	8	8

注：(1) 括号内的数字为标准差；(2) ***、**、*分别表示在1%、5%和10%的显著性水平上显著；(3) FE估计的Hausamn检验的零假说是FE与RE估计系数无系统性差异；使用Stata11.0软件。

(4) 从政府主导各分指标的结果来看，东部地区政府主导各分指标及其与国有企业垄断交互项的符号与全国样本的估计结果是一致的，但在可接受的水平上均不显著。在中部地区，除财政自给率在1%的显著性水平上显著为正外，其他变量均不显著；不同的是，市场分割的符号由正变为负，政府调控的符号由负变为正。西部地区各核心变量的符号与全国的结果相同，但显著性有所提高。政府规模和市场分割的系数由不显著变为显著，在各模型中，政府主导分指标与国有企业垄断交互项的系数也变得非常显著。

(5) 控制变量。人力资本在各方程中的系数均为负，除东部地区较为显著外，中西部地区均不显著。对外开放度在东部地区为负，不显著；而在中部地区为正，较为显著；西部地区为正但不显著。城市化率的系数在西部和东部地区不显著为正，在中部地区为负但不显著。宏观经济波动的系数在东部地区各方程中均在1%的水平上显著为正，在中部地区较为显著，在西部地区不显著。金融支持的符号在东部地区表现为正的不显著；在中部地区显著为负；在西部地区为负，不显著。

第四节 小结与启示

政府主导和国有企业垄断是中国转型过程中的两个显著特征，传统文献往往只关注其中的一个方面，甚少把两者结合起来加以考虑。本书

政府悖论、国有企业行为与中国经济和谐增长

将政府主导、国有企业垄断和民营经济发展放入同一个逻辑框架进行分析，从这两个视角出发揭示阻碍民营经济发展的体制因素。本书的观点是，地方政府行为对民营经济发展有积极作用，而国有企业垄断对民营经济的发展则具有明显的"挤出效应"；特别是，政府主导与国有企业垄断的结合体——行政垄断更是制约民营经济发展的重要障碍。本书尝试利用1986—2010年中国省级面板数据对此加以验证，结果支持了我们的观点。

中国各个地区的市场化程度存在较大差异，导致各地区政府行为和国有企业垄断表现出显著的地区性差异。我们认为，在市场不完备的情况下，不可能存在正确的价格，更重要的可能是"做对激励"，因为激励机制是经济发展中更为深刻的主题。中西部地区市场化进程明显滞后，地方政府主导的发展模式有利于民营经济的快速成长；而东部地区相反，市场发育相对成熟，地方政府应适时调整其作用边界，转变政府职能，建设服务型政府。除此之外，西部地区经济相对落后，为了缓解巨大的财政压力，使国有企业更好地充当政府的"第二财政"，地方政府加强了对国有资产的控制和保护，阻碍了国有企业改革的进程，对资本市场、劳动力市场与商品市场等要素市场的效率造成了损害，制约了民营经济的发展。

在财政分权制度安排下，为了缓解巨大的财政压力，地方政府有充足的动力和热情支持民营经济的发展。另一方面，地方政府在中国经济生活中投资主体的角色越来越突出，地方政府通过干预地方银行信贷加大地区投资、扩大基础设施建设，而很大一部分的投资项目是由国有企业来承担的，使得民营企业的融资环境也趋于恶化。地方政府为保护本地企业（特别是国有企业）利益而割裂与其他地区经济联系的行为却纵容了当地企业安于现状的惰性。另外，地方政府采取预算外的形式支持企业，使得政府行为和活动不受国家预算的严格约束，这种软化的制度环境造成了资源的浪费和投资的扭曲，不利于民营经济的发展。

行政垄断在本质上依然是政企不分，虽然在改革之初就提出了政企分开，但直到今天问题仍没有得到解决。地方政府为什么不愿意放弃国有企业？主要原因是来自政府既得利益集团的阻挠，由于背后存在巨大

的物质利益，经济效率只是作为次要因素考虑。我们认为，中国的行政垄断已经严重制约了民营经济的发展，阻碍了市场化转型的进程，行政垄断的改革势在必行。

第六章 政府行为、国有企业垄断与产业结构升级

第一节 产业结构升级问题的提出

改革开放以来,中国经济发展取得了令人瞩目的成就,其中产业结构转变是影响经济发展非常重要的方面。在产业规模总量扩张的背后,更具有意义的则是中国产业结构快速高度化演进。然而,目前中国产业结构存在着外向发展层次低、区域发展差异明显、重化工业化的结构和质量问题突出、生产者服务业发展滞后等问题(高煜和刘志彪,2008)。中国产业结构失衡的矛盾越来越突出,产业结构已经出现某种畸形发展的趋向。由此而产生的后果是全国整体产业结构升级迟缓、产业结构低级和产业结构矛盾突出,直接制约了中国经济"增长潜力"的发挥,其根本原因就在于现阶段中国产业结构仍然存在着许多约束性因素,正是这些约束因素束缚着产业结构向高级化演进。

研究中国的产业结构问题离不开中国经济转型的背景,中国转型期经济增长是地方政府主导的投资拉动型经济增长模式,研究这种模式就不能不考虑地方政府行为的影响;而地方政府的投资行为很多是通过垄断国有企业来运作和实施的,垄断国有企业在其中起着更为重要的作用。此外,在中国目前经济结构中,国有企业垄断及低效率问题越来越突出,"国进民退"现象和国有企业垄断利益集团的存在越来越引起学者的热议,对垄断国有企业的质疑也愈演愈烈。而我们研究经济结构,尤其是产业结构问题就更不能不考虑垄断国有企业的影响,特别是受地方政府保护和干预的垄断国有企业。这也是本书从地方政府行为和国有企业垄断这两个视角研究产业结构升级的主要原因,从这两个视角出

发，运用主流经济学的分析方法进行研究能够更好地反映中国转型期的现实特征，不然，就很难得到具有中国特色的研究结论。然而，大部分学者主要关注地方政府保护行为对地区产业结构同构（产业集中度）的影响（Young，2000；白重恩等，2004；等）。但是考虑到中国的特定转型背景，将地方政府行为、国有企业垄断以及产业结构升级放入同一个分析框架的研究尚不多见。特别是在中国这样一个以地方政府主导型发展模式的国家，地方政府行为与国有企业垄断相结合，会对中国的产业结构升级产生什么样的结果？这是我们关注的问题。各种问题的交织得不到解决，可能会形成一种缺乏效率的、僵化的改革路径，妨碍产业结构升级带来的"结构红利"。本书就尝试在这种复杂背景下来揭示地方政府行为与国有企业垄断的双重互动作用对中国产业结构升级到底产生什么作用？

第二节 理论分析

一 政府博弈模型

本部分从地方政府间竞争的视角研究地方政府行为对产业结构的影响。中国转型期经济增长在很大程度上是由地方政府倚重投资拉动的，从政府二元悖论知道，地方政府既有追求地方产出最大化的一面，也有追求自身利益目标的一面。在李猛和沈坤荣（2010）研究的基础上，我们认为地方政府行为依据政府悖论主要受到以下两类目标的影响：第一，产出最大化目标，即财税激励。财税激励的主要对象是集体而非个人，官员获得的是"大锅饭"式的经济利益。第二，自身利益最大化目标。自身利益最大化目标深刻地影响了地方政府行为，是一种超越财税收入之外对地方政府行为起决定性影响的激励力量。我们认为，地方政府对国有企业的控制是地方政府获得自身利益最大化目标的主要通道。国有垄断企业"利润"丰厚，且不必和竞争领域的企业相竞争，地方政府通过干预资源配置、行业准入限制等方式使得垄断领域的国有企业更好地充当政府的"第二财政"。下面构建地方政府间博弈模型，以此探讨激励因素影响下的地方政府行为与产业结构的关系。

假定一国共有 J 个地区，任意一个地区 j 的投资量为 q_j，全社会投

资总额为 Q，即 $Q = \sum_{j=1}^{J} q_j$。假设政府产出最大化目标 p 是全社会投资额 Q 的减函数，自身利益最大化目标 B 是国有企业投资量 $\theta_j q_j$ 的增函数，其中，$\theta_j \in (0,1]$，表示 j 地区政府对国有企业的资本配置偏好，对国有企业的资本配置偏好越强烈，地方政府就越能够实现自身利益最大化目标。因此，设定地方政府的目标函数：

$$\pi_j(q_j) = q_j P(Q) + B(\theta_j q_j) \tag{6-1}$$

地方政府间博弈存在古诺均衡，即每个地方政府都能各取所需，实现自身利益最大化。

在各地区投资量由中央政府决定的条件下，对（6-1）式求微分可得中央政府的最优投资量，满足：

$$P(Q_0^*) + Q_0^* P'(Q_0^*) = 0 \tag{6-2}$$

在同时考虑以上两种激励因素时，地方政府 j 目标函数最大化时的古诺均衡解是：

$$\partial \pi_j(q_j) / \partial q_j = P(Q_1^*) + q_j P'(Q_1^*) + \theta_j B'(\theta_j q_j) = 0 \tag{6-3}$$

其他地方政府也面临同样的古诺均衡，由此可得地方政府最优化问题的方程组，求解方程组得：

$$JP(Q_1^*) + Q_1^* P'(Q_1^*) + \sum_{j=1}^{J} \theta_j B'(\theta_j q_j) = 0 \tag{6-4}$$

上式中，$J > 1$。根据假设条件知，$p'(q_j) < 0$；$\theta_j \in (0,1]$，$B'(\theta_j q_j) > 0$。通过比较（2）和（4）式可知，$Q_1^* > Q_0^*$。因此，在上述两种激励作用下，地方政府行为的结果大大膨胀了全社会投资总额。另外，经济增长竞争上的压力和地方政府税收最大化的动机会促使地方政府倾向于引进投资规模巨大的企业，优先推动资本密集型产业发展（陆铭和欧海军，2011），从而影响产业结构。

命题1：考虑到地方政府行为的二元悖论激励目标，地方政府间竞争的后果是全社会投资总额大大超过政府合意投资总额，致使中国的总体实际投资效率不高；而地方政府对资本密集型行业的投资偏好又进一步加剧了部分行业产能过剩、产业结构失衡。

从以上分析可知，θ 越大，地方政府获取的直接经济利益就越多，地方政府会更偏好于把资本配置于垄断国有企业；那么，地方政府对垄断国有企业的这种行为又将产生怎样的结果呢？下面我们通过进一步的分析来揭示。

二　国有企业垄断模型

在中国经济转型期，由于国家作为所有者缺位和缺乏有效监督，经营管理者（作为官僚或准官僚的国有企业的决策者）的利益取向基本上决定了国有企业的目标和活动行为。根据上文分析，假设政府控制的国有垄断企业的目标函数是利润最大化目标与税收最大化目标的一个加权函数。① 目标函数设定：

$$\max \int_{t=0}^{\infty} e^{-rt} \{(1-\theta)[F(K_t) - p(I_t + \delta K_t) - C(I_t)] + \theta \tau F(K_t)\} dt \tag{6-5}$$

满足：$F(K_t) = \alpha K_t - \beta K_t^2; C(I_t) = bI_t^2; K_t' = I_t; K_t|_{t=0} = K_0$

其中，γ 为企业的时间贴现率。τ 是国有企业上交的税率，$\tau \geq 0$。K_t 表示 t 时刻国有垄断企业的实际资本存量，$F(K_t)$ 为瞬时生产函数，② α,β 为正常数。I_t 表示 t 时刻净实际投资率，δ 为折旧率，$0 < \delta < 1$；$C(I_t)$ 表示投资的调整成本函数。$0 < \theta \leq 1$，θ 反映了地方政府对国有垄断企业的控制力，③ θ 越大，说明国有垄断企业决策者的目标函数与利润最大化目标之间的偏离越严重。通过把政府和国有垄断企业分开，可以使 θ 变得足够小。p 为资本品对最终产品的相对价格，反映地方政府资本配置偏好对国有垄断企业的影响。

国有垄断企业在 $t = 0$ 时进行投资决策以最大化目标函数，求解该问题，先建立当期汉密尔顿函数：

$$H_t = \{(1-\theta)[\alpha K_t - \beta K_t^2 - p(I_t + \delta K_t) - bI_t^2] + \theta \tau (\alpha K_t - \beta K_t^2)\} + q_t I_t$$

---

①　国有企业改革的目标是建立现代企业制度。本章的这种抽象肯定会带来一些问题，但是考虑到政府和国有企业关系的现实性，这种抽象基本上还是抓住了转型期国有企业目标的一些基本特征。
②　二次型的设定参见王曦（2005）的相关讨论。
③　地方政府关心的不仅是国有企业的利润最大化，更重要的是通过对国有企业的控制和保护实现最优规模的税收。

该问题的一阶条件（FOC）：

$\partial H_t / \partial I_t = 0 : (1-\theta)(-p-2bI_t) + q_t = 0$ （6-6）

$\partial H_t / \partial K_t = -q_t' + \gamma q_t : (1-\theta)(\alpha - 2\beta K_t - P\delta) + \theta\tau(\alpha - 2\beta K_t) = -q_t' + \gamma q_t$ （6-7）

$\partial H_t / \partial q_t = K_t' : K_t' = I_t$ （6-8）

横截性条件（TVC）：$\lim_{T \to \infty} e^{-\gamma t} q_t K_t = 0$。

对（6-6）式求导有 $q_t' = 2b(1-\theta)I_t'$，结合（6-6）式代入（6-7）式可得：

$I_t' = \gamma I_t + [(1-\theta)(\gamma+\delta)p - (\alpha - 2\beta K_t)(1-\theta+\theta\tau)]/2b(1-\theta)$ （6-9）

在稳态时，K_t 为常数，因此 $K_t' = 0$，由（6-8）式可知，$I_t = 0$，$I_t' = 0$。把这些结果代入动态系统中，可得到稳态资本存量：

$K^* = [\alpha(1-\theta+\theta\tau) - (1-\theta)(\gamma+\delta)p]/2\beta(1-\theta+\theta\tau)$ （6-10）

为使问题有经济学意义，K^* 必须为正。

地方政府控制的国有垄断企业的利润观念十分淡薄，旨在从垄断国有企业中获取更多的税收。因此可假定 $\theta \to 1$；由于地方政府资本配置偏好国有企业，投资不需要成本或成本很低，假定 $p \to 0$。

在 $\theta = 1, p = 0$ 时，稳态资本存量取得最大值，即 $K^* = \alpha/2\beta$，这刚好对应于 $F'(K_t) = 0$ 时的情形，由于 $d^2 F(K_t)/dK_t^2 = -2\beta < 0$，此时具有最大资本的产出能力。若现实资本存量不能达到 $\alpha/2\beta$ 的极限水平，则总有 $K^* - K_t > 0$。这意味着国有垄断企业总会具有正的投资意向，国有垄断企业决策者的目标函数偏离利润最大化目标程度越大，资本的过度积累问题越严重。

命题2：政府对国有垄断企业的控制越强，国有垄断企业决策者的目标函数偏离利润最大化目标程度就越大，资本的过度积累问题越严重。

在式（6-10）中，对 θ 和 P 求偏导数：

$\partial K^* / \partial \theta = \tau p(\delta+\gamma)/2\beta(1-\theta+\theta\tau)^2 \geq 0$ （6-11）

$\partial K^* / \partial P = -(1-\theta)(\gamma+\delta)/2\beta(1-\theta+\theta\tau) < 0$ （6-12）

则有 $K^*|_{\theta>0} > K^*|_{\theta=0}$。

无政府干预的条件下，国有垄断企业决策者的目标是利润最大化，即 $\theta=0$，$P=P^m$，由于政府控制的国有垄断企业存在信贷软约束，真实的 $P < P^m$。所以，由式（6-12）可得，$K^*|_{p<p^m} > K^*|_{p=p^m}$。$p$ 越小，意味着资本品价格扭曲程度越严重，过度投资带来的资本过度累积问题越严重。

命题 3：政府对垄断国有企业的控制力越强，政府配置资本要素带来的对资本品价格扭曲程度越大，国有垄断企业过度投资带来的资本过度累积问题就越严重，导致资本要素流动不会产生"结构红利"。

第三节 研究设计

一 模型设定与变量定义

为考察本章的论题，我们设立以产业结构升级为被解释变量，地方政府行为和国有企业垄断为主要解释变量的模型。根据上文分析，本章进一步对行政垄断问题给予更为深入的界定，把行政垄断描述为地方政府行为与国有企业垄断的相互作用，用地方政府行为和国有企业垄断的交互项来计量分析行政垄断的影响效果。本章的基本模型：

$$y_{it} = C + \beta_1 msoe_{it} + \beta_2 gov_{it} + \varphi X_{it}^n + \alpha_i + \varepsilon_{it}$$

其中，y_{it} 表示产业结构升级。下标 i 和 t 分别代表省份和年份，$msoe_{it}$ 和 gov_{it} 是核心解释变量，前者表示国有企业垄断，后者表示地方政府行为；此外，为检验地方政府行为和国有企业垄断的结合即行政垄断对产业结构升级产生的影响，我们还在模型基础上加入地方政府行为与国有企业垄断的交互项，用以判断国有企业垄断与行政垄断影响产业结构升级的差异。X_{it}^n 是一系列控制变量，α_i 是无法观测的个体效应，ε_{it} 是扰动项。

模型中变量的定义和计算方式如下：

（一）被解释变量

干春晖等（2011）以第三产业产值占第二产业产值的比重度量的产业结构高级化作为产业结构升级的一种衡量。这一度量虽然能够清楚地反映出经济结构的服务化倾向，明确地昭示产业结构是否朝着"服务化"的方向发展，但这一单一指标的衡量仍然较为片面，因为第三产业也包括传统低效的服务业，如餐饮等，劳动效率相对较低。因此，我们选取第三产业产值占第二产业产值的比重作为其中的一个衡量指标。高技术产业具有高智力密集、高技术密集的特点，因此高技术产业对经济增长的带动作用是不言而喻的。正是由于这一原因，高技术产业已成为当今世界各国竞争的焦点。因此我们选择高技术产业产值占GDP的比重作为另一个衡量指标。工业结构升级是中国三次产业结构调整升级的突破口，1995—2010年是中国经济向市场经济转轨的关键时期。在此期间，中国的工业行业经历了巨大的变化，工业经济转型的效果也十分显著。工业化的发展需要耗费大量的能源。因此，选取能源消耗总量占GDP的比重作为衡量工业发展效果的评价指标。最后，本书采用主成分分析法来确定各单项指数在总指数中的权重以合成总指数，对中国产业结构升级进行量化。

（二）解释变量

本书的解释变量为地方政府行为指数。在经济转型中，随着分权化改革的推进和国有企业改革，地方政府调节当地资源配置的积极性和主动性大大增强，这既是地方政府"GDP竞赛"的结果，也是地方政府追求自身利益最大化的结果（靳涛和踪家峰，2005）。对这一指数，我们分别从财政约束、政府影响力、地方保护和政府调控四个方面考察地方政府行为，这也是地方政府行为的主要表现特征。其中财政约束 =（财政总支出 - 财政总收入）/财政总收入，以控制财政分权的影响；政府影响力 = 财政支出/各省GDP，以控制政府扩张的影响；地方保护 =（某省商品零售价格指数 - 全国商品零售价格指数）/（全国商品零售价格指数 - 100），取绝对值，以控制地方政府保护本地市场的影响；政府调控 = 预算外收入/财政总收入，以控制地方政府自主调节经济的能力。同样利用主成分分析法对地方政府行为进行量化。

另一个变量是国有企业垄断指数。我们选取了以下五个指标：国有企业投资占比 = 国有企业固定资产投资/全社会固定资产总投资；国有企业利润占比 = 国有工业企业利润总额/工业企业利润总额；国有企业工资占比 = 国有平均货币工资/在岗职工平均工资；国有企业产值占比 = 国有企业工业总产值/工业总产值；国有企业贷款占比＝国有企业贷款/各项贷款总额。这五个指标代表企业经营活动的自主权。另外，国有企业贷款占比这一指标的测度比较困难，因为在公开的出版物中无法获得国有企业贷款的分地区数据。为解决这一问题，我们参照刘瑞明和石磊（2010）的做法，通过计量得到国有企业贷款占比数据。然后利用主成分分析法计算这五个一级指标的权重，最后计算出国有企业的垄断程度。

　　本书的另一核心解释变量是行政垄断。我们定义行政垄断为国有企业垄断和地方政府行为的交互项 $msoe_{it} * gov_{it}$。同时，为捕捉更深刻的政策信息，我们重点检验地方政府具体行为是否会通过国有企业垄断对产业结构升级产生不良影响。因此，我们在模型中加入了"财政约束与国有企业垄断的交互项"、"政府影响力与国有企业垄断的交互项"、"地方保护与国有企业垄断的交互项"和"政府调控与国有企业垄断的交互项"，以捕捉更为深刻的政策含义。另外，2003年"国进民退"的端倪开始出现，随着国有企业在上游行业垄断地位的增强和利润的增长，一些国有企业重新开始在各个行业扩张。为了捕捉这次"国进民退"现象的影响，我们引入时间哑变量，即2003年以前取值为0，2003年及以后取值为1。

　　对控制变量，我们用财政支出中科教文卫费用占GDP的比重反映各地区的人力资本水平；用人民币度量的进出口贸易总额占GDP的比重反映各地区对外开放度；用非农业人口占总人口数的比重反映各地区的城市化水平；用民营经济贷款占地区贷款总额的比重反映各地区对民营经济发展的金融支持程度。

二　计量方法

　　产业结构的动态变化特征意味着，采用普通的面板数据方法对产业结构升级进行回归得到的结果可能是有偏的。基于上述考虑，我们拟采用动态面板方法来克服该问题。

　　目前，动态面板数据模型主要有两种估计方法：差分GMM和系统GMM。差分GMM估计仅对差分方程进行估计，因此可能损失一部分信息。系统GMM则同时对水平方程和差分方程进行估计，并以差分变量的滞后项作为水平方程的工具变量,以水平变量的滞后项作为差分方程的工具变量。该方法由于利用了更多的样本信息,在一般情况下比差分GMM估计更有效(Blundell and Bond, 1998),因而我们采用系统GMM方法进行估计。但是,GMM估计的有效性取决于两个特定的检验:一是检验确定工具变量的有效性;二是检查差分方程中误差项不存在二阶序列相关。

本书选取样本是1995年至2010年间中国除西藏、港澳台之外的内地29[①]个省(直辖市、自治区)的面板数据。所有原始数据都来源于《新中国60年统计资料汇编》、1996—2011年《中国高技术产业统计年鉴》、《中国能源统计年鉴》和历年地区统计年鉴。其中,高技术产业包括医药制造业、航空航天器制造业、电子及通信设备制造业、电子计算机及办公设备制造业和医疗设备及仪器仪表制造业。

第四节 政府主导、国有企业垄断对产业结构升级的双重影响

本节基于中国29个省(自治区、直辖市)1995—2010年的面板数据,从全国、分地区和政府具体行为等视角来检验以上的假说。我们利用Stata11.0软件,采用一步GMM估计方法对模型进行估计。

一 全国样本回归结果

全国样本的GMM估计结果见表6-1,模型估计结果与预期基本一致。在模型1中,我们先考察了地方政府行为和国有企业垄断对产业结构升级的影响。地方政府行为变量在5%的水平上显著为负,这个结果支持了理论假说1。在GDP晋升锦标赛下,地方政府存在强烈的投资冲动,并且引导信贷投向容易出政绩的基础设施、开发区建设等中长期固定资产投资,导致各地竞相甚至过度投入同一行业,形成不同时期的投资热及重复建设问题(周黎安,2004),从而导致要素的不合理配置(比如投资结构严重倾斜于国有部门),不利于产业结构的升级。国有

---

① 由于重庆市在1997年才独立为直辖市,所以我们的数据把重庆并入四川。

第六章　政府行为、国有企业垄断与产业结构升级

企业垄断变量在 1% 的水平上显著为正，这表明国有企业垄断本身对产业结构升级并不具有不合意的影响。在模型 2 中，我们加入了行政垄断变量，即地方政府行为与国有企业垄断的交互项，旨在说明单纯的国有企业垄断和政府干预下的国有企业垄断（即行政垄断）对产业结构升级是否具有差异性的影响？结果证实了我们的假设，与国有企业垄断相悖，行政垄断会显著阻碍产业结构升级。这说明在地方政府主导的发展模式下，国有企业只是政府干预经济的载体，其对产业结构升级的影响性质是由政府主导的程度（垄断意愿）来决定的。时间哑变量的系数显著为负，说明 2003 年以来产业结构升级具有显著倒退的态势，"国进民退"的"逆市场化"结果不利于产业结构调整，越来越强化的"国进民退"，使掌握在国家手里的财富越来越多，政府会把这些钱花在基础设施和大的工业项目上面，尤其是高污染的重工业，导致产业结构失衡。

为了进一步捕捉有益的政策信息，我们从地方政府的财政约束、政府影响力、地方保护和政府调控四个具体行为进一步分析其对产业结构升级的影响。我们分别将以上四个具体的地方政府行为与国有企业垄断进行交互，分别取名为行政垄断分指标 1-4。模型（3）-（6）给出了具体回归结果。模型（4）和（5）显示，行政垄断分指标 2 和分指标 3 对产业结构升级的影响均为负，且都在 5% 的水平上显著。这表明政府扩张规模和地方保护的行为不利于产业结构的升级。地方政府在中国经济生活中投资主体的角色越来越突出，地方政府通过干预地方银行信贷加大地区投资、扩大基础设施建设，而很大一部分的投资项目是由国有企业来承担的，使得民营企业的融资环境更趋于恶化；另外，在政绩考核机制和地方政府之间的恶性竞争环境下，地方政府的保护行为扭曲了生产过程的投入—产出关系，降低了资源配置效率，导致企业经济效率损失，从而损害产业绩效。模型（3）和（6）显示财政约束和政府调控与国有企业垄断的交互项对产业结构升级的影响并不显著。这并不表示地方政府的这两种行为对产业结构升级没有影响，只说明他们并不通过国有企业垄断对产业结构升级产生影响。

表6-1 全国样本回归结果（GMM估计）

变量	模型1	模型2	模型3	模型4	模型5	模型6
地方政府行为	-0.183** (0.083)					
国有企业垄断	1.113*** (0.381)	1.358*** (0.422)	1.469*** (0.428)	2.342*** (0.625)	1.156*** (0.405)	0.689 (0.584)
行政垄断		-0.334** (0.412)				
行政垄断分指标1 （财政约束 *国有企业垄断）			-0.190 (0.191)			
行政垄断分指标2 （政府影响力* 国有企业垄断）				-6.238** (2.453)		
行政垄断分指标3 （地方保护* 国有企业垄断）					-0.083** (0.034)	
行政垄断分指标4 （政府调控* 国有企业垄断）						1.231 (0.784)
人力资本	0.000 (0.000)	0.000 (0.000)	0.000** (0.000)	0.001*** (0.000)	0.000 (0.000)	0.000 (0.000)
对外开放度	0.834*** (0.299)	0.819** (0.319)	1.181*** (0.283)	1.152*** (0.342)	0.796** (0.319)	0.948** (0.400)
城市化率	3.238* (1.868)	3.802* (2.049)	3.778 (2.401)	5.151* (2.770)	3.383* (1.977)	4.759 (3.000)
金融支持	0.219 (0.293)	0.153 (0.314)	0.779* (0.416)	0.807* (0.461)	0.009 (0.323)	0.348 (0.413)
时间—2003	-0.271*** (0.079)	-0.292*** (0.085)	-0.343*** (0.098)	-0.384*** (0.114)	-0.276*** (0.084)	-0.247** (0.107)
AR（2）检验p值	0.785	0.825	0.814	0.871	0.668	0.756
Sargan检验p值	0.434	0.732	0.574	0.998	0.715	0.996

注：***、**、*分别表示在1%、5%和10%的显著性水平上显著。括号内的数字为标准差。

第六章 政府行为、国有企业垄断与产业结构升级

控制变量的结果基本符合预期。人力资本对产业结构升级的影响为正,不显著。对外开放度可显著促进产业结构升级。城市化水平和金融支持的影响均为正数。最后,各模型中解释变量回归系数的大小和显著性基本变化不大,说明回归结果是稳健的。此外,我们对模型设定的合理性和工具变量的有效性进行了检验:二阶序列相关(AR(2))检验结果显示,所有模型的随机误差项均不存在二阶序列相关,[①] 表明模型的设定是合理的,Sargan 过度识别检验结果表明回归中使用的工具变量是有效的。

二 区域样本回归结果

由于全国行政区域的划分,导致区域内省际和城市间的联系日益紧密,各个区域之间的产业联系较少,加之要素流动受到各种制度的限制,这就客观形成了东中西部区域的割裂式发展。这种非均衡的区域发展战略客观上将造成地方政府主导的发展模式影响产业结构升级的区域差异。因此,本书进一步估计了东、中、西部地区地方政府行为、国有企业垄断对产业结构升级的双重影响。估计结果分别见表 6-2、表 6-3 和表 6-4。总体来看,东部和中西部地区的差异非常显著,得出的主要结论如下:

(1)地方政府行为在东部地区对产业结构升级具有非常显著的负效用,但在中部和西部地区均不显著。这表明东部地区经济发展对政府转型的要求已经迫在眉睫。随着市场机制的不断完善,政府对资源的配置作用应逐渐让位于市场,从而政府主导型经济也就逐步让位于市场机制作用下的企业推动模式,产业结构的选择由市场机制来完成。近年来东部地区的要素成本不断上升,使一些高度依赖资源消耗和劳动力低成本的企业面临生存困境。一些地方政府为争先承接国际产业转移展开了规模宏大的"腾笼换鸟"行动,地方政府在承接产业转移时往往缺乏整体考虑和长期规划,转入的企业与本地原有产业往往形成不了配套的

---

① GMM 估计要求差分后残差项不存在二阶序列相关,而一阶序列相关不影响 GMM 估计的有效性(Roodman,2006)。

产业链。在制度创新和产业结构提升上难有作为的情况下,东部沿海大城市的大量制造业向中西部和越南等地转移,而高端制造业、新兴产业和服务业发展迟缓,进而出现产业空心化(高波等,2012)。

表6-2 东部地区回归结果（GMM 估计）

变量	模型1	模型2	模型3	模型4	模型5	模型6
地方政府行为	-0.396*** (0.113)					
国有企业垄断	0.102 (0.237)	0.254 (0.248)	1.812*** (0.563)	4.130* (2.121)	0.034 (0.253)	1.711*** (0.645)
行政垄断		-0.775*** (0.243)				
行政垄断分指标1 （财政约束*国有企业垄断）			-1.980*** (0.747)			
行政垄断分指标2 （政府影响*国有企业垄断）				-24.797* (4.049)		
行政垄断分指标3 （地方保护*国有企业垄断）					-0.175*** (0.057)	
行政垄断分指标4 （政府调控*国有企业垄断）						-3.015** (1.526)
时间—2003	0.165 (0.117)	0.169 (0.126)	0.044 (0.088)	-0.070 (0.178)	0.134 (0.119)	0.015 (0.089)
AR（2）检验 p 值	0.355	0.360	0.151	0.197	0.400	0.999
Sargan 检验 p 值	0.380	0.490	0.471	0.611	0.348	0.105

注：***、**、*分别表示在1%、5%和10%的显著性水平上显著。括号内的数字为标准差。

表6-3 中部地区回归结果（GMM 估计）

变量	模型1	模型2	模型3	模型4	模型5	模型6
地方政府行为	0.012 (0.059)					
国有企业垄断	-0.423** (0.204)	-0.420** (0.205)	-0.643** (0.251)	-1.128* (0.633)	-0.425** (0.186)	-0.020 (0.488)
行政垄断		-0.013 (0.097)				
行政垄断分指标1 （财政约束*国有企业垄断）			0.504** (0.202)			

第六章 政府行为、国有企业垄断与产业结构升级

续表

变量	模型1	模型2	模型3	模型4	模型5	模型6
行政垄断分指标2（政府影响*国有企业垄断）				5.586 (4.604)		
行政垄断分指标3（地方保护*国有企业垄断）					-0.015 (0.015)	
行政垄断分指标4（政府调控*国有企业垄断）						-0.918 (1.103)
时间—2003	0.017 (0.080)	0.005 (0.079)	0.113 (0.094)	0.104 (0.121)	-0.025 (0.071)	0.019 (0.091)
AR（2）检验p值	0.704	0.684	0.625	0.515	0.643	0.419
Sargan检验p值	0.116	0.096	0.839	0.693	0.113	0.281

注：＊＊＊、＊＊、＊分别表示在1％、5％和10％的显著性水平上显著。括号内的数字为标准差。

（2）国有企业垄断的影响也具有区域差异。在东部地区为正的不显著；在中部地区为负，比较显著；在西部地区为负，不显著。这是因为中西部地区市场化水平和国有企业改革远远落后于东部地区，再加上中西部地区国有企业比例过大，资本的运营效率很低，不利于产业结构升级。

表6-4　　　　西部地区回归结果（GMM估计）

变量	模型1	模型2	模型3	模型4	模型5	模型6
地方政府行为	-0.029 (0.043)					
国有企业垄断	-0.021 (0.043)	-0.005 (0.052)	-0.026 (0.059)	-0.090 (0.090)	-0.023 (0.043)	-0.001 (0.072)
行政垄断		-0.029 (0.057)				
行政垄断分指标1（财政约束*国有企业垄断）			0.005 (0.038)			
行政垄断分指标2（政府影响*国有企业垄断）				0.460 (0.515)		
行政垄断分指标3（地方保护*国有企业垄断）					-0.008 (0.014)	
行政垄断分指标4（政府调控*国有企业垄断）						-0.034 (0.106)

续表

变量	模型 1	模型 2	模型 3	模型 4	模型 5	模型 6
时间—2003	-0.164*** (0.047)	-0.160*** (0.046)	-0.148*** (0.043)	-0.135*** (0.046)	-0.157*** (0.044)	-0.149*** (0.042)
AR (2) 检验 p 值	0.849	0.844	0.974	0.980	0.803	0.926
Sargan 检验 p 值	0.201	0.203	0.179	0.242	0.208	0.202

注：***、**、*分别表示在1%、5%和10%的显著性水平上显著。括号内的数字为标准差。

(3) 行政垄断的负面影响在东部地区非常显著,在中西部地区不显著。我们并不惊讶行政垄断对东部产业结构升级造成的影响。近年来,中国的国有企业在产业政策的保护下表现出越来越垄断的趋势,尤其是东部更甚。当国有企业陆续从许多竞争性领域退出后,在资本、金融、石油、电力、电信等上游行业,国有企业却在强势扩张,于是就形成了高度垄断资源、垄断利润的上游企业和过分竞争、利润微薄的下游制造业。一些国有企业在成功取得高额利润的同时,也从客观上影响了部分产业的发展;[①] 此外,一些国有企业的垄断行为,还消弱了中国在这些产业上的核心竞争力。

(4) 从地方政府具体行为来看,行政垄断分指标1的影响存在明显的地区差异,在东部地区具有显著的负影响,而在中西部地区却反之。为了缓解财政和GDP竞赛的压力,地方政府致力于在对GDP拉动效果最快的城建领域和上游产业千方百计地上项目,而很大一部分的投资项目是由国有企业来承担的,地方政府对资本密集型行业的投资偏好极易引发或者加剧产能过剩,致使产业结构失衡。同时地方政府对国有垄断企业的偏好必然会挤出富有效率的非国有资本,进一步阻碍了产业结构升级。为什么中部地区的结果并非如此呢？一个可能的解释是,与东部地区不同,新中国成立以来,中部地区依靠自然资源优势建立了相对雄厚的国有工业体系,国有企业比例过大,民营企业发展落后。在重工业发

[①] 以国家垄断金融业为例,由于缺乏非国有金融机构的有效竞争,资本流动势必向国有企业更加倾斜,结果投资大量流向上中游、城建等资本密集型行业,造成部分产业产能过剩,产业结构扭曲。

第六章 政府行为、国有企业垄断与产业结构升级

展方面，国有企业在技术、人才、企业规模和融资渠道等方面比民营企业具有更多的优势，在这种情况下，地方政府对国有企业的行政干预对产业结构升级的负效用相对较小。行政垄断分指标2的影响也不同，东部地区的结果与全国的结果是一致的，而在中西部地区却不显著为正。行政垄断分指标3的系数均为负数，在中西部地区均不显著，在东部地区显著，这表明当经济发展到一定程度，市场日趋成熟的环境下，通过分割市场保护国有企业垄断的行为对产业结构的升级是非常有害的。行政垄断分指标4的系数均为负数，同样在中西部地区不显著，在东部地区显著。这是因为预算外收入主要来源于土地财政，而东部地区土地收入要远远高于中西部地区，导致政府行为和活动不受国家预算的严格约束，这种软化的制度环境造成资源的浪费和投资的扭曲，抑制了产业结构升级。

（5）控制变量的结果与预期基本一致，为节约篇幅，未列出。

第五节 结语

中国经济虽然已经持续了30多年的高速增长，但投入产出低、产业结构失衡等问题却非常突出。我们发现，中国产业结构升级缓慢和中国转型期大背景紧密联系在一起。中国经济转型结构的主要特征最主要有两点：一是地方政府对经济的干预；二是国有垄断利益集团对经济的控制和影响。本书正是基于这种逻辑来揭示中国产业结构升级缓慢的缘由，并特别关注地方政府行为与国有企业垄断的结合体——行政垄断如何影响产业结构升级。本书主要结论如下：

（1）地方政府主导的经济发展模式不利于整体产业结构升级，其中，地方政府影响力和地方保护是最为显著的不利因素。

在地方政府主导的增长模式下，各个地区竞相展开"竞标竞赛"，在短期内获得最大限度的经济增长是地方政府在任期内的主要目标。在这种约束下，地方政府更多关心的是GDP的增长，而不是产业结构的升级，因为产业结构升级的效应在短期内是很难显现的。所以，在这种约束下，地方政府通过投资拉动经济增长来达到目标是最快捷易行的，而产业结构升级并不会被地方政府放在重要地位。因而，地方政府主导的经济发展模式自然不会有利于产业结构升级。当然，地方政府行为对

产业结构升级的阻碍主要体现在地方政府影响力和地方保护方面也比较容易理解，这是因为前者本身是地方政府行为目标的具体体现；而后者是区域竞争、地方保护的体现，后者必然会引致老旧产业更新慢、产业结构"小而全"等问题，而这些结果自然不利于产业结构升级。

（2）纯粹的国有企业垄断行为并不对产业结构升级产生不利的影响，但国有企业垄断与地方政府行为的结合体——行政垄断却是阻碍产业结构升级的重要影响因素。

国有企业本身并不会对产业结构升级产生不利影响，国有企业垄断行为本身也并不意味着会阻碍产业结构升级，这是本书的一个重要结论。实际上国有企业如果也是以"经济人"为目标，它并不会抵触产业升级和技术进步，但如果国有企业背离"经济人"目标，完全成为政府行为实施机器和牟利工具时，国有企业自然会阻碍产业结构升级。在本书的实证中就能体现这一点，在本书的实证研究中发现，单纯的国有企业垄断行为并不会对产业结构升级产生不利影响，而当国有企业垄断与地方政府行为结合在一起时（本书用行政垄断来表示二者的结合），其就会对产业结构升级产生极其不利的影响。这实际上揭示出，企业的所有权结构并不是制约产业结构升级的原因，本质在于政府对国有企业的控制而扭曲了国有企业的正常企业行为。

（3）从区域差异来看，东部地区地方政府的主导行为和行政垄断对产业结构升级的负面影响比中西部地区更加显著。这是因为东部地区经济发展快，产业结构升级的内在要求更为强烈，而中西部地区经济发展相对东部地区比较慢，且中西部地区非国有经济相对东部地区不活跃，这所引致的产业结构矛盾没有东部地区突出，因而，影响产业结构升级的负向效应就没有东部地区显著。

第七章 政府行为、国有企业垄断与收入差距

第一节 收入差距持续扩大问题的提出

当前中国收入分配已经走到亟须调整的"十字路口",缩小贫富差距、解决分配不公问题已显得尤为迫切。在主流经济学的观念中,当经济发展到一定程度时,收入差距将会趋向于收敛;而中国的经验却显示,经济发展并不必然带来收入差距先升后降的结果,中国收入差距扩大至危险境地已是不争的事实。同样是地方政府主导经济增长的模式,日本与亚洲四小龙在经济快速发展的同时实现了公平与效率,为什么中国的收入差距没有像东亚经济体那样在快速发展中逐渐改善,反而逐渐恶化?

值得注意的是,在收入差距持续扩大的同时,国有企业的高收入、高福利和高管理腐败引起社会的广泛关注,以侵吞国有资产为主的国有企业领导人个人腐败逐渐转向以行政垄断腐败为主的国有企业群体腐败(黄群慧,2006),加剧了社会财富分配不公。国有企业的利润不是"真"的利润,一些学者把国有企业的高额利润归因于行业的行政性壁垒,如周耀东和余晖(2012);还有一些学者认为,国有企业的高额利润来源于资源要素低价,国家把具有巨大经济价值的资源无偿或者低偿授予国有垄断企业,只收很少的象征性的资源税和资源使用费(张曙光,2010)。持续扩大的收入差距离不开国有企业对社会资源的过度垄断,国有企业背后所体现的经济增长模式、政府职能界定和收入分配制度等深层次的问题才是关键所在。

那么,我们探讨经济发展过程中收入差距不断恶化的深层次体制原

因，就不能不考虑国有企业垄断的影响，而中国国有企业垄断更多的是政府垄断或政府授予垄断，即行政垄断。与国外的垄断不同，行政垄断不仅是依靠垄断高价来获取垄断利润，而且还依靠政府垄断要素低价，把资源要素租金变成国有垄断企业的利润，这都和政府权力有关；研究表明国有垄断企业的高额利润并非企业效率改善的结果，而是垄断利益集团俘获利用公权、滥用公权攫取私利的产物。这也是中国转型期改革不彻底，具有中国特色的显著特征。因此，本书从中国转型特征的基本事实剖析经济发展过程中收入差距持续扩大的深层次原因，揭示以"行政垄断"为重要特征的制度安排的内在缺陷，指出缩小收入差距的基本思路。

第二节 中国式增长与公平的内在逻辑

中国经济自改革开放以来获得了飞速的发展，但高增长创造出来的社会财富并没有通过收入扩散机制，让居民平等地分享这个成果。这意味着在评估中国经济增长的同时，我们更需要看到增长背后存在的问题。这种问题一定程度上受制于中国经济增长的特殊动力机制。因此，从中国地方政府主导型经济增长的后果考察和揭示收入差距持续扩大的原因是一个有效的研究视角，有利于我们把"蛋糕"做大做好的同时，又能够更好地分好"蛋糕"。

中国经济是地方政府主导的经济，因为地方政府不仅控制了大量的经济资源和经济活动，而且政府权力几乎深入到社会经济生活的各个方面。尤其是分税制改革之后，在财政分权和以"GDP"为考核机制的晋升激励的共同作用下，地方政府为了在"GDP竞赛"中获胜，展开了激烈的竞争。地方政府不惜成本，通过补助和定价调控把土地、电力及包括水在内的其他公共资源等关键投入品的价格保持在较低水平，吸引包括外商投资企业在内的私营企业到本地发展。诚然，财政分权下的地方政府竞争确实大大激励了地方政府发展经济的动力和热情，也使得中国的经济增长继续保持在高水平；但不可否认，这种在地方政府干预下的投资拉动型经济增长方式并不是一种高效、集约式的经济增长模式。随着政府权力的膨胀和资本势力的扩张，现代市场经济成为一种政

第七章 政府行为、国有企业垄断与收入差距

府和企业、权力和资本统治的经济。收税的主体是政府，利润的主体是企业，而租金的主体相对分散且较弱，其结果是被强势主体瓜分了，不是作为政府的税收，就是作为企业的利润（张曙光，2008）。国家掌握这些财政税收之后只会进一步强化对国有经济、国有企业的投资。

改革走到今天，要素市场仍然存在着严重的国家垄断和高度的政府管制，要素价格还未能实现市场化，并且显著地低于市场均衡价格。要素价格的扭曲在降低市场运行效率的同时，也影响着社会财富的分配，它所造就的既得利益集团和所形成的社会不满情绪构成了中国未来改革与发展的重要隐患，要素价格低估产生的国内财富转移效应主要有三个方面：一是财富从一般部门向行政性垄断部门的转移①，二是财富从个人向政府转移，三是财富从劳动者向资产所有者转移（张曙光和程炼，2010）。王小鲁和樊纲（2005）证明收入差距扩大在相当程度上是因为在市场化过程中，制度不健全、政府行为不规范和腐败现象，导致资源分配扭曲和收入分配不公。

资源要素分配不公，进一步加剧了社会财富的分配不公。土地、资源和资本这三种生产要素发挥了巨大的财富调整作用，房地产业已经成为中国财富的主要集中地②。不可再生的矿产资源也被少数人占据、利用并迅速暴富。资本市场的"火热"表现，尤其是投机性投资行为的盛行，也进一步强化了资本财富的累积效应，资本与土地、资源三者之间互相拉升，加剧了贫富差距。这种依赖于政策保护和资源垄断的"权力分配"，扭曲了收入分配格局，在不同行业、不同群体间也造成巨大的收入悬殊落差③。

命题1：地方政府主导的经济发展模式扭曲了土地、劳动和资本等资源要素的有效配置，损害了劳动者的利益，进而扩大了收入差距。

---

① 张曙光和程炼（2010）计算了2002年烟草、电力、石油开采和加工、交通运输、邮电通信、广播电视和金融保险等七大行政垄断性行业16个部门的财富转移情况，2002年向垄断部门的财富转移达到689亿—2971亿元，占垄断部门国民收入的18.5%—20.4%。

② 据2009年福布斯中国财富排行榜统计，前400名富豪中，房地产商占154名，在前40名富豪中，房地产商占19名，在前10名超级富豪中，房地产商占5名。

③ 据国家统计局统计，全国七个垄断行业有员工2833万人，不到全国职工人数的8%，但工资和工资外收入则占全国职工年工资总额的55%。

政府悖论、国有企业行为与中国经济和谐增长

在经济转型过程中，中国经济发展有一些明显特征，这就是政府、财政和国有企业三位一体。垄断不仅先于市场而存在，而且具有行政垄断的特征。所谓行政垄断就是政府管制加上市场垄断，或者说是国有企业凭借行政权力的支持和保护而形成和维持的垄断（张曙光，2007）。中国的国有企业垄断更多的是政府垄断或政府授予垄断，即行政垄断。行政干预将引致经济扭曲并产生社会福利损失（Stigler，1971）。丁启军和伊淑彪（2008）发现，2006 年 11[①] 个行政垄断性行业由于行政垄断所造成的内部生产效率损失、寻租成本和社会福利损失在内的总福利损失 30691.56 亿元，占当年 GDP 的 14.55%。科曼诺和斯迈利（Comanor and Smiley，1975）研究表明行政垄断存在收入分配效应。维克斯和亚罗（Vickers and Yarrow，1988）认为当局将会使国有企业过度投资和过度资本化实现高工资和福利。布兰施泰特和芬斯特拉（Branstetter and Feenstra，2002）发现地方政府青睐国有企业，获益于国有企业的特殊利益集团通过政治施压提高国有企业的补贴。巴伊和钱（Bai and Qian，2010）认为中国国有企业的改组和垄断势力的膨胀是 1998 年以后劳动份额下降的主要原因。邓伟和向东进（2011）的研究也表明国有经济及其对银行信贷的扭曲扩大了城乡居民的收入差距，国有经济比重越高，收入差距就越大。

1994 年开始，国家对国有企业实行"抓大放小"的改革，将下游市场中的大量中小型国有企业改制为民营企业，而对上游市场的一些大中型国有企业进行兼并重组，保持垄断或寡头垄断。虽然国有企业的数量减少了，但是国有企业的实力和控制力却大大增强了。垄断部门不仅占用了过多的社会资源，而且不断向社会转嫁其运营成本，造成资源错配和结构失衡，利用对上游要素市场的垄断力量获得了大量的垄断利润，提高了垄断福利。而国有企业垄断所创造的巨额垄断租金为国有企业的低效运营和维持较高的工资福利水平提供了充足的资金，本应属于国家的资源收益和社会共享的成果变成了特殊的集团利益收入，这些特

---

① 11 个行政垄断行业包括：石油和天然气开采业、烟草制造业、电力及热力的生产和供应业、煤炭开采和洗选业、石油加工、炼焦及核燃料加工业、燃气生产和供应业、铁路运输业、邮政业、航空运输业、电信和其他信息传输服务业及银行业。

殊的利益集团将垄断利润部分异化为职工利益。

另一方面，由于资源要素价格改革迟滞以及租金收取和分配上的扭曲，租金和利润仍然混在一起。国家把具有巨大经济价值的资源无偿或者低价授予国有垄断企业，转化为国有垄断企业的高额利润。近年来，国有垄断企业的利润如此丰厚并非企业效率的改善，而是企业对社会利益的侵占，造就了改革中的"食租集团"。从国资委公布的资料获悉，全国40家国有垄断企业平分了169家中央企业总利润的95%，其中以石油、石化、通信、煤炭、交通运输和电力系统为主的12家垄断企业的利润超过了100亿元，囊括了中央企业总利润的78.8%。这些垄断企业利用所占有的全民资源获得的垄断利润用于国有垄断企业经营者和其员工的高工资及福利，把本该属于全体公民的垄断利润由其内部人控制并使用，导致贫富差距的扩大化，降低了社会福利；同时，这种行政垄断还妨碍了吸纳较多剩余劳动力的非国有经济的发展，间接损害了一般劳动者的福利。

命题2：国有企业垄断具有一般垄断的特征，扭曲了资源的有效分配，导致竞争的缺失和福利的损失；特别是政府垄断或政府授予垄断，即行政垄断，更是导致收入差距扩大化的内在原因。

第三节 指标设计与数据整理

一 地方政府行为指标的构建

分析地方政府行为对收入差距的影响，需要构建地方政府行为的一个指标体系，单一指标的衡量未免有失偏颇，考虑地方政府主导经济的行为特征表现，我们从以下四个方面进行刻画：财政激励、政府影响力、地方保护和政府调控。由于地方政府的各行为结果具有差异性，在权重分配上，本书采用主成分分析法[①]（Principal Components Analysis）来确定各个分指标在综合指数中的权重分配，对地方政府行为进行

---

① 相比其他测度方法，主成分分析法是根据数据自身的特征而非人的主观判断来确定权重结构，可以很好地避免指标之间的高度相关性和权重确定的主观性，所形成的权重结构可以充分反映各维度各基础指标对于形成总指数的贡献。

量化。

（一）财政激励

90年代的分税制改革使得中国财政体制进入"双轨制"，即中央—地方财权与事权的非对称、不平衡发展[①]的阶段。在地方政府层面上切断了收入与支出需求的联系，使地方政府，尤其是落后地区的政府负担加重了。分税制使得中央把桌面上的阳光收入（即税收收入）的大部分拿走，财权集中在中央，而保运转、保民生、促发展等任务都落在地方政府肩上。在财政缺口和中央政府以"GDP为纲"的考核机制下，地方政府大搞土地财政[②]和融资借款。为了在较短时间内实现"GDP"最大化，不惜成本，以行政方式取代市场，严重扭曲了土地、资本和劳动力要素价格。这种扭曲要素资源价格的增长推动方式是以牺牲劳动者收入和降低社会福利为代价的。因此，我们预期财政激励对收入差距扩大的影响为正。

（二）政府影响力

在高程度的分权体制下，地方政府为追求政绩等因素的考虑，不愿提供需要更多财力却只能带来较少政绩的软公共品（王永钦等，2007），往往会把应投入软公共品的资金用于硬公共品投资；而地方政府的投资主要是由国有企业来完成，国有企业和政府联系影响了整个经济机制，国有企业经常利用政府权力获得垄断权，甚至直接侵夺民营企业，挤压民营企业的生存空间，是在"与民争利"。因此，我们预期政府影响力对收入差距扩大的影响为正。

（三）地方保护

分税制改革和中央政府的GDP考核机制，导致了地方政府之间激烈的经济竞赛。地方政府为了保护本地企业和地方经济发展，制定特殊的博弈规则、控制要素与产品流动构建贸易壁垒等形式保护自身利益，从而导致市场分割和地方保护。为了吸引资本进入，保护本地

---

① 根据国家统计局公布的数据，从1991年到2010年近20年的时间里，中央财政收入从1991年的938.25亿元，增长到2010年的42470.52亿元，20年的时间里增长了45.27倍。从地方财政收入来看，从1991年的2211.23亿元，增长到2010年的40609.8亿元，20年的时间里增长了18.37倍，其增速也相对较快。

② 地方政府对建设用地的垄断性卖地权，是土地财政形成的根源。

企业的利益，地方政府对于企业长期支付给劳动者无法再进行劳动力良性累积循环的低水平工资的行为，表现出"集体式"的漠不关心；此外，地方政府过度赋予资本所有者对企业所创造利润的分配支配权，而漠视社会消费者主体的劳动力在企业所创造利润分配中的话语权，对劳动者利益的保护表现出"有意"或"无意"的忽略，导致劳动力工资成本长期保持在较低水平。因此，我们预期地方保护对收入差距的影响为正。

（四）政府调控

1994年的分税制改革是为了建立一个明确和稳定的收入分配机制，可是由于地方政府并没有真正意义上的税收自主权，再加上地方政府承担了过多的支出责任，结果必然导致预算外资金的超常增长。通常认为财政预算仅仅负担"吃饭财政"，真正要促使地方经济增长和为地方政府提供更多服务筹措资金，只能靠发展预算外收入。预算外资金不受通常的预算程序的约束，使政府调控当地经济发展更具有灵活性。因此，我们预期政府调控的影响为负。

二 国有企业垄断指标的构建

以往的文献对国有企业垄断程度的测量也没有统一的标准，需要进行界定。考虑到地方政府对国有企业的偏爱主要体现在以下两个方面：第一，要素扭曲；第二，规模扩张，结合国有企业的行为，我们构建了三个指标，利用主成分分析法计算国有企业垄断程度。

（一）劳动力价格扭曲

傅娟（2008）表明中国垄断行业高收入中相当大的部分与市场经济中由竞争形成的垄断利润是无关的，导致这部分差距的因素是行政垄断。进入高工资的国有部门需要具备一定的社会背景和户籍（陈钊等，2009），而这些条件限制了普通劳动者的进入权利，这就形成了国有部门就业歧视的尴尬局面[1]，国有和非国有部门之间的工资差距便拉大了收入差距。因此，我们预期其符号为正。

---

[1] 王美艳（2005）根据2002年五城市的调查数据发现，城市劳动力在国有单位的就业比重高达67.50%，而外来劳动力的这一比例只有12.48%。

(二) 资本要素扭曲

在中国，金融部门由大型银行主导，只有大企业才能获得较多融资服务，资源部门也出现类似趋势，这是"利润垄断"（林毅夫和李志赟，2005）。由于政府对国有企业的隐性担保和政策性补贴，银行在信贷上始终存在着对国有企业的特殊偏爱，国有企业远比非国有企业更易获得低成本的信贷资金[①]，进而导致国有企业过度投资和低效率经营，使得大量资源租金变成了垄断企业的利润，导致财富向行政性垄断部门和资产所有者转移，其结果必然拉大收入差距。因此，我们预期其符号为正。

(三) 国有企业规模扩张

改革走到今天，形成了"民营企业主导下游市场竞争，大中型国有企业主导部分上游市场垄断"的市场竞争格局，刘瑞明和石磊（2011）研究发现维持大中型国有企业在部分上游市场的垄断，相当于给这部分企业一种隐性的财政补贴，所获得的巨额利润事实上是一种垄断租金，不利于整体经济发展和社会福利。可见，政府控制的国有企业规模扩张越严重，越不利于收入的均等。因此，我们预期该符号为正。

三 收入差距

中国日益扩大的收入差距主要是因为城乡间和地区间收入差距越来越大，地区收入差距当然与欠发达地区同时也有更多的农村人口有关，地区收入差距与中国巨大的城乡差距有直接关系（Tsui and Wang，2004），因此，城乡差距是中国总体差距的主要原因（胡志军等，2011）。除了基尼系数外，很多文献往往采用城乡收入比作为度量城乡收入差距的指标，因为基尼系数对中间阶层收入的变动比较敏感，而中国城乡收入差距主要体现两端的变化。因此，我们采用城乡收入比作为收入差距的替代指标。

[①] 在 1994—2009 年间，非国有企业（包括民营、乡镇和三资企业）每年所获得的贷款比重始终不超过 20%，而且自 2000 年国有银行市场化改革以来，这一比重甚至还略有下降（邓伟和向东进，2011）。

四 影响收入差距的其他因素

除了以上核心影响因素外，其他宏观经济变量也对收入差距产生重要影响，在实证分析中必须引入这些控制变量。本书在以往研究的基础上，引入以下控制变量：①人力资本，用来控制教育投入不均等对收入差距的影响，预期该变量符号为正。②投资增长率，用来控制资本积累的影响，预期其符号为正。③产品市场发育程度，用来控制产品市场扭曲对收入差距的影响，预期该变量符号为正。④通货膨胀率，控制价格波动的影响，预期该变量符号为正。

五 数据整理

本书的数据涵盖了1986年至2010年中国大陆29个省级地区（省、直辖市、自治区）①。所有原始数据都来自《新中国60年统计资料汇编》、CEIC中国经济数据库、历年《中国财政年鉴》和历年各省统计年鉴。详细的变量设置见表7-1。需要特别说明的是，①用地区市场分割指数进行度量地方保护，有关市场分割的测度方法不少，但是综合来看，"价格法"构建的指标能更直接地衡量市场分割程度，这一指数基于严格的理论和方法获得对地区间市场分割程度的客观测度。在帕斯利和魏（Paresley and Wei，1996）经典文献的基础上，很多学者如陆铭和陈钊（2009）均采用了这一方法计算市场分割指数。因此，我们也采用这一方法计算的市场分割指数来测度地方保护程度。②用国有企业贷款占各项贷款总额的比重作为资本要素扭曲的替代指标。国有企业贷款占比这一指标的测度比较困难，因为在公开的出版物中无法获得国有企业贷款的分地区数据。为解决这一问题，我们参照刘瑞明的做法，假定全部信贷只发放给国有企业和非国有企业，分配给国有企业的信贷变动可以用国有企业工业总产值占工业总产值比重变动的固定系数来表示（刘瑞明和石磊，2010）。同时，我们利用各地区1986—2010年"国有企业工业总产值/工业总产值"占比数据作为解释变量，用相应

---

① 由于西藏部分数据严重缺失，我们未考虑该地区；重庆在1997年才独立为直辖市，因而我们把重庆并入四川省。

年度的"地区信贷总额/地区生产总值"占比数据作为被解释变量,采用固定效应模型估计各地区信贷中发放给国有企业的部分。通过计量分析,我们得到国有企业产值占比的系数为 0.2668,T 值在 1% 的水平上显著,且误差项不存在序列相关问题。假定所有地区的系数固定不变,通过计算即得到国有企业贷款占比数据。③本书衡量产品市场扭曲程度选取两个子指标:一是外商直接投资占全社会固定资产投资的比重,另一个是进出口总额占国内生产总值的比重,同样利用主成分分析法计算产品市场发育。此外,地区外商直接投资和进出口贸易总额的原始数据单位为美元,我们通过各年中间汇率均进行了相应换算。④由于中国 29 个省市 1986—2010 年的消费物价指数存在较多缺失值,因此本书选用以 1978 年为基期的 GDP 缩减指数测量通货膨胀率。

表 7-1　　　　　　　　　　数据与变量定义

变量名称	变量含义	计算方法
gini	收入差距	地区城镇人均可支配收入/地区农村人均纯收入
gov	地方政府行为	根据主成分分析法计算
financial	财政激励	(地区财政支出 – 地区财政收入)/地区财政收入
scale	政府影响力	地区财政支出/地区国内生产总值
protect	地方保护	(地区商品零售价格指数 – 全国商品零售价格指数)/(全国商品零售价格指数 – 100),取绝对值
regulate	政府调控	地区预算外收入/地区财政收入
msoe	国有企业垄断	根据主成分分析法计算
salary	劳动力价格扭曲	地区国有平均货币工资/地区在岗职工平均工资
loan	资本要素扭曲	地区国有企业贷款/地区年末贷款总额
product	国有企业规模	地区国有企业工业总产值/地区工业总产值
hr	人力资本	地区政府科教文卫支出/地区国内生产总值
invest	投资增长率	(地区当年固定资产投资总额 – 地区上年固定资产投资总额) – 1
market	产品市场发育	利用主成分分析法计算
inflation	通货膨胀率	地区当年 GDP 缩减指数 (1978 = 100)/地区上年 GDP 缩减指数 (1978 年 = 100) – 1

第四节 政府主导、国有企业垄断对收入差距的双重影响

一 计量模型设定

为验证上文的理论假设,我们通过实证分析进一步判断地方政府行为与国有企业垄断对收入差距的双重影响。为此,我们构建下列实证模型:

$$gini_{i,t} = \beta msoe_{it} + \delta gov_{it} + \gamma X_{it} + \alpha_i + u_t + \varepsilon_{it} \qquad (7-1)$$

$$gini_{it} = \beta msoe_{it} + \varphi msoe_{it} * gov_{it} + \gamma X_{it} + \alpha_i + u_i + \varepsilon_{it} \qquad (7-2)$$

在上式中,下标 i 表示地区,t 表示时间,α_i 为个体效应,u_t 为时间效应,ε_{it} 为误差项。$gini_{it}$ 表示收入差距,$msoe_{it}$ 表示国有企业垄断,gov_{it} 表示地方政府行为,X_{it} 表示影响收入差距的其他宏观经济变量。根据上文分析,行政垄断包括政府垄断和政府授予的垄断,因此,我们定义行政垄断为国有企业垄断和地方政府行为的交叉项 $msoe_{it} * gov_{it}$。模型(7-1)初步考察了地方政府行为与国有企业垄断对收入差距的影响;模型(7-2)检验国有企业垄断与行政垄断影响收入差距的差异。

为了深入分析地方政府行为和国有企业垄断对收入差距的影响,我们从全国、分时间、分地区和政府具体行为等多个视角来检验以上的假说。我们利用 Stata11.0 软件,采用静态面板估计方法。首先,对各变量进行面板单位根检验,结果显示,各变量指标均为 I(1)过程,拟回归方程均存在协整关系①,然后运用 Hausman 检验判定选择固定效应或随机效应模型。

二 全国样本回归结果

首先,我们对包括全部省份的数据进行了回归分析,结果见表 7-2。模型 1 是基础模型(7-1)的估计结果,地方政府行为变量在 1%的水平上显著为正,这与我们的理论假设是一致的,说明政府"这只

---

① 为节约篇幅,各拟回归方程中变量平稳性检验结果省略。

看得见的手"不但没有弥合市场竞争导致的收入差距扩大,反而助长了收入差距扩大的态势。国有企业垄断的系数为正,但不显著。模型(2)考虑了行政垄断的影响,即加入了地方政府行为和国有企业垄断的交叉项,国有企业垄断的符号为正,仍不显著,而行政垄断的回归系数却在1%的水平上显著为正,该结果说明行政垄断而不是国有企业垄断是收入差距持续扩大的根本原因,这与我们的假设是一致的。控制变量的结果基本与我们的预期相符,人力资本、投资增长率、产品市场发育和通货膨胀率均显著为正。

表7-2　　　　　　　　　　全国样本回归结果

变量	1986—2010 模型1(FE)	1986—2010 模型2(FE)	1986—1992 模型1(RE)	1986—1992 模型2(RE)	1992—2010 模型1(FE)	1992—2010 模型2(FE)
gov	0.205*** (0.038)		0.125 (0.092)		0.099*** (0.033)	
msoes	0.294 (0.328)	0.215 (0.328)	0.949 (1.317)	0.905 (1.319)	0.784*** (0.285)	0.746*** (0.285)
madm		0.234*** (0.044)		0.156 (0.108)		0.109*** (0.038)
hr	16.122*** (1.380)	16.143*** (1.383)	2.604 (1.665)	2.591 (1.664)	14.780*** (1.470)	14.819*** (1.473)
invest	0.258*** (0.091)	0.257*** (0.091)	0.084 (0.096)	0.084 (0.096)	0.039 (0.087)	0.037 (0.087)
market	1.979*** (0.304)	1.990*** (0.304)	0.636 (0.740)	0.641 (0.739)	1.096*** (0.448)	1.098*** (0.339)
inflation	1.687*** (0.417)	1.695*** (0.417)	-1.215*** (0.387)	-1.216*** (0.387)	1.274*** (0.244)	1.914*** (0.449)
c	1.429*** (0.281)	1.496*** (0.281)	1.306 (1.123)	1.341 (1.125)	1.274*** (0.244)	1.308*** (0.244)
R^2	0.420	0.420	0.130	0.130	0.300	0.300
Hausman test Prob > chi2	26.120 (0.000)	26.330 (0.000)	5.080 (0.533)	5.020 (0.540)	32.000 (0.000)	31.900 (0.000)

注:1. ***、**、*分别表示在1%、5%和10%的显著性水平上显著。2. Hausman检验原假设为随机效应模型,备择假设为固定效应模型。

第七章　政府行为、国有企业垄断与收入差距

然后，考虑到分税制改革对地方政府行为的影响，我们以1992年为分界点分别进行回归。结果显示，1986—1992时间段，地方政府行为、国有企业垄断和行政垄断对收入差距扩大的影响均不显著。除通货膨胀显著地缩小了收入差距之外，其他控制变量的结果与原结果一致，但不显著。1992—2010时间段的结果与整个样本期间的结果基本一致，但国有企业垄断的影响变得非常显著，这也是不足为奇的。自1995年起，国务院对国有企业实施战略性改组，搞好大的，放活小的，即"抓大放小"的策略方针。然而，在"放小"过程中，一些地方简单理解为"一卖了之"，刮起卖企业之风，造成国有资产流失，暴富了一小部分人；而发展起来的大中型国有企业，由于越来越缺乏其他利益集团的制约，政府倾向于保护这些国有部门的垄断利益（邓伟和余建国，2008），造就了改革中的"食租集团"，结果财富越来越集中在少数人手中，贫富差距越来越大。

三　分区域回归结果

中国渐进式的改革方略以及改革初期"让一部分地区、一部分人先富起来"政策的实施，导致了区域经济的不平衡发展，这种非均衡的区域发展战略客观上将造成地方政府行为和国有企业垄断影响收入差距的区域差异。因此，我们进一步把全国样本分为东中西部地区分别进行回归。结果见表7-3。

总体来看，东部和中西部地区的差异还是比较显著的。得出的主要结论如下：

（一）地方政府行为

地方政府行为在各区域都有扩大收入差距的作用，但其显著性是递增的，在东部地区不显著，在中部地区具有弱的显著性，而在西部地区非常显著。这也符合中国转型期的现实，与东部地区相比，中西部地区制度不健全、政府行为不规范和腐败现象严重，导致资源配置扭曲和收入分配不公。另外，中西部地区经济发展落后，政府对农村教育、基础设施等公共品的投入更显不足，必然进一步拉大收入差距。

表 7-3　　　　　　　　　分区域回归结果

变量	东部地区 模型1 (RE)	东部地区 模型2 (RE)	中部地区 模型1 (FE)	中部地区 模型2 (FE)	西部地区 模型1 (FE)	西部地区 模型2 (FE)
gov	0.062 (0.040)		0.127* (0.068)		0.270*** (0.077)	
msoes	1.523*** (0.254)	1.509*** (0.254)	-2.973*** (0.740)	-3.051*** (0.735)	-3.883*** (1.214)	-4.233*** (1.219)
madm		0.072 (0.047)		0.153* (0.080)		0.321*** (0.089)
hr	16.770*** (1.877)	16.801*** (1.875)	10.608*** (2.915)	10.558*** (2.915)	16.870*** (2.208)	16.815*** (2.205)
invest	0.040 (0.089)	0.040 (0.089)	0.655*** (0.164)	0.657*** (0.164)	0.159 (0.194)	0.160 (0.194)
market	1.560*** (0.221)	1.560*** (0.221)	6.276*** (1.742)	6.243*** (1.743)	10.760*** (2.113)	10.743*** (2.111)
inflation	0.427 (0.384)	0.427 (0.231)	0.747 (0.761)	0.741 (0.761)	3.456*** (0.987)	3.429*** (0.987)
c	0.188 (0.384)	0.199 (0.231)	4.317*** (0.656)	4.385*** (0.652)	4.989*** (1.021)	5.289*** (1.025)
R^2	0.580	0.580	0.540	0.540	0.510	0.520
Hausman test Prob > chi2	3.330 (0.766)	3.190 (0.784)	119.180 (0.000)	244.110 (0.000)	185.300 (0.000)	134.650 (0.000)

注：1. ***、**、*分别表示在1%、5%和10%的显著性水平上显著。2. Hausman 检验原假设为随机效应模型，备择假设为固定效应模型。

（二）国有企业垄断

在东部地区，国有企业垄断显著扩大了收入差距，而在中西部地区却反之。这似乎是有悖常理的，实则不然。这与各区域国有企业的行业差别有很大关系，东部地区的国有垄断企业主要集中在资本、金融、石油、电力、电信等一部分上游市场领域，这些垄断行业的劳动报酬普遍高于全社会平均水平；而中西部地区的国有垄断企业主要集中在煤炭开采和洗选业、石油和天然气开采业等资源性行业，而这些行业的收入低于各行业平均水平。

（三）行政垄断

行政垄断对收入差距的扩大均具有正向作用，但显著性有差异。在东部地区不显著，在中部地区显著性较弱，而西部地区的显著性最强。

岳希明等（2010）也发现垄断行业与竞争行业之间收入差距的50%以上是不合理的，主要是行政垄断造成的；且分地区垄断行业高收入中不合理部分的比重，东部地区最低，西部地区最高，中部地区居中。这说明在市场发育不成熟、竞争比较弱的中西部地区，国有企业改革的进程相对缓慢，政府对国有企业的控制力更强，导致资源要素更多地流向国有企业，扭曲了收入分配的格局。

（四）控制变量

控制变量的结果与全国样本的回归结果基本一致，在此不再赘述。

四 分指标回归结果

在上述分析中，我们应用主成分分析法对地方政府行为和国有企业垄断分别进行了综合，虽然比较全面，但也存在散失具体政策信息的风险。因此，我们在模型（7-2）中将地方政府行为还原为财政激励、政府影响力、地方保护和政府调控四个具体行为，考察地方政府具体行为与国有企业垄断相结合对收入差距的影响，分别记为：$financial_{it}*msoe_{it}$，$scale_{it}*msoe_{it}$，$protect_{it}*msoe_{it}$，$regulate_{it}*msoe_{it}$；然后将国有企业垄断还原为劳动力价格扭曲、资本要素扭曲和国有企业规模扩张三个方面，考察地方政府扭曲要素配置给国有企业和强化国有企业规模扩张对收入差距的影响，分别记为：$salary_{it}*gov_{it}$，$loan_{it}*gov_{it}$，$product_{it}*gov_{it}$。见表7-4。

表7-4　　　　　　　　　　分指标回归结果

变量	模型1(FE)	模型2(FE)	模型3(FE)	模型4(FE)	模型5(FE)	模型6(FE)	模型7(FE)
msoe	0.484 (0.301)	0.056 (0.343)	0.268 (0.334)	0.134 (0.286)	0.395* (0.218)	-3.971*** (0.473)	-1.049*** (0.127)
Financial * msoe	0.382*** (0.030)						
Scale * msoe		1.037** (0.477)					
Protect * msoe			-0.031** (0.013)				
Regulate * msoe				-0.767*** (0.048)			

续表

变量	模型1 (FE)	模型2 (FE)	模型3 (FE)	模型4 (FE)	模型5 (FE)	模型6 (FE)	模型7 (FE)
Salary * gov					0.187*** (0.035)		
Loan * gov						1.125*** (0.226)	
Product * gov							0.302*** (0.060)
hr	9.826*** (1.380)	16.286*** (1.584)	17.762*** (1.361)	11.858*** (1.226)	15.882*** (1.385)	13.290*** (1.372)	13.343*** (1.374)
invest	0.368*** (0.084)	0.260*** (0.093)	0.247*** (0.093)	0.090 (0.080)	0.262*** (0.091)	0.307*** (0.088)	0.304*** (0.088)
market	1.754*** (0.279)	2.082*** (0.311)	1.983*** (0.309)	1.069*** (0.271)	1.898*** (0.306)	1.097*** (0.309)	1.111*** (0.310)
inflation	0.921** (0.387)	1.924*** (0.421)	1.992*** (0.420)	1.114*** (0.364)	1.710*** (0.416)	1.297*** (0.402)	1.316*** (0.402)
c	1.370*** (0.257)	1.564*** (0.288)	1.464*** (0.286)	2.358*** (0.251)	1.273*** (0.230)	2.486*** (0.110)	2.476*** (0.111)
R^2	0.520	0.400	0.400	0.560	0.420	0.470	0.470
Hausman test Prob > chi2	16.020 (0.013)	32.490 (0.000)	41.170 (0.000)	41.010 (0.000)	26.800 (0.000)	48.960 (0.000)	48.290 (0.000)

注：1. ***、**、*分别表示在1%、5%和10%的显著性水平上显著。2. Hausman 检验原假设为随机效应模型，备择假设为固定效应模型。

（一）地方政府具体行为

模型1-4显示，财政激励和政府影响力分别与国有企业垄断的交叉项均显著为正，而地方保护和政府调控与国有企业垄断的交叉项均显著为负。在财政激励的影响下，行政垄断显示出了显著扩大收入差距的作用，而且，政府影响力越大，越有能力通过控制国有企业从消费者身上获取更多的垄断租金，拉大收入差距。地方政府通过实行地方保护对国有垄断企业的庇护有助于缩小收入差距，这与我们的预期不符，但同时也从侧面说明了国有垄断部门与其他部门不存在明显的市场分割特征。最后，政府自主调控能力越强，就越有可能增加投资偏向农村教育、公路和通信等基础设施的可能性，而这些基础设施的建设又主要是通过国有企业来完成的，因此政府调控的交叉项有利于缩小收入差距。

（二）国有企业垄断表现

模型 5 显示，劳动力价格扭曲系数在 10% 的水平上显著为正，且该变量与地方政府行为的交叉项在 1% 的水平上显著为正。这说明由国有企业垄断造成的劳动力价格扭曲有扩大收入差距的作用，而政府的干预又进一步强化了其正向作用。在模型 6 中，资本要素扭曲的系数显著为负，而该变量与地方政府行为的交叉项在 1% 的水平上显著为正。表明在竞争性的环境下，资本流向国有垄断企业不会拉大收入差距，反而还会抑制其差距的扩大，但是政府对资本的配置偏好于国有垄断企业却会显著扩大收入差距。在模型 7 中，国有企业规模扩张在 1% 的水平上显著为负，而该变量与地方政府行为的交叉项却在 1% 的水平上显著为正，该结果与模型 6 的结果相似，即竞争环境下的国有企业规模扩张显著缩小了收入差距，而政府干预导致的国有企业规模扩张却拉大了收入差距，这说明企业的所有权结构并不是导致收入差距扩大的根本原因，本质在于政府对国有垄断企业的控制扭曲了国有垄断企业的正常企业行为。从以上结果发现，政府对要素配置偏好于国有垄断企业和干预国有企业规模扩张的行为是导致收入差距扩大的重要原因。

第五节　结语

为什么中国改革开放后经历了 30 多年的高速增长，而收入差距还没有出现收敛的迹象？这是经济发展本身造成的，还是和政府主导的转型式增长模式有关？本书就是从中国转型式增长的内在逻辑来探其究竟，中国转型式增长是地方政府主导的投资拉动型经济增长模式，而这种模式最突出的两个特征就是地方政府主导和国有企业垄断。本书针对这两个特征的双重影响，利用中国 1986—2010 年间的省级面板数据，从地方政府和国有企业垄断的视角考察了经济快速发展过程中收入差距不断恶化的深层次原因。

地方政府"为增长而竞争"不仅有"趋好"的一面，也有其"趋恶"的一面，政府不仅没有弥合收入差距的扩大，反而是收入差距扩大的症结所在；权力和资本结合形成的垄断性既得利益集团，垄断稀缺资源、摄取超额利润，吞噬了"增长红利"。本书的主要结论：①总的来看，地方政府主导经济的行为是收入差距扩大的原因，特别是分税制改革后地方政府行为的不利影响更为显著；从地方政府行为的细分指标来看，财政激励和政府影响力是加剧收入差距扩大的不利因素，而地方保护和政府调控却发挥了遏制收入差距扩大的作用。②国有企业垄断对收入差距扩大的影响不显著，但地方政府行为和国有企业垄断的结合体即行政垄断却是导致收入差距扩大的根本原因；地方政府通过扭曲要素配置给国有垄断企业和干预国有企业规模扩张加剧了收入差距的扩大。表明国有企业和其他性质的企业并无本质的区别，企业的所有权结构并不是导致收入差距扩大的根本原因，本质在于政府对国有垄断企业的控制扭曲了国有垄断企业的正常企业行为。地方政府和国有企业垄断的双重影响才是导致收入差距扩大的最突出的问题，垄断权力与资本的结合导致利益集团侵占了经济增长的成果，恶化了收入分配差距。③从地区差异来看，东部和中西部地区的差异比较显著。与东部地区相比，中西部地区地方政府行为及其与国有企业垄断的双重作用对收入差距的负面影响更为严重。这是因为中西部地区的体制矛盾更为突出，在这些地区，国有企业垄断占主导地位，而包括外商直接投资在内的民营经济不发达，缺乏与垄断利益集团相抗衡的其他利益集团，垄断利益集团绑架公共决策，独占经济改革的成果，导致分配不公。

第八章 地方政府行为与城市化的发展

第一节 城市化滞后问题的提出

近年来，城市的发展问题越来越引起人们的关注，城市化怎么才能可持续？改革开放以来，工业化一直领先于城市化20个百分点以上，两者之间的差距自2003年略有缩小（沈可，章元，2013），城市化长期滞后于工业化已是一个不争的事实。根据国家发展和改革委员会公布的数据，2012年中国城市化率为53%，而实际的户籍城市化率仅为35%。这不仅与发达国家的城市发展模式不同；[1] 即便同为中低收入的发展中国家，中国的城市化水平滞后于工业化的程度也更为突出。那么，中国的城市化与工业化在一定阶段内的不平衡发展是规律，抑或体制扭曲？

事实上，自20世纪90年代中后期开始，伴随着快速城市化进程及其所带来的地面硬化，城市的数量和空间规模均出现了大幅度扩张；但是这种由政府主导更注重"物"的扩张的土地城市化偏向模式产生了一系列的问题，造成城市对人口、产业等的挤出效应。特别是在一些三四线城市，造城运动导致城市化与工业化严重脱节，虽然造城运动带动了当地的工业发展和城市楼房的增加，但城市化并没有跟进，相反出现了断裂。继鄂尔多斯的空城曝光后，江苏常州、湖北十堰、辽宁营口等地新加入的"鬼城"、"睡城"也开始蔓延。这种造楼运动式的城市化已造成"空城"频现，很多楼盘正在以低价冲击市场，部分楼盘甚至

---

[1] 如欧美发达国家，城市化水平在75%以上，工业GDP比重在30%以下；日本和德国模式，城市化水平在58%—75%之间，工业GDP比重在30%左右（课题组，2009）。

政府悖论、国有企业行为与中国经济和谐增长

以成本价或"跳水价"开盘；在一些一二线城市，却时常出现彻夜排队抢号的购房现象。为什么会出现这种迥然相异的怪象？有人认为，城市化并不只是城市建筑形态的变化，决非简单的"造城"，必须要有产业的支撑！然而，作为产业集聚地的城市如东莞、晋江，为什么城市化水平也不高？其城市化进程也远远滞后于工业化？

要回答上述的诸多问题，就必须要深入到中国特殊的经济环境和体制背景中去。中国是一个地方政府主导的投资拉动型经济增长模式的国家。分税制改革以来，绝大多数地区政府都在加速工业化，通过扭曲资源、要素价格等措施实施低价工业化，形成了巨大的比较优势，中国俨然已经成为名副其实的工业经济大国。但是，以全球为基础的工业化规模收益递增阶段在中国已近尾声，依靠工业的规模扩张已难以为继（课题组，2009）。在财政压力和政治晋升激励的双重作用下，加快城市化的发展无疑就成为当前地方政府发展经济的核心选择，地方政府通过大规模造城拉动地价，获取更多财政收益，以支撑基础设施建设和公共支出。2012 年，全国土地出让金达 2.69 万亿元[①]，相当于同期全国地方财政总收入的 40% 以上。不当的 GDP 导向、财税收支、规制与垄断等问题导致了 GDP 支出结构偏差，进而导致了产业结构偏差，产业结构偏差与 GDP 支出结构偏差相互强化，影响了中国经济发展方式的转变（于左，2013）。在政府"经营城市"的口号和巨大的经济利益驱动下，城市化发展脱离了自身的发展轨道，很多地区脱离经济基本面大干快上，不惜成本地过度盲目扩大城市和开发区规模，造成了土地城市化泡沫，城市建筑"千城一面"，相关产业在完成资本技术积累后跌入"升级陷阱"等，地方政府过度追求 GDP 目标必然挤占政府本应重视的就业、基本公共服务供给和社会保障等其他政府本应履行的基本职能，从而导致中国的城市化进程和城市体系出现了一系列不符合经济规律的扭曲。这一系列的问题不得不引起我们的深思，在经济转型的制度背景下，这种由政府强力干预的资源要素配置，政府主导的发展模式将对中国城市化以及城市的经济社会发展产生怎样的影响？这也是本书所需亟待解决的谜题。

---

① 引自《2012 年房地产业对财政收入贡献率研究》报告。

从文献检索中发现,关于城市化滞后的研究可谓汗牛充栋。既有的城市化理论只能解释移民规模和城市化水平的提高,并不能解释城市化水平的滞后,中国的问题不能只是简单地用刘易斯模型来解释。陈钊和陆铭(2008)认为,城乡分割的经济政策使得城乡之间的劳动力市场必然处于一种源于政府干预的"非均衡"状态,是导致人口的"城市化"滞后于经济的"工业化"的重要原因之一。肖卫等(2009)也认为城乡分割的政策因素导致了城市化长期滞后于工业化。春和亨德森(Chun and Henderson,2006)认为对劳动力跨地区流动的限制是城市化滞后的重要原因。陈钊和陆铭(2008)也发现,主要源于劳动力市场的歧视性政策导致的城乡内部收入差距的持续扩大可能阻碍城市化进程和城市可持续发展。刘晓峰等(2010)证明,在经济发展和城市化早期,对移民的歧视可能有利于城市居民,但当城市化进程达到一定阶段、城市内移民规模达到一定水平时,对移民的公共服务歧视会加剧城市内部不同户籍身份劳动力之间的福利差距和社会冲突,造成社会资源的非生产性消耗,阻碍城市化进程。还有一些学者认为中国的户籍制度及其背后的公共服务差异直接阻碍了农民工转变为稳定的城市产业工人和市民,是导致城市化滞后的重要制度原因(吕政等,2005;陆铭和陈钊,2012;等)。诚然,户籍制度等从劳动力供给的视角解释了城市化长期滞后于工业化的原因,但是它并不能完全解释这一现象。这是因为:第一,户籍制度对于中国各地区而言是一致的,但是我们发现,不同地区城市化与工业化的差距大为不同,城市化滞后于工业化可能并不是经济发展过程中普遍存在的阶段性现象,而是城市化与工业化的矛盾所产生的畸形问题;第二,如果说户籍制度阻碍了城市化的进程;那么,在加快城市化发展的背景下,为什么改革多年的户籍制度迟迟不愿放开?更深层次的原因是什么?结合中国经济转型的背景,本章从地方政府主导经济的行为视角来探讨城市化滞后于工业化的体制扭曲问题,以期得到更富有深意的研究结论。

第二节 分析框架与理论假说

一般理论认为,城市化和工业化呈阶段性特征;在经济发展的不同阶段，各国的城市化和工业化不可能都始终保持同步水平，即在工业化初、中期，城市化水平会随着工业的发展而提高，从而推动服务业的发展；而在工业化中、后期，人均GDP逐步提高，人们对服务业的需求增加，服务业占GDP的比重将呈上升趋势，成为城市化水平提高的主要推动力量。相对应地，工业占GDP的比重会逐步下降。那么，在中国特殊的经济转型背景下，城市化长期滞后于工业化是经济发展阶段的必然，还是偏离城市发展规律的畸形结果？

中国是从典型的城乡分割"二元经济"和"缺口模型"开启的新时期工业化历程，发展经济成为政府的重要目标。改革初期最重大的财政举措是实行财政包干体制，大量经济租金因而得以留在民间部门和基层政府，极大地调动了地方政府发展经济的积极性。受资本稀缺、实物资本价格高昂的初始要素条件限制，政府通过压低劳动力、土地等要素价格保证了可贸易品工业部门利润的实现，进入了以全球为基础的工业化规模收益递增阶段，增强了其国际竞争力。但是，这种包干制的大面积推行却改变了政府预算财政的增长格局和中央财政的相对地位，不仅开始出现政府预算收入的增长落后于GDP增长的趋势，而且中央财政也出现相对下降的趋势；最终导致1994年中央决定用"分税制"取代实行多年的"财政包干制"。然而，分税制改革在地方政府层面上切断了收入与支出需求的联系，却没有为提高地方政府的融资提供更多的选择机会，使地方政府的负担加重了。随着事实上支出责任的下放，地方政府的预算外收入和非预算融资快速增加。由于缺乏征税权和获得上级转移支付的不可靠，地方政府加倍努力扩大预算外收入寻求补充资源（Wong et al.，1998）。与此同时，中央政府仍然掌握着地方官员的人事任免权，并通过绩效考核机制约束地方政府行为。周黎安（2004）证明，地方官员处于一场以任期内GDP增长率为考核指标的"政治锦标赛"中。为了在短期内做出引人注目的政绩，就必须有能力动员足够的资源，突破已有的预算约束（周雪光，2005）；由于上下级政府之间存在严重的信息不对称，地方官员主要以"资源密集型"工程发出有关自己政绩的信号（Guo，2009），从而诱导了增长导向的财政支出结构。

1994年以财政集权为特征的分税制改革大大限制了地方政府利用

第八章 地方政府行为与城市化的发展

税收工具扶持本地制造业企业的机会，地方政府能够用以扶持本地企业或吸引外来制造业投资的方式主要限于地方部分的企业所得税；然而，地方政府对 GDP、财政收入与吸引外资等经济指标的热衷不仅没有下降，反而似乎有所提高。地方政府开始更依赖于各种非税收手段，通过降低劳工、环保控制要求，提供廉价工业用地和补贴性配套基础设施等方式进行大规模的招商引资，同时开拓以土地出让、各种行政事业性收费为主体的新预算外收入来源。这种以压低土地、劳工乃至环境价格为基础的发展模式让中国成为全世界中、低端制造业中心；但是却损害了大量农村打工者和被征地农民的利益，劳工的基本权益得不到保障，长期存在的户籍制度限制了非农业人口享有在城市永久定居的相应福利（如城市低保、子女教育平等和廉租房）。虽然，快速发展的工业化满足了更多人的需求，把更多的农民转变为产业工人；然而，农民工一旦进入城市，他交了一份税，就要享受养老保障、基础设施和公共福利，城市的运营成本是非常高的，将会加剧政府支出的压力，这是由城市化的公共服务性决定的；而地方政府并不愿意承担更多的包袱，这无疑将会限制农民从产业工人向城市市民的转变。因而，城市化与工业化的偏离所造成的矛盾是城市化发展步履维艰的根本原因。

虽然，中国充分利用低成本优势形成了世界规模的加工制造业。但是，近年来，随着国内外经济环境的变化，劳动力、资本和土地等要素成本的上涨使得中国长期以来依赖低价格竞争的第二产业规模扩张已难以为继。探寻新的资源配置机制来推动中国经济的持续变革是中国未来经济增长的主题。进入新世纪后，中国各种发展资源迅速向城市集中，城市化的发展问题受到了学术界的普遍关注。很多学者都认为，城市化不仅是重振内需和结构转变的枢纽，也是未来驱动经济长期增长的主要动力。然而，以 GDP 增长为导向的官员晋升机制，扭曲了地方政府的治理行为，把城市化作为追求 GDP 的手段和"应景之作"，借助推进城市化之名，大搞基础设施建设和房地产开发投资，不顾成本地过度扩大城市和开发区规模，造成了土地城市化泡沫，城市化慢变量被当作快变量来处理，与城市化自发演进的规律背道而驰。城市规模的扩张由政府预先设定，而非由产业扩张来推动，城市化成为"投资拉动型经济"增长模式的延续。很多地方政府依靠土地财政，以及通过大规模的房地产招商引资，在 GDP 的增长上取得了显著的成绩，土地出让收入飞速增加，2007 年突破万亿元，超过税收成为地方政府的"第一财政"[①]。土地出让收入由本级政府"自收自支"，收支规范与监督机制缺位，致使楼堂馆所和"形象工程"频现。政府主导下更注重"物"的扩张的土地城市化偏向模式，使得土地贴现过快，加剧了地价和房地产价格过快上涨等问题，产生了城市对人口、产业等的挤出效应，阻碍了人口城市化（课题组，2011）。

近年来，在政府的推动下，城市的数量和空间规模都出现了大幅度的扩张；然而，地方政府过度追求"土地融资"和"土地城市化"目标扭曲了城市化价格，导致城市化成本上升过快，微观负担快速增加；如果城市化带来的规模效率抵不过城市化产生的"高成本"，城市的可持续发展就会面临挑战。在工业化时期，政府的支出项目都是以经济项目为基准的，在生产性领域的投入很高，而且税收也是支持生产的，政府所提供的公共服务比较少。傅勇和张晏（2007）通过比较中国地方财政支出中基础设施与科文卫投入比重的变化发现，地方政府对能够带来地方经济增长的基建投入的热情要远高于对地方公共服务尤其是教育的投入。部门竞争、地区竞争表现为一种政府行为"路径依赖"，产生"锁定效应"，各层级政府从自身利益出发，对许多公共服务"利小不为"，而与经济有关的事务都"利大为之"、积极参与。由于城市的投资及回报具有长期性，而为了在短期内实现 GDP 的增长和补充财政资金，地方政府片面的造城运动，违背城市的自身演进规律，并不是为农民工服务的；城市的综合实力相对不足，经济、教育、医疗和社保体系等方面发展比较落后，从而近年来出现更多的"空城"变为"鬼城"。

根据以上的事实分析，我们得到以下几个命题：

命题 1　在财政压力和政治晋升激励的双重作用下，为获得短期内 GDP 的增长，地方政府通过压低劳动力、土地和资本等资源要素价格获得了巨大的低成本比较优势，促进了工业化的快速发展。

[①] 周飞舟（2007）研究表明，在省级以下的地方财政收入中，土地出让收入已经占了地方财政总收入的 30%—50%，在某些发达地区这一比例达到 50%—60%；甚至在很多地区，土地出让金收入成为地方政府预算外收入的主要来源。

命题 2 在城市化推进过程中，掌控土地资源和公共产品供给的政府成为土地红利和税收增长的受益者，土地要素被重估，直接成就了地方政府的"土地财政"；政府主导下的土地财政扩张，土地价格上涨过快，导致生产成本和城市生活成本快速上升，阻碍了人口城市化的发展。

城市化进程中的政府与企业的目标不同，政府要管理城市，要提供更多的公共服务，城市的投资及回报都具有长期性，这是与地方政府追求短期增长的目标相悖的；因此，我们可以得到：

命题 3 从工业化主导向城市化主导的转变过程中，政府行为不转变，城市化水平和质量就很难提高。

第三节 研究设计

城市化与工业化是发展的主题（Lewis, 1954），工业化推进城市化，城市化反过来也会带动工业化的深化。那么，在中国工业化主导向城市化主导转变的过程中，地方政府主导的发展模式对城市化水平的提高又有着怎样的影响？政府行为是如何转变的？本部分的实证正是针对这两方面的分析。

基于以上的考虑，我们构建如下的面板数据模型：

$$urban_{it} = \alpha_0 + \gamma gov_{it} + \sum \beta_k X_{it}^k + \varepsilon_{it} \tag{8-1}$$

$$indus_{it} = \alpha_0 + \gamma gov_{it} + \sum \beta_k X_{it}^k + \varepsilon_{it} \tag{8-2}$$

$$unemp_{it} = \alpha_0 + \gamma gov_{it} + \sum \beta_k X_{it}^k + \varepsilon_{it} \tag{8-3}$$

$$hospi_{it} = \alpha_0 + \gamma gov_{it} + \sum \beta_k X_{it}^k + \varepsilon_{it} \tag{8-4}$$

$$hous_{it} = \alpha_0 + \gamma gov_{it} + \sum \beta_k X_{it}^k + \varepsilon_{it} \tag{8-5}$$

其中，下标 i 和 t 分别代表第 i 个省份和第 t 年，ε_{it} 是残差项。城市化水平（urban）用城镇人口占总人口的比重来表示。工业化水平（indus）用第二、三产业产值占总产值的比重来表示。为进一步衡量城市化对人的吸引力，我们用城市失业率来度量城市就业保障水平（unemp）。用每万人口医疗机构床位数来度量城市医疗水平（hospi）。用城市人均住房面积来度量城市居民生活质量（hous）。

为考察地方政府主导经济的各种行为（gov）对城市化和工业化水平的影响，基于中国的政治体制和官员治理的特殊性，并参照以往的文献，我们选取了代表性的四个变量，下面逐一加以分析。

财政压力（pres）=（预算内财政支出－预算内财政收入）/预算内财政收入。这里的财政收入不包括向上或向下的转移支付。财政压力度量了地方政府财政自给的能力和充裕程度。财政缺口越大，地方政府的收支压力就越大；而只有"责权利"相对应，才能取得财政分权理论所带来的政府效率改进（Careaga and Weingast，2002）。1978年开始的财政体制改革使得中国由一个高度集权制国家向分权制国家转变，向下级政府的分权给予地方政府发展经济的激励，地方政府在转型和发展过程中为增长而相互竞争（Shleifer and Vishny，1998），但也可能带来财政资源利用效率的下降，有更多的资源被用于政绩工程或行政消费（World Bank，2006）。

政府规模（scal）=预算内财政支出/GDP。吴一平（2008）用这一指标来衡量政府规模对腐败的影响，他认为，政府规模越大，政府机构内部及机构之间的关系也越复杂，直接影响政府行为，对于政府规模相对较大的地区而言，它更有力量去强化政策执行的力度和治理制度的质量。

市场分割（seg）=（地区商品零售价格指数－全国商品零售价格指数）/（全国商品零售价格指数－100），取绝对值。这里采用的是价格法计算的指数值，数值越大，表明分割越严重。由于中国的中央政府在财政分权的同时维持了政治权力的集中和奖惩地方官员的能力，官员个人利益与地方经济增长的总体利益有着密切的联系；因此，财政分权形成了严重的地方保护主义，阻碍了商品、特别是生产要素的跨地区自由流动，政府通过行政手段保护了地方经济的低效率。

预算软约束（soft）=预算外财政收入/预算内财政收入。与其他国家不同，中国的财政分配体制存在大量预算外收支；分税制改革未能解决预算外收入问题，反而间接支持地方政府加倍努力寻求补充财源来支持地方经济发展，损害了预算决策权，因而导致出现地方政府"预算软约束"的不良惯性。预算软约束对微观经济行为和资源配置效率的扭曲作用已逐步被经济学家们所认识；其中最具影响的解释来自德瓦特里庞和马斯金（Dewatripont and Maskin，1995）的研究，他们认为，预算软约束是一个内生现象：由于时间的不一致性，政府有积极性对未完工的无效率项目追加投资，从而产生预算软约束问题。然而，受预算内财力与支出责任的限制，地方政府不得不部分依赖于预算外资金来源（傅勇，2010）。

根据以上的分析，我们运用主成分分析法（PCA）将上述四个地方政府行为的信息整合在一起，构造了一个地方政府主导行为的综合指标（gov），从整体上反映地方政府行为的信息。

此外，参考相关文献，考虑控制以下变量。人力资本水平（hr）用每万人口普通高等学校在校大学生人数来表示，以控制城市对不同人力资本水平劳动者的筛选作用。陆铭等（2012）发现，在特大城市的落户条件中，人口限制政策主要针对的是低技能劳动者。外资开放度（fdi）用外商直接投资额占 GDP 的比重来表示，以控制外资进入对城市化的带动作用。其中，外商直接投资额的原始数据单位为美元，我们通过各年中间汇率均进行了相应换算。另外，借鉴张璟和沈坤荣（2008）的做法，用全部金融机构的存贷款余额之和与 GDP 的比值来衡量金融发展水平（loan），该指标越大，说明金融体系相对于经济的规模越大，金融发展水平越高；反之，则相反。

实证样本为 1990—2011 年除西藏外的 30 个内地省、自治区和直辖市的面板数据。文中数据来自《新中国 60 年统计资料汇编》、CEIC 中国经济数据库、历年《中国财政年鉴》和历年各省统计年鉴。

第四节 实证分析：地方政府行为对城市化发展的影响

一 城市化滞后于工业化的原因：基于地方政府行为视角

表 8-1 列出了计量分析结果，列（1）和列（3）分别是方程（1）和方程（2）的回归结果，我们采用政府主导行为指标来检验其对工业化和城市化的影响。gov 的系数均在 1% 的水平上显著为正，分别为 -0.019 和 0.012，表明地方政府主导经济的行为与工业化之间呈现正相关关系，地方政府主导的经济发展模式推动了工业化水平的提高，这与我们的命题 1 是一致的；而对城市化水平的影响却反之，进一步验证

了我们的命题2：即地方政府行为不仅不能显著增加以城镇户籍人口比重度量的城市化水平，反而阻碍了人口的城市化。我们的实证研究验证了本章提出的理论假设：中国的城市化长期滞后于工业化并不是经济发展阶段中的必然，而是由于地方政府主导经济的发展模式抑制了工业化对城市化的拉动作用，重"基本建设、轻人力资本投资和公共服务"[①] 的扭曲结果。春和亨德森（Chun and Henderson，2006a，2006b）的研究也表明，中国的城市化水平与中国改革以来持续快速的工业增长极不相称，城市化水平不高使得中国的经济发展没有充分发挥其规模经济效应而遭受了生产率的损失。

进一步地，为考察政府主导经济的各种行为对工业化和城市化的影响，我们把政府主导行为（gov）的综合指标还原为财政压力（pres）、政府规模（scal）、市场分割（seg）和预算软约束（soft）四个分指标进行回归分析，结果见列（2）和（4）。从中可以得到以下结论。

第一，财政压力在加快工业化水平提高的同时，显著抑制了人口的城市化。列（2）显示，pres 的系数在5% 的水平上显著为负；而在列（4）中，pres 的系数在1% 的水平上显著为正。表明，地方政府的财政支出和收入之间的缺口越大，就越有动力不惜一切代价来推动工业化的发展；其中，最为显著的是，几乎各级地方政府都具有强烈的卖地冲动以补充财政资金的不足，并且地方政府推动的城市化也被作为追求 GDP 的手段和"应景之作"，导致土地城镇化过程中农民城市化进程严重滞后，造成大量"伪城市化"农民。

第二，预算软约束的硬化有利于工业化和城市化水平的提高。soft 的系数分别在5% 和1% 的水平上显著为负，表明地方政府的软预算约束问题对中国的工业化和城市化带来了极其不合意的结果。在中国目前的体制下，地方政府获得了财政和政治晋升的双重激励，各地区几乎无一例外地制定了以 GDP 为导向的发展思路。一方面，GDP 竞争导致地方政府热衷于搞政绩工程，甚至通过"造城运动"来带动基础设施的投资，推动土地城市化和区域经济增长，但土地的供给特性和跨期分配

[①] 陆铭和欧海军（2011）研究发现，省级政府生产性基本建设支出与 GDP 的比重每上升一个百分点，城市就业弹性就会下降0.089个百分点。

效应导致宏观风险增加,房地产价格上升过快,阻碍了人口城市化,去工业化特征明显(课题组,2011)。另一方面,政治晋升锦标赛还会产生晋升博弈下的软预算约束问题,比如地方政府会动用一切政策手段(包括财政和金融工具)通过增加提高企业投资边际产出的公共投资和基础设施建设来支持企业和其他商业扩张,并同时降低其他类型公共品支出(Keen and Marchand,1997),这种只重数量而非质量的扩张很容易造成企业经营效率低下和政府的财政赤字与负债。因而,出现这种结果也是无可厚非的。

表 8-1　　　　地方政府行为对工业化与城市化的影响

变量	(1) urban	(2) urban	(3) indus	(4) indus
gov	-0.019*** (0.007)		0.012*** (0.003)	
pres		-0.020** (0.008)		0.018*** (0.003)
scal		-0.081 (0.100)		0.131*** (0.037)
seg		-0.003 (0.002)		0.001 (0.000)
soft		-0.044** (0.019)		-0.070*** (0.007)
hr	0.001*** (0.000)	0.000*** (0.000)	0.001*** (0.000)	0.000*** (0.000)
fdi	0.212 (0.159)	0.144 (0.165)	0.393*** (0.065)	0.233*** (0.061)
loan	-0.005 (0.018)	-0.009 (0.018)	0.009 (0.007)	0.005 (0.006)
C	0.371*** (0.019)	0.423*** (0.028)	0.740*** (0.012)	0.784*** (0.010)
Hausman p	0.000	0.019	0.447	0.000
Within-R^2	0.123	0.134	0.585	0.677

注:(1)***、**、*分别表示1%、5%、10%以下的显著水平,括号中为标准误(se.)。(2)相应的检验均在1%的水平下拒绝没有组别效应,White检验均在1%的水平下拒绝同方差;(3)Hausman检验原假设为随机效应模型,备择假设为固定效应模型。

另外，scal 的系数分别为 -0.081 和 0.131，表明政府规模扩大有助于工业化水平的提高；但对城市化水平的提高却有着不利的影响，虽然效果不显著。seg 的系数分别为 -0.003 和 0.001，均不显著。

最后，控制变量的结果基本符合我们的预期，在此不再赘述。

二 城市化水平差异性的内在原因

诚然，中国城市化水平滞后于工业化是一个普遍现象；但是，城市化水平滞后的原因却大相径庭。从现实观察中发现，一些特大城市如北京房价之高昂，已逼近香港房价水平，而且在北京落户的难度也非常之大，特别是对低技能劳动者的歧视相当严重[①]。为什么仍然吸引那么多人趋之若鹜？反观另一景象，很多地区的"城市供给"已经过剩，甚至"空城"、"鬼城"频现，而又是为什么人们不愿意进城呢？如果说，没有产业支撑，工业化水平滞后是其根本的原因，那么像晋江、东莞那样的产业集群带，为什么城市化水平也远远滞后于工业化水平？我们认为，这一系列的原因都要归咎于城市有没有吸引力；那么，又该如何提高城市的吸引力？下面就对我们所提出的问题给予验证。

城市吸引力用城市就业保障水平（unemp）、城市医疗水平（hospi）和城市居民生活质量（hous）三个指标度量。回归结果见表 8-2。从中可以得到以下结论。

第一，地方政府行为在一定程度上恶化了城市生活质量。gov 的系数分别为 0.245、-1.551 和 1.041，表明地方政府行为不仅无益于改善城市居民的就业状况，反而加剧了其失业率。这是因为，改革开放后，财政分权体制推动地方政府在 GDP 增长方面展开竞争，往往会压低土地与资本价格，使劳动力相对价格上升，导致在生产中用资本替代劳动（蔡昉等，2004），使得城市部门投资增长对劳动力的需求弹性很低；政府甚至为维护在当地投资设厂的资本拥有者的利益，忽视劳动者的利益。此外，地方政府行为也不利于改善城市的医疗水平，一方面是由于

---

① 按照现行政策，落户北京共有八种渠道，除夫妻投靠、子女投靠外，还有考取公务员及部分事业单位、在京工作的博士后、海归、大学生村官或社会、应聘有进京指标的企业和各类特殊人才计划等方式。

第八章 地方政府行为与城市化的发展

中国的医疗体制改革存在很大的问题，把本该由政府负责的医疗卫生资源配置却交由市场来主导，市场化配置主导的局面必然会导致基本医疗卫生服务的可及性呈现非均等化趋势；另一方面是由于政府对于医疗卫生事业的投入十分有限①；而且，即使有限的政府资源也主要用于补助已经占据大部分市场份额的医院，从而导致资源配置扭曲进一步加剧。最后，地方政府行为显著改善了居民的生活条件；的确，在政府的推动下，城市的数量和空间规模都出现了大幅度的扩张，这是毋庸置疑的；但是，需要说明的是，本书用城市人均住房面积来衡量居民生活条件存在着不足之处，因为社会不同阶层间的内部差异很大，人均住房面积可以反映社会整体居住条件的改善，但并不能反映大多数百姓的居住状况。所以，这个结论的准确性还有待于进一步考察。

表 8-2　　　　　　　　　　地方政府行为与城市生活质量

变量	(1) unemp	(2) unemp	(3) hosp	(4) hosp	(5) hous	(6) hous
gov	0.245*** (0.049)		-1.551*** (0.315)		1.041*** (0.305)	
pres		0.252*** (0.058)		-1.935*** (0.364)		2.245*** (0.332)
scal		-0.944 (0.667)		30.225*** (4.166)		11.109*** (3.807)
seg		0.041*** (0.013)		-0.287*** (0.082)		-0.002 (0.075)
soft		-0.430*** (0.126)		-0.775 (0.790)		-5.359*** (0.722)
hr	0.005*** (0.000)	0.004*** (0.000)	0.038*** (0.002)	0.022*** (0.003)	0.098*** (0.002)	0.069*** (0.003)
fdi	3.615*** (1.069)	2.257** (1.098)	13.822** (6.869)	19.389*** (6.862)	7.336 (6.646)	-6.202 (6.270)
loan	0.226* (0.123)	0.234* (0.123)	-0.232 (0.795)	-0.785 (0.769)	1.571** (0.770)	1.455** (0.702)

---

① 根据 2012 年中国统计年鉴计算，2011 年国家卫生事业支出 6429.51 亿元，仅占当年财政总支出的 5.88%。

续表

变量	(1) unemp	(2) unemp	(3) hosp	(4) hosp	(5) hous	(6) hous
C	2.371*** (0.131)	2.785*** (0.186)	26.048*** (0.846)	24.251*** (1.166)	9.609*** (0.818)	12.392*** (1.065)
Hausman p	0.007	0.007	0.000	0.000	0.000	0.000
Within-R^2	0.323	0.345	0.276	0.338	0.742	0.789

注：(1) ***、**、*分别表示1%、5%、10%以下的显著水平，括号中为标准误(se.)。(2) 相应的检验均在1%的水平下拒绝没有组别效应，White检验均在1%的水平下拒绝同方差；(3) Hausman检验原假设为随机效应模型，备择假设为固定效应模型。

第二，政府主导经济的各种行为影响城市生活质量的差异性。pres的系数分别为0.252、-1.935和2.245，表明财政压力不利于城市就业状况的改善和医疗水平的提高；但有利于改善居民的生活条件。scal的系数分别为-0.944、30.225和11.109，表明政府规模的扩大有利于降低失业率，但收效甚微；除此之外，政府规模扩大还能够有效地改善城市的医疗水平和居住条件。seg的系数分别为0.041、-0.287和-0.002，由此可见，由于担心随着城市人口规模的扩张，城市无法提供充足的就业岗位而造成失业加剧，人为地市场分割特别是劳动力市场分割对城市的就业影响是非常不利的；然而，事实并非如此，城市发展的规模经济效应有利于提高劳动力个人的就业概率，陆铭等（2012）研究发现，城市规模每扩大1%，个人的就业概率平均提高0.039—0.041个百分点。soft的系数分别为-0.430、-0.775和-5.359，表明政府的预算软约束有利于降低城市的就业率，但是会恶化居民的生活条件；这可能是由于在"经营城市"的口号下，地方政府为获得巨额的土地出让收入，进行"收储土地"和高价拍卖，结果就造成高地价与高房价并存的局面，最终都会增加消费者负担，加剧百姓住房难；而同时，房地产业的迅速扩张也带动了关联产业的发展，为城市居民提供了更多的就业岗位。

第五节 结论与政策蕴含

城市化与工业化呈阶段性特征,在工业化初、中期,工业化进程带动了城市化的发展,因而城市化与工业化之间的差距被认为是经济发展中的阶段性现象。在中国,虽然我们能看到工业化在城市化等方面带来的巨大推动力,但中国城市化滞后于工业化的程度比同等经济发展水平的国家更为突出,快速发展的工业化使得大量的中国农民进入城市成为产业工人,2011年中国非农人口比重是65.2%,然而中国的城市化率仅为49.68%,[①] 大量的农民工"迷失"在城乡之间,城市的可持续发展面临着挑战。为什么大量的农民工进入城市,而不能成为市民?很多人试图从城市理论和发展经济学理论中寻找答案,但结果都很难令人信服。农民工进城了,同时,政府也在加快推进城市化步伐,为什么政府还采取户籍、城乡分割的政策等制度来限制产业工人向市民的转变?这似乎是一个悖论。我们认为,研究该问题,如果不结合中国特殊的转型背景,就很难得到真正意义上的研究结论。中国是一个典型的经济分权政治上高度集权的国家,分权体制赋予了地方政府很强的自主性,以GDP增长为导向的晋升机制扭曲了地方政府的治理行为,这种为增长而竞争的激励成为地方政府推动经济增长的动力源泉。政府的支出都以经济项目为基准,并且税收也是为生产服务的;而政府提供的公共服务很少。甚至城市规模的扩张也是政府预先设定的,政府不顾成本地过度扩大城市和开发区规模,背离了城市化自身演进规律,造成土地城市化泡沫,阻碍了人口城市化的进程。我们认为,城市化的核心是改革,而不是"投资拉动经济模式"的延续,地方政府主导下只重数量而非质量的发展模式有其显而易见的成功之处,但这也是导致城市化滞后和城市化质量不高的重要制度根源。

本章的实证研究发现:第一,地方政府行为显著且可观地促进了工业化水平的提高,但却显著阻碍了城市化的进程;其中,政府的财政压力和软预算约束对城市化的负面影响更为显著,从而导致城市化长期显

[①] 根据《2012年中国统计年鉴》计算得到。

著落后于工业化。第二，地方政府行为也非常不利于城市化质量的改善，对城市就业和医疗水平均产生了负面影响；其中，政府的财政压力和市场分割带来的负面影响最为显著；而政府的预算软约束却有着降低城市失业率的作用。这说明了从工业化主导向城市化主导的结构转变中，地方政府行为的转变是非常重要的。如何转变地方政府行为，已成为目前经济发展中亟待解决的现实问题。本章的研究具有很强的现实意义，基于全章的分析，我们提出的政策建议如下：

（1）政府转型是城市化可持续的关键。城市化的核心在于改革，即政府自身从"增长型"向"服务型"政府的转变和改革；而不应是"投资拉动经济增长模式"的延续，归根结底是要实现人口的城市化，要有相应配套合理的就业、医疗、教育等公共服务。只要推进城市化，政府就不能把收入的大部分投向生产领域；他们要管理城市，要提供更多的公共服务，要更注重民生而不是单一地追求 GDP 的过快增长。这就迫切地要求在推进城市化主导的结构改革中，政府必须要进行转型。那么，又该如何促进政府转型以适应城市化的发展？一是要逐步完善财政分权体制，下放给地方政府一定税收立法权。中国的财政分权本身存在许多缺陷，其中最大的缺陷在于，中央将收入集中的同时，将支出留给地方，导致地方政府的财权与事权严重不匹配，这是一切问题的根源。这导致了以土地出让收入为主的预算外收入的膨胀，导致政府对企业和农民的掠夺，同时实施了高价城市化，损害城市的产业竞争力；二是要改变地方政府唯 GDP 增长论的激励机制。地方政府官员发展地方经济的主要动力来源于中央政府的干部绩效考核机制，若要从根本上实现政府转型，这种政绩考核体系的改革就势在必行，其中以地方公共服务水平代替地方 GDP 增长率作为首要指标最为重要；减少政府对城市化和经济增长的干预，真正履行其公共财政的职能，这才是解决问题的根本所在。

（2）要遵循城市化的自身演进规律。城市化本身是一个自发演进过程，城市的投资及回报都具有长期性。土地财政和公共支出扩张虽然对城市化有直接加速效应，但如果超前的土地城市化不能带来城市"规模收益递增"效果，且政府财政收支结构和筹资方式不能转变，则城市的可持续发展就会面临挑战（课题组，2011）。城市变化，不只是城市建筑形态的变化，归根结底是人的变化。城市化是发展的结果，不能为了城市化而城市化，而是应该相信"市场"本身是城市化发展的原动力，应由产业扩张来推动；政府不应过多干预，要改变生产要素被政府强力干预的现状。而且，城市规模扩张的关键在土地，理应让农民获得土地市场化收益，在农地城市化过程中加快农民城市化进程。而从农民变为市民，最大的差别在于社会保障，政府要解决更多的公共服务如就业、医疗、教育等问题，这是一个复杂的系统工程。

第九章 政府行为、转移支付与效率研究

第一节 中央—地方政府间的利益博弈

一 提出问题

与中国 1994 年分税制改革相伴而生的是,中央政府财政收入的大幅度增加,中央政府有目的地进行宏观调控,以及平衡地区经济差异也变得切实可行①。为实现地区间基本公共服务水平的均等化,从 1994 年起,政府间转移支付力度逐年加大,2011 年中央对地方税收返还和转移支付 39899.96 亿元,占中央财政支出的比重已高达 70.7%。② 未来转移支付总规模无疑还会继续提高。曾军平(2000)、马栓友和于红霞(2003)都强调平衡性的转移支付,即向落后地进行更多的倾斜性的转移支付。即使如此,在 10 年之后的今天,我们依然没有看到地区差距的缩小,反而,省际经济发展差距仍在进一步拉大(潘文卿,2010)。原因何在?本节尝试从中央转移支付与寻租的角度给出一个逻辑自洽的解释。财政决策的调整通过财政收支水平和结构变化影响到地方政府公共投资水平和社会福利,从这个意义上说,理解中央转移支付如何影响地方政府财政收支决策对中国转移支付制度完善无疑具有非常

---

① 马(Ma,1997)认为,大规模的垂直转移支付使得中央政府有能力进行宏观调控,以及有目的的平衡地区经济差异。

② 新华社:《关于 2011 年中央和地方预算执行情况与 2012 年中央和地方预算草案的报告》。

第九章　政府行为、转移支付与效率研究

重要的意义。

本节试图以中国的分税制改革为背景,在一个同时包含中央政府和地方政府的多级政府框架内,引入地方政府的寻租行为,解释中央对地方的转移支付损害社会福利的机制。本节的逻辑直觉如下:在分税制下(中央和地方分享共同的税基),中央对地方的转移支付会导致地方政府有效公共投资不足和无效率的寻租活动滋生。本节建立了一个中央和地方政府博弈的简单模型,基于地方政府的寻租视角,比较了包干制和分税制两种体制下地方政府的最优化行为及其后果,通过阐明中央转移支付如何内部化地方公共投资的垂直外部性①,进一步从理论上分析了中央转移支付的效率和社会福利效应。本章的任务在于以简单的模型证明这种逻辑直觉在中国分税制背景下的正确性,试图从寻租的角度挖掘中央转移支付的效率及其福利含义,并讨论当前中央转移支付改革的原则和方向。

本节的创新之处主要体现在:将地方政府的寻租行为置于政府间纵向关系的框架内,为理解分税制下中央转移支付的低效率提供了一个新视角。本节的主要结论:第一,中央转移支付会刺激地方有效公共投资;第二,它还会激励无效的寻租活动,我们发现,在地方政府生存约束固定的条件下,即使中央转移支付的正向激励效应有助于实现地方公共投资的最优化水平,但是它却加剧了地方政府的寻租活动,进而抑制了中央和地方公共品的投资,导致社会福利下降。

本节的结构如下:第二部分是对分权、腐败和转移支付效率相关问题的文献述评;第三部分,建立中央—地方政府的纵向博弈模型并求其最优解作为进一步分析的基准;第四部分,通过比较包干制与分税制体制下地方政府的最优化行为,讨论分税制与中央转移支付相结合的效率及福利效应;第五部分,结论性评述。

二　对分权、腐败和转移支付效率相关问题的文献述评

分权理论认为,分权的类型影响官员腐败的程度。关于财权事权不

---

① 地方公共投资的垂直外部性是指,如果地方基础设施支出增加刺激了宏观经济活动,结果就会扩大中央和地方共享税基,在税收分享比例给定的情况下,那么中央政府的税收收入就会增加。

匹配和腐败水平之间的关系基本有两种类型：一是辖区间竞争；最初的理论模型由布伦南与布坎南（Brennan and Buchanan，1980）提出，重点分析为吸引居民的地方政府间的横向竞争，与产品市场上的竞争结果相似，政治竞争会减少政府官员在提供公共服务中抽取租金。因此，辖区间竞争模型认为，分权和腐败之间是一种负相关关系。最近，很多学者已对此进行了更深入的研究，主要集中研究支出分权的同时进行收入权力下放给地方政府的重要性，因为垂直财政转移支付让地方政府忽略管理失误带来的财务后果（Careaga and Weingast，2000；Rodden，2000）。这些模型推断，只有事权而没有财权对促进有效治理是相对失效的。二是问责和监督。这方面的模型关注代理问题和问责的政治经济学含义对分权—腐败间关系的影响。佩尔森和塔伯里尼（Persson and Tabellini，2000）分析了在设法以最小化努力获得最大化重选概率的官员代理制中分权的影响，在分权的情况下，每个官员针对一个单独的辖区负责特定的任务，也就是说，官员对其行为直接负责，因而能够改善政治家的绩效。这类模型暗含了财权—事权不匹配与腐败之间有正向关系。模型还发现，转移支付会削弱努力和绩效之间的联系，从而降低分权对改善政府管理的影响。事实上，巴德汉与迪利普（Bardhan and Dilip，2000）甚至认为，相对于中央集权的基准情况，只有事权而没有财权会增加腐败，这是因为，联邦转移支付造成的软预算约束对抑制努力的影响实际上远远超过了分权决策引起的密切监督的直接影响。小田利广（Toshihiro，2010）也证明中央政府给予地方政府补助造成的软预算约束刺激了地方政府的寻租活动，从而破坏社会福利。

近来，也有学者对分权与腐败间的关系进行了实证研究，菲斯曼与加蒂（Fisman and Gatti，2000）利用跨国数据分析认为，分权实际上能够有效地减少腐败。但是他们的分析中没有区分政府采取的分权类型，因此，菲斯曼与加蒂（Fisman and Gatti，2002）运用美国各州的数据检验了财权、事权不匹配对腐败的影响，他们发现，较大的联邦转移支付与滥用公职的高定罪率有关，联邦转移支付产生的软预算约束是有问题的，这说明财权和事权不匹配会导致更高的腐败。温加斯特（Weingast，2000）认为任何具有再分配性质的财政政策都会给地方政府带来负向激励，对于接受转移支付的地区，中央财力构成了一个"共同资源",激励地方政府努力争取资源而非提供公共产品。特雷斯曼(Triesman,2002)发现,与本地自有税源相比,转移支付的主要目的,并非增加公共服务,而是购买政治支持。

而中国的1994年分税制改革本身就是最典型的一次向上集中财权,而本应集中到中央的事权却下放到了地方,造成地方政府的财权与事权不相匹配。同时,这次分税制改革也使中央政府有能力通过大规模转移支付平衡地区间的财力差异。但是,自1995年开始建立并逐步完善的转移支付制度以来,中央转移支付的规模和种类均在不断增加的同时,地区间的财力差距却在持续扩大。这一与中央转移支付初衷相悖的结果引起了众多学者的关注,从不同的视角去寻找其原因。如一些学者关注中央转移支付资金的分配(贾晓俊等,2012);范子英等(2010)研究了转移支付的增长效率,转移支付带来的激励扭曲可能降低经济增长的潜力;郭庆旺等(2008)从公平与效率角度探究了中央转移支付未有效促进地方公共服务发展和均等化的原因。还有学者研究转移支付对地方政府行为的影响,如付文林(2010)研究发现,转移支付总体上对提高落后地区人均财力有积极作用,但在一定程度上也降低了地方的征税积极性,另外,转移支付规模扩大可能助长了地方财政支出更加偏向于行政性支出。刘小勇(2012)发现,地方财政收入分成比例的提高会激励地方政府的财政努力程度,财政转移支付依赖越高则地方政府财政努力程度越低,并且地方政府会依据过去的分成比例和财政转移支付来决定其财政努力水平。袁飞等(2008)分析了财政集权过程中转移支付增加对财政供养人口膨胀的影响,并指出在中国目前的政府管理体制下,上级政府面临着无论增加哪种转移支付都可能带来问题的两难处境,等等。

事实上,1994年分税制改革以来,不是中央转移支付的规模不足,而是分权关系的动态演化,通过政府间纵向合作的微观机制,导致了近十几年中央转移支付持续的无作为状态。具体而言,中央不断向上集中财权,加剧了地方政府财权、事权的不匹配,这使得地方政府预算支出的相当部分必须依靠中央的转移支付[①],而中央的转移支付实际上就是

---

① 中国省及以下政府支出占总政府支出的70%(其中省以下政府支出占50%),远远高于OECD国家(地区)的32%、转型国家26%和发展中国家14%(World Bank,2002)。

向地方政府设租的过程,中央政府对有的地区、产业和项目进行扶持,有的不扶持,是一种歧视行为,其唯一后果是扭曲市场经济,为自己创造设租的机会。地方政府必然要尽最大努力通过寻租获取更多的"共同资源",导致地方政府的无效率支出过度,而有效率公共投资不足,损害社会福利。本书正是基于寻租这个视角,结合中国特色的转型背景,构建一个简单的中央—地方政府的理论模型,讨论转型期财税体制改革的变迁及其宏观经济后果,力求从演进的角度诠释中国现阶段分税制与中央转移支付相结合的效率问题。

三 中央和地方政府博弈的基准模型

(一) 分析框架

我们的模型建立在小田利広(Toshihiro,2010)的基础上,但他们的模型刻画的是日本中央和地方共享税基的体制下,中央对地方政府的软预算约束激励地方政府寻租的机制。我们将其作为识别中国分税制下转移支付激励地方政府寻租的参照系。然而,日本和中国的不同在于,日本官员的选举是由选民决定的,而中国的官员任免是由中央政府决定的。本书通过构建一个包含中央政府和地方政府的二阶段政府间博弈模型来探究中央对地方的转移支付是如何激励地方公共投资和浪费性支出。简化起见,考虑一个代表性的地方政府,并忽略地方政府间的搭便车行为和溢出效应。因为威尔逊(Wilson,1999)等研究已经探索过由于多级政府间的非合作竞争出现的水平和垂直外部性。然而,在现实中,很多地方政府间的确有合作,尤其是大多数的地方政府都与中央政府合作。

假设在每个阶段代表性地方政府提供有用的地方公共品 g_t,中央政府提供全国性的公共品 G_t。假设每一项公共品都是合意的,其效用函数是两阶连续可微和严格拟凹函数,而且所有的公共品都是正常品,为简化,每一公共品的相对价格均设定为统一值。因此,反映代表性个人对公共品偏好的社会福利公式为:

$$W = v(g_1) + \delta[u(G_2) + v(g_2)] \qquad (9-1)$$

其中,$\delta \in (0,1)$ 是贴现因子;为简化,我们在社会福利函数中没有明确引入中央政府第一阶段的公共投资 G_1,因为它是外生给定的。

第九章 政府行为、转移支付与效率研究

同时也假设私人消费是外生给定的,因此我们仅考虑公共品的效用。这个简化是合理的,因为我们假设收入所得税税率是固定的,劳动供给是外生给定的,因而没有包含个人最优化行为。

假定地方政府第一阶段的公共投资为 k,同时具有增加第二阶段税收收入的生产性效应。Y_t 代表 T 阶段两级政府的总税收收入,假设 Y_1 是外生给定的,Y_2 随着地方政府第一阶段公共投资的增加而增加,即 $Y_2 = Y_1 + f(k)$。投资生产函数 $f(k)$ 满足标准的稻田条件 $f'(k) > 0$,$f''(k) < 0$。为简化,我们不考虑中央政府的公共投资,在多级政府的环境下,地方公共投资可能具有地区间溢出效应。然而,因为我们考虑代表性地方政府,所以我们不引入地区间的水平溢出效应。

在中国的分税制情形下,主要税种都是在中央和地方之间按比例分成的(如增值税,75%上交中央,25%地方自留),而且分成比例也是由中央政府统一设定的,因此,可将整个税制抽象为一个比例分成体制。假设地方政府分享总税收收入的比例为 β,那么中央政府分享的比例为 $1-\beta$。β 是外生给定的,因而,第一阶段的地方公共投资增加了第二阶段中央政府的税收收入,因而在分税制下,地方公共投资具有垂直外部性。

现实经济中,一些公共支出是浪费的,在传统的政府利维坦模型中,地方官员更喜欢浪费性的公共支出,这能提供他们寻租机会,但不会使私人受益。从这个意义上说,公共支出分为有用的支出 g_1,g_2 和 k,及无用的地方支出 S_1,S_2。

根据以上分析,中央政府的预算约束设定如下:

$$G_1 + T_1 = B + (1-\beta)Y_1 \quad (9-2)$$

$$G_2 + (1+r)B = (1-\beta)Y_2 - T_2 \quad (9-3)$$

其中,T_i 是第 i 阶段中央给地方政府的转移支付,B 是中央政府的债务,r 是外生给定的利率,第 1 阶段 $G_1 = (1-\beta)Y_1$ 是外生给定的。第 2 阶段中央政府会改变对地方政府的转移支付 T_2,因此,在这个博弈中,地方政府是领导者,而中央政府是跟随者。

地方政府连续阶段的预算约束如下:

$$D = g_1 + k - \beta Y_1 + S_1 - T_1 \quad (9-4)$$

$$g_2 + S_2 + (1+r)D = \beta Y_2 + T_2 \quad (9-5)$$

其中，D 是地方债务，由中央政府控制，因此，假定地方政府不能发行任何地方债，即 $D=0$。由（9-4）和（9-5）可以得到，地方政府的目标函数如下：

$$S \equiv S_1 + S_2 = \beta Y_1 + \frac{\beta Y_2}{1+r} + T_1 + \frac{T_2}{1+r} - g_1 - \frac{g_2}{1+r} - k \quad (9-6)$$

2. 帕累托效率

我们先以该模型的帕累托最优配置作为基准，一个仁慈的政府会在每一阶段最优化配置总收入于全国性的公共品和地方公共品。即，在整体可行性约束条件下，政府通过最优化配置 $\{G_t, g_t, k\}$ 达到最大化社会福利（9-1）。由（9-2）、（9-3）、（9-4）和（9-5）消除 T_1, T_2，可得以下整体可行性约束：

$$\beta Y_1 + \frac{\beta Y_2}{1+r} = \frac{G_2}{1+r} + g_1 + \frac{g_2}{1+r} + k + S_1 + \frac{S_2}{1+r} \quad (9-7)$$

由社会福利函数（9-1）和预算约束（9-7），可得一阶最优化条件：

$$\delta u_{G2} - \frac{\varphi}{1+r} = 0 : u_{G2} = v_{g2}，其中，u_{G2} \equiv \frac{\partial u(G_2)}{\partial G_2} \quad (9-8)$$

$$v_{g1} - \varphi = 0 ; \delta v_{g2} - \frac{\varphi}{1+r} = 0 : \frac{v_{g1}}{v_{g2}} = (1+r)\delta \quad (9-9)$$

$$\varphi(\frac{f(k)}{1+r} - 1) = 0 : f(k) = 1+r \quad (9-10)$$

$$S_1 = S_2 = 0 \quad (9-11)$$

从以上的均衡条件可知，式（9-8）表明中央政府和地方政府提供公共品的边际效用是相等的；式（9-9）表示地方政府公共品支出的跨期最优化配置；式（9-10）地方公共投资的一阶最优化条件；式（9-11）是效率条件，很明显，帕累托最优状态不存在任何寻租活动。

四 分税制与包干制体制下地方政府最优化行为比较

上一部分建立了中央—地方政府博弈的基准模型并求其帕累托最优均衡解，在最优状态下，中央和地方之间及跨期公共品投资均可实现最优配置，且不存在寻租行为。而现实并非如此，政府也非仁慈的政府。基于政府的二元悖论，我们知道，地方政府既有追求地方产出最大化的一面，也有追求自身利益目标的一面。由于不同财税体制对地方政府的激励不同，这些制度性的差别意味着地方政府行为的变化，我们可以推断出由于地方政府行为变化引起的财税体制改革的效率变化。在本部分，我们用命题的方式给出模型的含义。

命题1 地方政府的剩余索取权越大，即 a 越小，在满足自身获得最大寻租收益的条件下，就会最大化地方有效公共品投资 k，获取更多的财政剩余。

证明如下，假定地方政府承包一定的上缴税收额为 a，而且 a 一定数年不变，因此是给定的，剩下的收入 $Y_t - a$ 归地方所有，并承担相应的事权，这样一来，地方就会为了自己的收入最大化而努力。这就是地方政府保护和增进市场并促进增长的动力来源。因此，地方政府在满足其自身获得寻租收益的条件下，最大化其提供公共品的效用，以促进本地的经济增长。那么，地方政府面临的最优化问题可表述为：

$$\max: U = v(g_1) + \delta v(g_2)$$

$$s.t.: (Y_1 - a + \frac{Y_2 - a}{1+r}) - (g_1 + \frac{g_2}{1+r} + k) = \bar{S}$$

$\bar{S}$ 表示保留租金，取决于地方政府官员的偏好。如果等式约束条件不满足，中央政府就不会给予地方官员升迁机会，甚至罢免其现有职位。因此，我们的合理假设：

$$\bar{S} > S^F \equiv \beta(Y_1 + \frac{Y_2^F}{1+r}) - (g_1^F + \frac{g_2^F}{1+r} + k^F)$$

其中，Y_2^F, g_1^F, g_2^F, k^F 分别是 Y_2, g_1, g_2, k 的一阶最优化水平。

假定有很多类型的地方官员，地方官员的类型可表示为本地经济增长的程度，地方官员选择推动经济增长而获得留任（或晋升），抑或是为谋私利而阻碍经济增长。地方政府的剩余索取权越大，地方政府就越有激励以权谋私；但是，另一方面，地方政府行为又受制于中央政府，因此，地方政府的寻租行为不会无限制扩张。如果保留租金 $\bar{S}$ 较高，地方的经济建设自然就比较落后，中央政府就必然会对地方官员采取惩罚措施。为简化，我们假设模型中中央政府对地方官员寻租的容忍度是给定的，因此地方官员的寻租努力是固定的。另外，因为全国性公共品不

政府悖论、国有企业行为与中国经济和谐增长

是由地方官员控制的,所以效用函数中不包括全国性公共品。

该问题的一阶最优化条件:

$$\frac{v_{g1}}{v_{g2}} = (1+r)\delta \qquad (9-9)$$

$$f'(k) = 1 + r \qquad (9-10)$$

由此可见,在地方政府寻租收益给定的条件下,财政包干制能够激励地方政府进行有效的公共投资,实现公共投资的最优化水平 k^F。但是不可否认,这同时也在一定程度上助长了寻租等非生产性财政资源的浪费。

引理 1 由地方政府的预算约束可知,地方政府的剩余索取权越大,其寻租努力也越大,a 给定,地方政府也会通过扩大公共投资取得更多寻租收益,这也是激励地方公共投资的另一个因素,同时这也是以财政资源的巨大浪费为代价的。

这一命题较好地解释了"财政包干制"体制下,财政紧张与经济持续增长并存的现实。行政性分权型"财政包干(分灶吃饭)"体制是改革开放至 1994 年间这一阶段的主要模式。1980—1984 年,除北京、上海、天津外,其他地方都实行了"划分收支,分级包干"的财政体制;1985—1987 年,又实行"划分税种,核定收支,分级包干"的财政体制;1988—1993 年,又垂直划分各级政府的经济职责,由地方政府将其税收中的特定份额上解给中央政府,并根据不同地区的情况,采取六种不同形式,且一定数年不变(称"大包干")。从理论上看,承包制是财政体制的一次制度创新,中央和地方在利益增长上都得到了实实在在的好处,既保证了财政收入,又保证了地方可以得到较大的边际留成率,具有较好的激励效果。然而其结果并非如此,不仅财政紧张造成了中央和地方政府之间的巨大摩擦,而且财政的紧张却出现在中国持续的经济增长期间。这是一个悖论。这个悖论的根源是,中国财政体制的设计让中央和地方政府都拥有了太多的自由裁量权,这为机会主义行为盛行开了方便之门[①](王绍光,1997)。这个更复杂的问题把我们引

---

① 周黎安等(2009)的研究也显示,包干制阶段间的腐败立案数要高于分税制改革之后。

向了一个非常独特的中国现象,那就是地方预算外收入演变成为一个庞大的地方收入来源[①],中央对其财政预算收入占全部预算收入或占 GDP 比重持续下降,从而成为导致 1994 年中央决定用"分税制"取代实行多年的"财政承包制"的主要原因。

命题 2　分税制改革从制度上确立了中央—地方的税收分享比例,中央政府的分成比例越大,相应地,留给地方的税收收入就越少。在财源有限的情况下,地方政府的有效公共投资必然不足,即地方公共投资与 β 有关,β 越小,地方公共投资水平越低。

假定中央政府政绩考核标准是给定的,那么,地方政府的最优化策略:

$$\max: S = \beta\left(Y_1 + \frac{Y_2}{1+r}\right) - \left(g_1 + \frac{g_2}{1+r} + k\right)$$

$$s.t: v(g_1) + \delta v(g_2) = \bar{U}$$

中国是政治上高度集权的国家,中央政府决定着地方官员的政治生涯,中国自改革开放以来推行的以 GDP 增长为考核标准的政治晋升锦标赛,让每个官员的仕途升迁都与本地经济增长挂钩;按照目前的晋升制度,经济竞赛的优胜者获得晋升的机会,提拔到更高一级的领导岗位,成为决定下级政府官员晋升命运的评判者。由于他们是这种激励制度的成功者,维护其正常运行自然符合他们自身的偏好和既得利益,政府官员作为政治参与人,最关心的是行政晋升和仕途(周黎安,2007)

因此,地方政府的行为又受制于中央政府。$\bar{U}$ 表示保留效用,取决于中央政府的偏好。由于晋升职位的有限性,如果条件不满足,那么地方官员不仅晋升无望,其也无法继续留任。合理地假定:

$$\bar{U} < U^F \equiv v(g_1^F) + \delta v(g_2^F)$$

其中,g_1^F, g_2^F 分别是 g_1, g_2 的一阶最优化水平。

假定有很多种类型的地方官员,官员的类型决定了寻租的程度,如果保留效用 $\bar{U}$ 过低,那么相关的官员是大的寻租者。中央政府会努力选

---

① 根据国家统计局的数据,到 1992 年全国预算外资金的规模为 3855 亿元,是当年预算内财政收入的 97.7%(张军,2007)。

择想要的官员类型,如果中央政府努力寻找的话,就可能发现较小寻租的官员。为简化,我们假设中央政府的最优化行为是给定的,因此,他们的政治努力和所引致的保留效用是固定的。

因此,地方政府的一阶最优化条件:

$$\frac{v_{g1}}{v_{g2}} = (1+r)\delta \tag{9-9}$$

$$f'(k) = \frac{1+r}{\beta} \tag{9-12}$$

式 (9-9)、(9-12) 和效用约束条件决定了最优化水平,式 (9-9) 意味着在效用约束条件下,$g_1 + \frac{g_2}{1+r}$ 被最小化。由 (9-12) 可知,公共投资水平 k^* 过低了,小于最优化水平 k^F。同时,k^* 的水平取决于分成比例 β,也就是说,地方分成比例 β 越大,公共投资水平 k^* 也就越高。当 $\beta > 1$ 时,分税制同样可以实现最优化投资水平。

引理 2 由 $\bar{S} > S^F$ 可知,包干制对地方政府寻租努力的激励作用要强于分税制。分税制下,地方政府的最大化寻租收益受中央政府的政绩考核机制约束,保留效用越大,其寻租收益就越小。

命题 3 中央转移支付是地方政府的"共同财源",软化了地方政府的预算约束,必然会激励地方政府为之而努力寻租,寻租努力越大,获得的中央转移支付就越多,即寻租努力与中央转移支付正相关。

下面我们就通过中央—地方两阶段博弈模型证明该命题。

(一)中央转移支付:第 2 阶段

我们首先分析第 2 阶段开始的时候中央政府的最优化行为,因为中央政府在第 2 阶段必然会通过转移支付来扩大地方政府公共支出,因此,在这个博弈中,地方政府是领导者,中央政府是跟随者。地方政府在第 1 阶段决定地方公共支出 $g_1, \bar{g}_2, S_1, k$。在第 2 阶段,中央政府在预算约束下通过给地方政府转移支付 T_2 决定其公共支出 $G_2, (g_2)$;$\bar{g}_2$ 是地方政府在第 1 阶段选择的第 2 阶段地方公共支出水平,记为:$g_2 = \bar{g}_2 + T_2$。在 $\bar{g}_2$ 给定的水平上,因为 k, S_2 由第 1 阶段决定,所以地方公共支出将随着转移支付的增加而同等数量地增加。

由预算约束 (9-3) 和 (9-5) 可得第 2 阶段的整体预算约束为:

$$G_2 + g_2 + S_2 + (1+r)D = Y_2 \qquad (9-13)$$

在第 2 阶段,中央政府通过选择转移支付 T_2,实际上是选择 G_2, g_2 的配置在预算约束(12)条件下最大化第 2 阶段的社会福利,因此,第 2 阶段的一阶条件:

$$u_{G2} = v_{g2} \qquad (9-8)$$

在第 1 阶段地方政府选择的公共支出条件下,由最优化条件(9-8)和第 2 阶段的预算约束(9-3)和(9-5),我们可以得到中央政府的最优化反应,尽管在 g_2 给定的水平上,T_2 与 g_2 同方向同数量的改变,但是当 S_2, k 改变的时候,他们变化的方式可能不同:

$$T_2 = T(S_2, k) \qquad (9-14)$$
$$g_2 = g(S_2, k) \qquad (9-15)$$

对预算约束(9-3)、(9-13)和最优化条件(9-8)取全微分,可得:

$$dG_2 = (1-\beta)f'(k)dk - dT_2$$
$$dG_2 + dg_2 + dS_2 = f'(k)dk$$
$$(1-\theta)dG_2 = \theta dg_2$$

令 $\theta \equiv |v_{GG2}|/[|u_{GG2}| + |v_{gg2}|]$ 表示比较的相对值。为简化,假定 θ 是常数,我们可以得出反应函数的特征如下:

$$T_S = \frac{\partial T_2}{\partial S_2} = -\frac{\partial G_2}{\partial S_2} = \theta > 0 \qquad (9-16)$$

$$T_k = \frac{\partial T_2}{\partial k} = -\frac{\partial G_2}{\partial k} = (1-\beta)f'(k) - \theta f'(k) > 0 \qquad (9-17)$$

$$g_{S2} = \frac{\partial g_2}{\partial S_2} = -(1-\theta) < 0 \qquad (9-18)$$

$$g_k = \frac{\partial g_2}{\partial k} = (1-\theta)f'(k) \qquad (9-19)$$

式(9-16)显示由于寻租活动造成的软预算约束的合理结果,即,在 k, T_2 给定的水平,S_2 增加会减少 g_2,导致中央政府增加更多的转移支付 T_2。其逻辑:当地方政府在第 1 阶段进行更多的寻租活动 S_2,由(9-5)可知,$\tilde{g}_2$(因此 g_2)会下降,然而,这并不是中央政府想要的结果,因为中央政府希望通过转移支付增加社会福利。

因此，中央政府有激励在第 2 阶段提供更多的转移支付给地方政府以增加 g_2 和减少 G_2，S_2 对 T_2 的正效应是中央—地方软预算博弈的重要结果。

定理 4 中央转移支付还取决于地方政府的公共投资水平，地方公共投资水平越高，中央政府分享的税收收入就越多，因而中央给予地方的转移支付相应也越多，结果有效激励了地方政府提高公共投资水平。即中央转移支付内部化了地方公共投资的垂直外部性。

式（9-17）提供了地方公共投资对转移支付 T_2 的影响，即 T_k，这是由垂直外部性引起的另一影响转移支付的渠道。T_k 的符号一般是不确定的，如果 $1-\beta > \theta$，那么 $T_k > 0$，反之亦然。也就是说，如果 G_2 的边际值相对小，而 $1-\beta$ 过高，那么，与 G_2 相比，g_2 就过低了，在这种情况下，k 增加时，中央政府为最大化社会福利就会增加转移支付 T_2。推断如下：T_2 给定，k 的增加会以 $(1-\beta)f'$ 幅度增加中央政府的税收收入，导致 G_2 的效用增加 $(1-\beta)f'u_{G2}$。假如 g_2 的效用以 $(1-\beta)(1-\theta)f'v_{g2}/\theta$ 增加，那么增加 G_2 是最优的。另一方面，T_2 给定，实际上以 $\beta f'v_{g2}$ 水平提高了 g_2 的边际效用。因此，$1-\beta > \theta$ 是合意的结果，即减少 G_2，增加 g_2，因此，中央政府会增加转移支付 T_2 给地方政府来刺激地方公共支出 g_2。

引理 3 地方政府的寻租努力 S_2 增加，会减少第二阶段公共投资 g_2，而为满足生存约束条件，将会增加 g_1，因而地方政府公共投资的跨期配置不是最优结果。

（二）地方政府行为：第 1 阶段

我们现在考虑第 1 阶段地方政府的最优化行为及产生的子博弈完美结果。我们已经分析，地方政府受约束于下面的生存约束：

$$v(g_1) + \delta v(g_2) = \bar{U} \tag{9-20}$$

在该条件下，地方政府预期中央政府会通过提供转移支付对地方支出做出反应，见反应函数（9-14）和（9-15）。因此，地方政府在生存约束（9-20）条件下，最大化目标函数：

$$S = \beta Y_1 + \frac{\beta[Y_1 + f(k)]}{1+r} + \frac{T(S_2,k)}{1+r} - g_1 - \frac{g_2(S_2,k)}{1+r} - k \tag{9-21}$$

一阶条件如下：

$$-1 + \gamma v_{g1} = 0 \qquad (9-22)$$

$$-\frac{g_S - T_S}{1+r} + \gamma \delta v_{g2} g_S = 0 \qquad (9-23)$$

$$-(1 + \frac{g_k}{1+r}) - \frac{\beta}{1+r}f'(k) - \frac{T_k}{1+r}) + \gamma \delta v_{g2} g_k = 0 \qquad (9-24)$$

把式（9-16）、(9-17）和（9-18）代入（9-22）和（9-23）可得，

$$v_{g1} = \delta v_{g2}(1-\theta)(1+r) \qquad (9-25)$$

可见，与（9-9）式的结果相比较，政府并没有实现标准的地方支出跨期最优化配置结果。如果中央政府不提供转移支付，地方政府的最优化行为能够实现最优化条件（9-9）。这个结果是提供转移支付与不提供之间的一个重要差异。

相反，中央政府的反应函数（9-14）和（9-15）会有效地减少增加 g_1 的边际成本，刺激第 1 阶段的公共支出。因此，地方政府会减少 $\tilde{g}_2$（进而 g_2）、增加 g_1 来满足生存约束条件。这样做，地方政府通过获取更多的中央转移支付 T_2 而提高寻租的现值。等式（9-25）意味着，与 g_2 相比，第 1 阶段地方政府支出 g_1 过高。软预算约束导致 T_2 的增加，对 g_1 和 S_2 有正效应。为获取更多的转移支付，地方政府有激励减少 $\tilde{g}_2$，进而导致 g_2 的减少。

把（9-17）、(9-18）和（9-19）代入（9-24）式可得：

$$v_{g1} = \delta(1-\theta)f'v_{g2} \qquad (9-26)$$

结合（9-24）式，可以得到：

$$f'(k) = 1 + r \qquad (9-10)$$

上式实现了公共投资的最优水平，我们认为，当 k 增加的时候，地方政府会预期获得更多的转移支付 T_2，因为中央政府收入增加 $(1-\beta)Y_2$，而地方政府自身的收入增加 βY_2，因此 k 增加的边际收益是 f'，而不是 $\beta f'$。就像（9-17）式表明，k 增加对 T_2 的直接影响是 $(1-\beta)f' - \theta f'$。而且，像式（9-19）所显示，k 增加会增加 g_2，间接使地方政府受益。间接收益表式为：

$$\delta \gamma v_{g2} g_k (1+r) - g_k = \theta f' + (1+r) - f'$$

子博弈完美均衡问题，k 实现最优投资水平 k^F，大于没有转移支付

时的地方公共投资水平 k^*，这说明，中央转移支付对 k 的反应会有效地内部化垂直外部性。

定理5 中央转移支付激励了地方政府的寻租努力 S_2，进而导致 g_2 的下降，根据中央和地方公共品投资的效用均衡条件可知，中央政府的公共品投资 G_2 也将下降。由于地方政府的生存约束是给定的，整体社会福利仅依赖于 G_2 的水平，因而整体社会福利是下降的。

下面进一步分析中央转移支付产生的整体福利效应。在子博弈完美均衡博弈中，社会福利：

$$W = \delta u(G_2) + U$$

可见，社会福利随着 G_2 增加。因为第1阶段地方政府在生存约束下行动，子博弈完美均衡实际上要满足生存条件。

从（9-16）和（9-17）可见，k 的增加直接和间接增加了中央转移支付 T_2。另外，k 增加，能够增加中央政府的税收收入。k 的增加对 G_2 的整体影响（或者说中央政府的净税收收入，不包括 T_2）可以表述为（9-3）式右边的边际变化，即：

$$R \equiv (1-\beta)f' - (T_k + T_S \frac{dS_2}{dk}) \qquad (9-27)$$

这个式子的符号似乎是不确定的，但是，我们可以推断出实际上是负的。

因为，由（9-8）式可知，G_2 的增加对应 g_2 的增加，另外，（9-25）式意味着由于寻租活动，g_2 实际上会下降。G_2 的均衡水平也就低于没有转移支付的情形。因此，整体社会福利将下降。因为转移支付刺激了寻租活动，所以产生了不合意的结果。k 的增加不会导致中央政府整体税收收入的增加或者 G_2 的提供。因此，因为生存约束，k 的增加不仅不会增加社会福利，而且还会加剧寻租活动。

在没有转移支付的情况下，由于分税制产生的地方公共投资的垂直外部性，地方公共投资水平过低。从这一层面上说，转移支付通过刺激不充足的地方公共投资增加了社会福利。实际上，转移支付的确实现了最优投资水平 k^F。然而，一旦我们引入寻租活动，转移支付实际上是破坏福利的，它抑制了中央和地方政府提供有效公共品。因为地方公共品的效用被地方政府的生存约束给定了，公共投资的增加不是直接改善社会福利，而是增加寻租。因此，我们认为，转移支付的福利含义不仅依赖于地方公共投资的效率，而且还在于寻租的程度。

五 结语

本节结合寻租理论和财政体制改革的制度背景，建立了中国中央—地方政府间博弈的简单模型，分别讨论了财政体制演变过程中地方政府行为的变化及其宏观经济后果，模型得到的结论较好地拟合了中国转型期的现实情况，并且进一步在理论上解释了中央转移支付低效率的根源。主要结论如下：

（1）财政分权"包干制"给予地方政府一定的剩余索取权，在满足给定寻租收益的条件下，地方政府会最优化其投资行为，但这同时也是以寻租资源的巨大浪费为代价的。这也是分税制改革前经济持续增长和财政紧张并存的症结所在。

（2）分税制的效率取决于中央—地方的分成比例 β，由于分税制引起的地方公共投资的垂直外部性，地方公共投资水平不足，而提高地方的分成比例可以改善地方公共投资水平。这与以往的研究结论是一致的，分税制的有效性取决于财权和事权的一致性。反观中国，大约70%的公共支出发生在地方，中国的地方政府承担着过高的支出责任，并且，随着大量国有企业倒闭，本来由国企承担的社会保障责任也转移给了地方政府。这种被强压的不合理的财政分配格局导致地方政府财政收入严重不匹配，这也是为什么分税制未能扭转地区不平衡加剧的原因。

（3）中央转移支付取决于地方公共投资水平和寻租努力，一方面，中央转移支付内部化了地方公共投资的垂直外部性，提高了地方公共投资水平；但另一方面，中央转移支付激励了地方政府的寻租努力，导致地方投资水平下降，同时也降低了全国性公共投资水平，即中央转移支付同时抑制了地方和中央的公共品投资，进而降低了整体社会福利。再加上，中国现行财政转移支付制度存在严重缺陷，为政府官员权力寻租提供了条件，导致雁过拔毛现象比比皆是。中央财政转移支付的专项资金分配环节上重复设置项目，多头审批，经过层层"把关"之后，几乎每一笔专款都会出现10%～30%的损耗，等等。因此，在分税制下，通过中央转移支付来平衡地区间经济差距并不是最优选择。

第二节 中央对地方转移支付效率的实证研究

一 提出问题

中央转移支付是中央政府的一个重要政策工具。在初次财政分配基础上，中央政府通过纵向财政转移支付来重新调整地区间财力差异，实现地区基本公共服务发展和均等化，旨在缩小地区间经济发展差距。然而，很多学者对中央转移支付制度的效果是存有异议的，如马栓友和于红霞（2003）认为中央转移支付总体上不利于缩小地区差距。郭庆旺和贾俊雪（2008）指出，中央转移支付在促进中国地方公共服务发展和均等化中未能充分发挥作用。范子英和张军（2010）发现转移支付政策是无效率的，可能降低经济增长的潜力。那么，至今已运行近20年的中央转移支付制度究竟有没有发挥其应有的作用？中央转移支付的分配和使用有没有很好地兼顾公平与效率准则？显然，对这些问题的检验将有助于我们更客观、正确地评价中国中央转移支付制度，这将关系着下一阶段中国政府间转移支付制度的改革方向，对于更好地实现中国经济持续均衡发展具有重要的战略意义。

国内外对于政府间财政转移支付的研究结论也莫衷一是。一般理论认为，政府间转移支付有助于平衡地区间财力差距和实现地区间公共服务的均等化，可以提高落后地区吸收发达地区技术的能力，产生追赶效应，从而缩小地区经济社会发展的差距（Bahl and Linn，1994；Bergvall et al.，2006；Abramowitz，1985；Basu and Wei，1998）。但是这种转移支付可能同时改变落后地区和发达地区的激励结构，降低地方政府发展经济的边际激励（Zhuravskaya，2000；Jin et al.，2005）。乔宝云等（2006）发现，现行转移支付制度对刺激地方财政努力总体上来说并不成功，它抑制了地方财政的努力程度。同时，富裕地区与贫穷地区的地方政府财政努力行为是有差异的，富裕地区的财政努力程度低于贫穷地区，这导致地区人均财政收入差距的进一步扩大。而且，付文林（2010）发现转移支付在一定程度上降低了地方的征税积极性。不仅如此，奥茨（Oates，1994）表明地方政府对于上级政府转移支付并没有像本地税收收入增长所带来的预算支出那样珍惜，地方政府的预算支出对转移支付增长的弹性远远高于本地区非公共部门收入增长的弹性，这就是阿瑟·奥肯（Arthur Okun）所说的"粘蝇纸效应"（flypaper effect）。

那么，中国政府间转移支付（主要是中央政府向地方政府转移）的财力均等化效应到底怎样？有些学者认为，中央转移支付在均等省际财力差距中起到了一定的均衡作用（刘亮，2006；曹俊文和罗良清，2006）。然而，刘溶沧和焦国华（2002）指出，各地区在接受中央财政补助前后，地区间财政能力差异没有明显变化。毛捷等（2011）发现，民族地区转移支付在中国发挥了均等化效应，但程度有限。而曾军平（2000）通过比较1994—1997年转移支付前后省际人均财政收入和支出的基尼系数和变异系数发现，转移支付后的不均等指标上升了。傅勇（2008）也发现，财政转移支付不仅未缩小地区间财力差距、反而导致了区域间财力的进一步不平衡，等等。由此可见，大多数学者对中央转移支付发挥财力均等化效应的结论并没有达成共识，那么，我们进一步不禁要问，中央政府的"援助之手"对地区间增长公平和效率又是否起到了调节作用？如此大规模的中央转移支付究竟有没有实现其应有的效果？

从文献检索结果看，目前国内已有一些学者研究中央转移支付对经济增长效率的影响，与本节研究主题存在一定相关性。例如，郭庆旺等（2009）发现中央转移支付对人均产出增长率的正向作用不显著，而范子英和张军（2010）发现转移支付比重每增加1个百分点将使得地方经济的长期增长率降低0.03个百分点。本节可以看作是这些研究的延伸，但却有本质不同。上述文献所研究的效率是用人均 GDP 增长率或 GDP 增长率表示；与此不同，本节选择产出资本比反映地区经济增长的效率，由于，中国的经济增长具有典型的政府投资推动的特征，资本是否能被有效利用是经济持续增长的关键。因此，产出资本比能较合理地反映由投资推动的经济增长是否具有效率以及是否可持续的问题。此外，政府间转移支付实施的前提是财政的集权，与分权理论是相逆的[①]。那么，在地区间增长公平和效率方面，中央政府和地方政府所发

---

① 财政分权理论认为，地方政府具有信息优势，赋予地方政府更大的财政自主权有助于强化地区间竞争和公众政治参与，于是会更加积极地发展本地经济，提高经济效率（Tiebout, 1956; Shleifer & Vishny, 1998）。而中央—地方转移支付实施的前提是财政的集权，因而与分权理论是相逆的。

挥的作用又有何不同？通过比较我们可以知道，中央政府通过财政集权再进行财力的二次分配是否是有效的？如果不然，我们就非常有必要重新审视中央的转移支付制度[①]。本节的特色主要体现在：首先，该研究从地区间增长公平和效率角度较为全面地考察了分税制后的中央转移支付是否具有效率的问题，之所以基于这两个视角进行研究，主要是因为中央转移支付平衡地区间财力差距的最终目的就是要缩小地区差距，促进区域平衡发展，从这两方面考察摒弃了其他因素的影响（比如地方政府发展经济的激励等），更能抓住转移支付效果发挥的真实情况。其次，通过与地方政府支出效果的比较，本研究回答了中央地方之间的转移支付的存在是否与分权理论相冲突；最后，考虑到中央转移支付的项目主要是由国有企业完成的，同时，国有企业的主导地位反过来也会影响中央转移支付的使用，那么，中央转移支付与国有企业的相互关系是否又会影响到转移支付发挥其应有的效果？

本节的结构安排如下：第二部分，通过构建简单的包含多级政府的内生增长模型，探究了不同层级政府支出与稳态增长率间的关系；第三部分，计量模型、方法和数据说明；第四和第五部分，中央转移支付对地区间增长公平和效率影响的实证研究；第六部分，研究结论。

二 从理论上探讨不同层级政府支出与稳态增长率的关系

我们的模型建立在巴罗（Barro, 1990）的基础上，但他的模型刻画的是政府支出和政府支出类型（包括生产性支出和非生产性支出）的差异改变长期经济增长率的机制。我们将其作为识别不同层级政府（中央政府和地方政府）支出特征的参照系。假设 k 是私人资本，g 是总政府支出，f 中央政府支出，l 地方政府支出：

$$f + l = g \qquad (9-28)$$

[①] 1994 年中央财政转移支付（包括对地方的税收返还）仅为 2296 亿元，2008 年达到 22945.6 亿元，占地方财政总支出的比重为 38%，占中西部地区财政支出平均高达 54.4%（郭庆旺等，2009）。

生产函数是 CES 形式[①]：

$$y = f(k,f,l) = [\alpha k^{-\xi} + \beta f^{-\xi} + \gamma l^{-\xi}]^{-1/\xi} \quad (9-29)$$

其中，$\alpha > 0, \beta \geq 0, \gamma \geq 0, \alpha + \beta + \gamma = 1, \xi \geq -1$

根据巴罗（Barro，1990），我们假设政府通过征收税收融资支出，全国统一的法定名义税率为 τ：

$$g = \tau y \quad (9-30)$$

在中国的分税制情形下，主要税种都是在中央和地方之间分成的，因此可将整个税制抽象为一个税收比例分成体制。$\varphi \in [0,1]$ 中央政府的税收分成比例，由此可得：

$$f = \varphi\tau y \text{ 和 } l = (1-\varphi)\tau y \quad (9-31)$$

在政府决策 τ 和 φ 给定的情形下，假设代表性消费者存活无限期界，具有连序续可微的（凹）瞬时效用函数，消费者的目标是选择消费 C 和资本 K，达到福利最大化：

$$U = \int_0^\infty u(c)e^{-\rho t}dt \quad (9-32)$$

动态约束条件：

$$\dot{k} = (1-\tau)[\alpha k^{-\xi} + \beta f^{-\xi} + \gamma l^{-\xi}]t^{-1/\xi} - c, k_0 \text{ 给定} \quad (9-33)$$

其中，$\rho > 0$ 为贴现率，为分析问题的方便，特将效用函数的设定为：

$$u(c) = \frac{c^{1-\sigma} - 1}{1-\sigma} \quad (9-34)$$

$\sigma > 0$ 为边际效用弹性。

我们通过构造如下现值的汉密尔顿函数来求解上述最优化问题：

$$H = \left[\frac{c^{1-\sigma} - 1}{1-\sigma}\right] + \lambda\{(1-\tau)[\alpha k^{-\xi} + \beta f^{-\xi} + \gamma l^{-\xi}]^{-1/\xi} - c\}$$

$$(9-35)$$

其中 λ 为资本的影子价格，表示资本存量的边际值，一阶条件：

$$c^{-\sigma} = \lambda \quad (9-36)$$

[①] 与巴罗（Barro，1990）的做法一致，设定生产函数时没有考虑人力资本和劳动力，但允许实证研究中出现这些要素投入。

$$\dot{\lambda} = \rho\lambda - \lambda\alpha(1-\tau)\left[\alpha k^{-\xi} + \beta f^{-\xi} + \gamma l^{-\xi}\right]^{-(1+\xi)/\xi} k^{-\xi-1} \qquad (9-37)$$

横截性条件：$\lim\limits_{t \to +\infty} k\lambda e^{-\rho t} = 0$

由等式（9-33）、（9-36）和（9-37）可得到消费的增长率方程：

$$\frac{\dot{c}}{c} = \frac{\alpha(1-\tau)\left[\alpha k^{-\xi} + \beta f^{-\xi} + \gamma l^{-\xi}\right]^{-(1+\xi)/\xi} k^{-\xi-1} - \rho}{\sigma} \qquad (9-38)$$

假设长期增长路径上，税率 τ 是固定的，即 g/y 是常数，那么 g/k 是常数，（9-38）式结合（9-28）、（9-29）、（9-30）和（9-31）可得消费的稳态增长率 G：

$$G = \frac{\alpha(1-\tau)\{\alpha\tau^{\xi}/[\tau^{\xi} - \beta\varphi^{-\xi} - \gamma(1-\varphi)^{-\xi}]\}^{-(1+\xi)/\xi} - \rho}{\sigma}$$
$$\qquad (9-39)$$

（9-39）式对 φ 求微分，可得出稳态增长率 G 和中央政府支出份额 f 之间的关系：

$$\frac{dG}{d\varphi} = \frac{\alpha(1-\tau)(1+\xi)\left[\alpha\tau^{\xi}\right]^{-(1+\xi)/\xi}\left[\beta\varphi^{-(1+\xi)} - \gamma(1-\varphi)^{-(1+\xi)}\right]}{\sigma\left[\tau^{\xi} - \beta\varphi^{-\xi} - \gamma(1-\varphi)^{-\xi}\right]^{-1/\xi}}$$
$$\qquad (9-40)$$

由（9-40）可知，如果 $dG/d\varphi > 0$，那么中央政府支出就是有效率的。假设等式（9-39）为正，如果

$$(1+\xi)\left[\beta\varphi^{-(1+\xi)} - \gamma(1-\varphi)^{-(1+\xi)}\right] > 0 \qquad (9-41)$$

那么（9-40）式的右边即为正，即 $dG/d\varphi > 0$。由于 $\xi \geq -1$，所以满足条件就需要①

$$\frac{\varphi}{1-\varphi} < \left(\frac{\beta}{\gamma}\right)^{\theta} \qquad (9-42)$$

其中，$\theta = 1/1+\xi$ 是替代弹性。由（9-42）式可知，通过改变中央政府和地方政府支出份额的方法提高经济增长率不仅依赖于两类层级政府支出的生产率（即 β 和 γ），还在于其初始份额。如果初始份额过高的话，增加有效率的中央政府支出（如果 $\beta > \gamma$）可能也不会提高增长率。

---

① 当 $\xi = -1$ 时，生产函数是线性的，即 $y = \alpha k + \beta f + \gamma l$，不同层级政府支出是完全替代的，在这种情况下，考虑不同层级政府支出的效率是没有意义的。

考虑 $\theta \neq 1$，假设 $\beta > \gamma$，定义 φ^* 是增加中央政府支出份额将不会提高增长率的临界值，即：

$$\frac{\varphi^*}{1-\varphi^*} = \left(\frac{\beta}{\gamma}\right)^\theta$$

$$\frac{d\phi^*}{d\theta} = (1+\phi^*)\left(\frac{\beta}{\gamma}\right)^\theta \ln\left(\frac{\beta}{\gamma}\right)$$

由于 $\beta > \gamma$，所以 $d\varphi^*/d\theta > 0$。直观上看，两类层级政府支出的可替代性越强，增加生产率更高层级的政府支出将越有可能提高增长率。相反，当替代弹性较小的情况下，如果初始份额相当小，增加中央政府支出也不会提高增长率。在极限的情况下，即 $\theta = 0$，生产函数为里昂惕夫形式，增加中央政府支出的份额不会影响长期增长率。

模型向我们展示了是什么因素造成不同层级政府支出的效率差异，然而，理论框架向我们提出了哪一层级政府支出是有效率的或者无效率的？下面我们将通过实证检验中国分税制改革以来中央和地方政府支出的效果给出答案，通过数据来说明哪一层级政府支出是有效的。

三 计量模型、方法和数据说明

我们的实证研究主要考察分税制改革后，中央、地方政府支出与地区间增长公平和效率之间的关系，重点就是要检验中央转移支付的分配和使用是否遵循公平与效率准则呢？如果答案是否定的话，那么导致中央转移支付失效的真正原因是什么？中央转移支付的存在是否与分权理论相冲突？

（一）模型设定与变量定义

为考察本节的论题，结合前文的分析，我们采用如下的模型，

$$fair_{it} = \alpha_0 tran_{it} + \alpha_1 tran_{it} * soe_{it} + \alpha_2 gov_{it} + \sum_{j=1}^k \beta_j X_{it} + \mu_i + \nu_t + \varepsilon_{it}$$

(9 – 43)

$$effi_{it} = \alpha_0 tran_{it} + \alpha_1 tran_{it} * soe_{it} + \alpha_2 gov_{it} + \sum_{j=1}^k \beta_j X_{it} + \mu_i + \nu_t + \varepsilon_{it}$$

(9 – 44)

其中，其中 i 和 t 分别代表省份和年份；μ_i 为地区效应，ν_t 为时间效

应，ε_{it} 为随机扰动项；X_{it} 为控制变量。

模型中涉及的变量有：

1. 被解释变量

被解释变量包括地区间增长公平和效率两类。一方面用地区间增长异动指数（fair）来反映地区间增长公平。以往的文献往往用人均实际 GDP 衡量地区发展差距，但是我们认为，人均实际 GDP 的高低并不能代表地区差距的大小，人均实际 GDP 提高，并不意味着会缩小地区差距，反而可能会拉大地区间差距。鉴于此，我们构建了地区间增长异动指数，其公式为：

$fair_{it} = |\overline{gdp_{it}} - \overline{gdp_t}|/\overline{gdp_t}$，其中 gdp_{it} 表示 i 省份 t 年的人均实际 GDP，$\overline{gdp_t}$ 表示 t 年全国人均实际 GDP 的均值，由于各省份人均实际 GDP 与全国的差距可正可负，而我们旨在衡量地区间增长的不一致和不趋同，所以我们将该指数取绝对值来反映地区间增长公平状况，指数越大，说明地区间增长越不公平，指数越接近于 0，说明地区间增长相对越公平。该指数的取值范围：$[0, +\infty]$。

另一方面我们选择了产出资本比（effi）来衡量经济增长效率并反映增长的持续性。由于中国的经济增长具有典型的政府投资推动的特征，资本是否能被有效利用是经济持续增长的关键。因此，产出资本比能较合理地反映由投资推动的经济增长是否具有效率以及是否可持续的问题。本节对于省际物质资本存量的估算是根据张军等（2004）提供的方法计算。

2. 解释变量

本节的主要解释变量为中央转移支付投资比（tran），对于这一指标，鉴于分税制改革以来中央对地方的转移支付以基本公共服务均等化为主，且近几年有扩大专项转移支付的倾向，我们从投资方面考虑更切合本书的主题，其计算方法为（各省获得的中央补助收入－地方上解）/全社会固定资产投资。此外，考虑到国有企业是中央转移支付资金使用的主要途径，国有企业的状况关系到中央转移支付的实现效果。因此，我们在模型中加入中央转移支付投资比与国有企业的交互项，以捕捉影响中央转移支付发挥作用的真正原因，国有企业比重（soe）=

国有及国有控股企业总产值/工业总产值。

另一个变量是地方政府财政支出投资比（gov），我们用这一指标比较中央政府支出和地方政府支出哪一个更有效果，具有可比性。计算方法为地方财政支出/全社会固定资产投资。

对控制变量 X，劳动力变量（labor），用各省就业人口占总人口的比重加以度量，以捕捉劳动力市场状况的影响；投资增长率（gi），用（当期某省全社会固定资产投资－上期该省全社会固定资产投资）/上期该省全社会固定资产投资来表示，以考察物质资本积累的影响；经济开放度（open），用各省外贸进出口总额占地区产出的比值加以度量；城市化率（urban），用各省城镇人口占总人口的比重来度量，以捕捉城市化水平的影响；产业结构（stru），用各省第二产业产值占GDP的比重表示，以考察产业结构的带动效应。

（二）数据

在文章中，我们所选取的样本是分税制改革后1994—2010年中国30个省（直辖市、自治区）的面板数据[①]，由于重庆在1997年才升为直辖市，因此我们把重庆并入四川；西藏的数据不全，因此没有包括。所有数据均来自历年各省《统计年鉴》、历年《中国财政年鉴》和《新中国六十年统计资料汇编》。

四 中央转移支付对地区间增长公平的影响

（一）全国样本回归结果及其分析

首先，以地区间增长异动指数作为被解释变量，采用多种回归方法对等式（9-43）进行回归分析，结果见表9-1。列（1）、（2）和（3）采用固定效应回归模型。在未控制其他因素影响下，列（1）表明中央转移支付不具有改善地区间增长公平的作用，反而具有扩大地区间差距的倾向，虽然在统计上不具有显著性。而地方政府支出效应却与之相反，说明地方政府支出比中央政府支出更有利于改善地区间增长失衡。作为基准模型而进行的最简单估计，列（1）的结果往往是有偏和非一致的，列（2）和（3）有效地解决了变量遗漏所引起的内生性问

[①] 限于篇幅，我们省略了主要经济变量的统计描述表，感兴趣者可向作者索取。

题，其结果也是相当稳健的。列（3）中加入了转移支付与国有企业的交互项，转移支付的系数为正，仍不显著，交互项的估计系数也不显著为正，转移支付并没有实现促进地区间增长公平的目的，而国有企业可能会进一步加强其反效果。进一步地，考虑到转移支付本身可能的内生性所导致的估计偏差，我们以其滞后一期的变量为工具变量，运用带工具变量的固定效应模型重新检验等式（9-43），列（4）和（5）报告了与上述相一致的回归结果。

控制变量的结果与我们预期基本一致，劳动力和投资增长率在所有回归中均显著为负，表明劳动力和资本积累是平衡地区增长差距的重要因素，这与新古典经济增长理论相符。经济开放度基本是显著为负的，开放程度越高，越能约束政府和企业的行为，形成一个有效的市场经济，因而在回归结果中基本都显著为负。城市化水平基本是不显著的。产业结构在各回归结果中均显著为正，这说明产业结构是地区间增长失衡的一个原因；另一方面也表明产业结构变动对经济增长的带动作用是巨大的，加快落后地区产业结构升级也是缩小地区间增长差距的重要条件。

表9-1　　　　　　　　　全国样本回归结果

变量	(1) FE	(2) FE	(3) FE	(4) IV	(5) IV
tran	0.157 (0.112)	0.072 (0.108)	0.033 (0.121)	0.029 (0.110)	0.035 (0.120)
tran * soe			0.114 (0.162)		0.023 (0.174)
gov	-0.129* (0.069)	-0.181** (0.072)	-0.188** (0.073)	-0.130* (0.074)	-0.127* (0.076)
labor		-0.567*** (0.140)	-0.541*** (0.145)	-0.514*** (0.141)	-0.519*** (0.147)
gi		-0.077* (0.039)	-0.078** (0.039)	-0.079** (0.038)	-0.079** (0.038)
Open		-0.194*** (0.026)	-0.194*** (0.026)	-0.181*** (0.028)	-0.181*** (0.028)
Urban		-0.046 (0.042)	-0.042 (0.043)	-0.033 (0.042)	-0.034 (0.042)
stru		0.429*** (0.087)	0.432*** (0.088)	0.415*** (0.087)	0.416** (0.087)

续表

变量	(1) FE	(2) FE	(3) FE	(4) IV	(5) IV
C	0.040** (0.018)	0.290*** (0.080)	0.272*** (0.083)		
R^2	0.07	0.19	0.19		
hausman P-value	0.000	0.000	0.000		

注：1. 系数下括号内的值为标准误（standard error），***、**、*分别表示在1%、5%和10%的显著性水平上显著。2. Hausman 检验原假设为随机效应模型，备择假设为固定效应模型。

（二）分位数回归分析

由于中国地区之间的增长差距是非常显著的，再加上转移支付的数量和构成呈阶段性和区域性特征。直观上，我们不认为中央转移支付对处于经济增长不同阶段的地区都具有相等的作用。因为分位数回归①可以依据整个样本的分布来分析自变量对因变量的影响，而不像 OLS 回归那样仅依赖条件均值（Buchinsky，1998）。下面我们就采用分位数回归的方法来考察中央转移支付对处于不同增长阶段地区的影响是否存在差异。

在分位数回归中我们仍然控制了省区固定效应和时间固定效应，并选择了5个具有代表性的分位数，分别是 0.1、0.25、0.5、0.75 和 0.9。结果见表 9-2。从表 9-2 的结果发现，分位数回归的结果与面板模型的分析结果基本一致。转移支付的回归系数均不显著，随分位数上升而变大，只在 0.5 的分位点上为负。这就说明在增长不公平指数越大的地区，转移支付的反效果更大。转移支付的交互项也不显著，只在 0.1 和 0.25 个分位点上为负，在其他分位点上均为正。这就意味着国有企业对转移支付的正向加强作用在增长不公平指数小的地区有微弱的效果，而随着增长不公平指数的上升其正向作用转变为负面拖累效应。地方政府支出的系数只在 0.1 分位点为正的不显著，在其他分位点上均显著为负，且系数随着分位点的上升而变大，这是因为地区间增长不公平指数越大的地

---

① 在不同的分位数水平可以得到不同的分位数函数，当希望对一个数据集合中分布在不同位置的数据点进行研究时，采用分位数回归是一种良好的选择。

区,往往也是经济实力越强的地区(比如沿海地区)[①],而恰恰是这些地区的地方政府支出效率较高,因此,在地区增长不公平越严重的地区,地方政府支出越有利于改善地区间增长不公平的结果是无可厚非的。

五 中央转移支付对资本效率的影响

(一) 全国的回归结果分析

表9-2　　　　　　　　　分位数回归结果

变量	q10	q25	q50	q75	q90
tran	0.030 (0.099)	0.052 (0.104)	-0.018 (0.133)	0.107 (0.138)	0.138 (0.143)
Tran * soe	-0.212 (0.053)	-0.152 (0.170)	0.325 (0.233)	0.182 (0.209)	0.377 (0.241)
gov	0.054 (0.109)	-0.014 (0.097)	-0.237** (0.106)	-0.335*** (0.100)	-0.420*** (0.106)
labor	-0.650*** (0.122)	-0.619*** (0.115)	-0.559*** (0.116)	-0.307** (0.141)	-0.082 (0.138)
gi	-0.040 (0.026)	-0.038 (0.024)	-0.048 (0.032)	-0.007 (0.048)	-0.025 (0.052)
Open	-0.183** (0.077)	-0.189** (0.078)	-0.044 (0.057)	-0.039 (0.049)	-0.005 (0.045)
Urban	-0.037 (0.031)	-0.048* (0.024)	-0.046 (0.035)	-0.122** (0.051)	-0.170*** (0.043)
stru	0.012 (0.031)	0.038 (0.187)	0.158 (0.225)	0.057 (0.220)	0.035 (0.184)
C	2.351*** (0.173)	2.467*** (0.192)	2.524*** (0.203)	2.681*** (0.184)	2.649*** (0.158)

注:1. 系数下括号内的值为标准误(standard error),***、**、*分别表示在1%、5%和10%的显著性水平上显著。2. Hausman 检验原假设为随机效应模型,备择假设为固定效应模型。

以省级地区的产出资本比作为被解释变量,控制劳动、投资、经济开放度、城市化水平和产业结构等因素,使用静态面板估计方法对等式(9-44)进行回归分析,结果见表9-3。列(1)未加入控制变量,列(2)和(4)分别是加入控制变量后用固定效应和工具变量法回归

[①] 以2010年为例,地区增长差距最大的地区是北京,增长不公平指数为2.07,其次为上海,指数为1.83。

第九章 政府行为、转移支付与效率研究

的结果,转移支付的系数显著为负,而地方政府支出的系数显著为正。显见,中央对地方的转移支付是低效率的,相反,地方政府支出却是显著有效率的,这意味着中央财政集权后的二次分配是与分权理论相冲突的。列(3)和(6)是加入转移支付与国有企业交叉项后分别用随机效应和工具变量法的回归结果。转移支付的系数为负,但变得不显著,但其交互项的系数却显著为负,且系数较大。这表明转移支付本身并未显著降低资本的效率,关键是中央转移支付与国有企业的相互作用强化了其低效率,这更多源于国有企业的低效率。

表 9-3 全国样本回归结果

变量	(1) RE	(2) FE	(3) RE	(4) IV	(5) IV
tran	-2.214*** (0.451)	-2.098*** (0.435)	-0.644 (0.460)	-1.485*** (0.443)	-0.368 (0.464)
Tran * soe			-4.892*** (0.612)		-4.061*** (0.674)
gov	1.892*** (0.283)	2.269*** (0.292)	2.636*** (0.277)	1.927*** (0.297)	2.327*** (0.293)
labor		2.286*** (0.565)	1.469*** (0.524)	2.170*** (0.570)	1.257** (0.568)
gi		-0.205 (0.160)	-0.094 (0.146)	-0.102 (0.153)	-0.102 (0.147)
Open		0.069 (0.104)	0.085 (0.094)	0.339*** (0.114)	0.248** (0.110)
Urban		0.260 (0.171)	-0.041 (0.157)	0.127 (0.169)	-0.005 (0.164)
stru		-0.501 (0.353)	-0.770** (0.330)	-1.121*** (0.352)	-0.985*** (0.339)
C	2.097*** (0.128)	0.819** (0.321)	1.532*** (0.321)		
R^2	0.09	0.27	0.35		
hausman P-value	0.446	0.000	0.988		

注:1. 系数下括号内的值为标准误(standard error),***、**、*分别表示在1%、5%和10%的显著性水平上显著。2. Hausman 检验原假设为随机效应模型,备择假设为固定效应模型。

控制变量的结果与我们的预期基本一致,劳动力的系数显著为正;

投资增长率的系数为负,不显著;经济开放度的系数显著为正,城市化水平的系数不显著,产业结构的系数显著为负,这主要是由于各地重复建设、重复生产、恶性竞争等现象比较严重。工业产品和产能[①]严重过剩,地区间产业结构趋同化问题也相当突出;同时第三产业却没有得到应有的发展,产业结构已经出现某种畸形发展的趋向。由此而产生的后果是全国整体产业结构效率降低。

表 9 – 4　　　　　　　　　分位数回归结果

变量	q10	q25	q50	q75	q90
tran	-1.032 (0.653)	-0.929* (0.536)	-0.487 (0.535)	0.176 (0.505)	0.033 (0.569)
Tran * soe	-2.366*** (0.801)	-3.321*** (0.701)	-4.520*** (0.726)	-5.562*** (0.769)	-5.534*** (0.895)
gov	2.198*** (0.455)	2.368*** (0.404)	2.125*** (0.450)	2.139*** (0.376)	2.280*** (0.403)
labor	-0.028 (1.143)	-0.102 (1.054)	1.426* (0.729)	1.748*** (0.658)	2.291*** (0.558)
gi	-0.204 (0.236)	-0.014 (0.216)	0.068 (0.180)	0.150 (0.141)	0.152 (0.187)
Open	-0.173 (0.150)	-0.028 (0.108)	0.176 (0.176)	0.321** (0.152)	0.319* (0.174)
Urban	-0.256 (0.366)	-0.151 (0.263)	0.079 (0.214)	0.279 (0.202)	0.357 (0.245)
stru	-0.017 (0.615)	-0.661 (0.627)	-1.266** (0.625)	-1.706*** (0.493)	-1.742*** (0.541)
C	1.688** (0.729)	1.906** (0.794)	1.356*** (0.570)	1.226** (0.444)	0.941** (0.390)

注:1. 系数下括号内的值为标准误(standard error),***、**、*分别表示在1%、5%和10%的显著性水平上显著。2. Hausman 检验原假设为随机效应模型,备择假设为固定效应模型。

(二) 分位数回归结果

同样地,为考察中央转移支付对不同资本效率地区的影响是否存在

[①] 2006年3月,国务院《关于加快推进产能过剩行业结构调整的通知》中,钢铁、电解铝、电石、铁合金、焦炭、汽车、水泥、煤炭、电力、纺织等10行业被列入产能过剩或潜在过剩行业。

差异，我们又对上述计量方程进行了分位数回归分析，结果见表9-4。

由表9-4可见，中央转移支付的系数仅在0.25分位点上具有显著性，在其他分位点上均不显著，而在0.75、0.9分位点上其系数由负变正，这表明，中央转移支付在资本效率高的地区会相对有效率。转移支付与国有企业交互项的回归结果全部显著为负，并且回归系数随着分位数的上升而变大。这说明在资本效率高的地区，国有企业对中央转移支付效率的"侵蚀效应"更大，因为在资本效率越高的地区，国有企业的相对低效率越严重。因此，上述结果意味着，由于国有企业的"侵蚀效应"，中央转移支付在资本效率低的地区反而比资本效率高的地区有效率。此外，地方财政支出的系数全部显著为正，这与上一部分的回归结果是基本一致的。

六　结语

本节从理论上构建了一个包含多级政府支出的内生增长模型，考察了不同层级政府支出对长期经济增长的影响机制。然后，以分税制改革后中国现实数据为基础实证分析了中央转移支付对地区间增长公平和效率的影响。我们的研究表明，中央转移支付效果总体上与其目标似乎是相悖的，中央转移支付不仅没有实现地区间增长公平，反而具有拉大地区增长差距的效应，虽然不显著；并且对地区间增长越不公平地区的影响更为显著。此外，中央转移支付资金通过国有企业来实现均等化目标的策略可能会间接强化其反效果。经济增长理论认为，资本的边际回报递减意味着更加平衡的分配会有利于效率的提高，那么，中央转移支付与资本效率之间是否又具有这样的关系呢？然而，结果却恰恰相反，中央转移支付不仅本身是相对低效率的，而且国有企业通过对中央转移支付效率的"侵蚀效应"间接降低了资本的效率；而且这种"侵蚀效应"在资本效率越高的地区愈加严重。我们的结果也验证了中央财政集权的二次分配与分权理论是相悖的，与中央转移支付相比，地方财政支出不仅具有缩小地区增长差距的作用，而且还是相对有效率的。更多的转移支付要求财政的集权，集权则意味着降低地方政府发展经济的激励，因而有可能从"援助之手"滑向"攫取之手"（陈抗等，2002）。

第十章 推动中国经济增长和谐的政策建议

第一节 研究结论

中国的经济现象充满着令人迷惑的色彩。令人感到诧异的是，改革30多年来，国有企业改革始终是经济体制改革的核心环节，但时至今日，国有企业垄断仍然饱受诟病。这也引发了我们心中的疑问：民营经济已成为支撑中国经济大半边天的巨大支柱，为什么在中国的发展却遭遇越来越多的问题？加大政策力度推进产业结构优化升级一直都是政府工作的重中之重，为什么中国的产业结构升级却步履迟缓？同样是地方政府主导经济增长的模式，日本与亚洲四小龙在经济快速发展的同时实现了公平与效率，为什么中国的收入差距没有像东亚经济体那样在快速发展中逐渐改善，反而逐渐恶化？如果我们仔细观察，就会发现这些看似不相关的经济现象却有着千丝万缕的联系，而如何寻找一把打开这些谜团的钥匙是我们研究者所梦想的一件事情。

政府主导和国有企业垄断是中国经济转型的基本特征。本书试图抓住这一基本特征，来回答如上提出的诸多问题，试图为理解中国经济中的诸多现象提供一个逻辑一致的解释。本书的主旨在于回答"地方政府主导及其与国有企业垄断的结合会将中国的经济发展引致到一个什么样的发展轨道中去"这一问题。为达到这一目的，我们基于事实观察梳理出它们拖累经济增长的若干途径，并利用中国的数据进行了实证检验。本书得到的结论：

第十章 推动中国经济增长和谐的政策建议

一 体制障碍已经和正在成为经济增长质量提高的绊脚石

近年来，国内的经济学家们越来越认为中国经济增长是"粗放型"的，经济增长的质量和持续性并不让人乐观，适应于要素投入型增长的传统经济体制和制度安排还在顽强发生作用，体制和制度因素越来越制约着增长方式的转变。本书第四章利用中国1978—2010年间的省级面板数据从经济发展水平、资本效率和全要素生产率三个视角实证分析了渐进式改革等制度因素与经济增长质量的关系，判断这些因素的剩余潜力，研究制约经济增长质量改善的体制因素。结果发现，体制与制度因素是影响经济增长质量的重要阻滞力量，特别是政府对市场的干预和政府投资竞争一直都是抑制增长质量改善的显著因素。财政分权的短期释放效应显著，但宏观税负和财政软预算约束却成为贯穿经济发展始终的不利因素。国有企业和金融领域改革滞后已经和正在成为经济增长质量提高的绊脚石。市场化改革特别是非国有经济发展却是促进经济增长质量改善的重要制度因素。

二 民营经济发展存在体制内阻力

民营经济发展是中国经济发展的活力源泉，然而，民营企业却遭遇着发展之困境。本书第五章从政府主导及其与国有企业垄断相结合的视角利用1986—2010年中国省级面板数据揭示阻碍民营经济发展的体制因素。本章观点是，在市场发育不完善的环境下，地方政府主导对民营经济发展有积极作用；但国有企业垄断对民营经济的发展则具有明显的"挤出效应"；特别是，政府主导与国有企业垄断的结合体——行政垄断更是制约民营经济发展的重要障碍。

三 中国快速的经济增长以阻滞产业结构升级为代价

我们的研究发现，地方政府主导行为及其与国有企业垄断的双重互动作用都不利于产业结构升级。在财政压力和政治晋升激励的共同作用下，地方政府间为追求"GDP增长"而展开了激烈的竞争。各地区在主导产业的选择、产业组织规模和技术水平的确定以及产品结构安排等方面近乎雷同，产业结构趋于同构。尽管地方官员很清楚模仿其他地区的产业结构会导致产业结构同构化和过度竞争,但是地方政府官员为保持经济绩效的相对优势,宁愿保持与竞争对手相类似的产业结构而造成过度竞争,也不愿承担政治晋升博弈中的相对位次下降的风险,导致各地区工业化系数普遍下降,工业结构之间存在明显的重复和同构,从而形成了主导产业不切实际的状况,这些结果自然不利于产业结构升级。不但如此,地方政府对要素资源配置的主导,对市场准入和产业政策等的管制导致的行政垄断,导致权力寻租和分利集团的出现,国有垄断企业俘获利用公权力攫取私利,依靠体制所制造的"经济租"获取"超额利润",而不是依靠技术创新、优质服务和良好商业信誉等方式获取利润最大化,阻滞了产业结构升级。

四 缩小收入差距是经济增长的最终目的,不能走忽视收入差距的增长之路

理论上,收入差距与经济发展阶段之间的关系被总结为著名的"倒U曲线假说",即经济发展的阶段决定了一个社会收入差距的程度(刘易斯,1971)[①]。在日本、韩国和中国台湾地区经济发展中,增长与收入分配的关系还是较好地符合"倒U曲线假说",即在人均GDP接近2000美元时,人均收入差距呈不断缩小趋势。而中国人均GDP从800美元到2000美元,再到超过3000美元,收入差距不但没有出现收敛的趋势,反而呈进一步扩大的趋势,这不仅与倒U曲线的推断不同,即便与同为"东亚模式"的日本、韩国和中国台湾地区相比也有很大差异。因此,第七章进一步从中国经济转型的背景去寻找收入差距扩大的体制约束,结果发现地方政府主导经济的行为及其与国有企业垄断的结合(即行政垄断)是导致收入差距扩大化的症结所在,垄断权力与资本的结合导致利益集团侵占了经济增长的成果,恶化了收入分配差距。

由于中国转型期的经济增长主要由地方政府主导,增长的动力主要来自于城市部门和重点行业;因此,地方政府始终把发展城市和扶持重点行业放在第一位,城市化倾向的政策必然会加剧农村贫困。同时,随

---

① 刘易斯:《二元经济论》,北京经济学院出版社1989年版,第125—167页。

第十章 推动中国经济增长和谐的政策建议

着地方政府主导型经济增长模式的逐步建立，地方政府参与调节当地资源的积极性和主动性大大增强。地方政府自身的利益诉求以及地方政府间的"GDP竞赛"使得地方政府规模迅速膨胀。随着地方政府规模的膨胀，既得利益集团的垄断和对资源的控制进一步得到强化，经济增长给既得利益集团带来源源不断的寻租源泉，由此产生的后果是出现了形形色色的所谓权力设租、寻租以及腐败现象，社会公平被严重腐蚀。

五 地方政府行为偏差是城市化滞后的原因

为什么中国的城市化长期显著滞后于工业化？从工业化主导向城市化主导的结构转型中，政府行为是如何转变的，城市化怎么才能可持续。在地方政府主导经济增长的背景下，第八章从理论上分析了地方政府行为对城市化和工业化的影响，并进行了实证检验。结果发现，城市化严重滞后于工业化与地方政府行为有关。地方政府行为，特别是政府的财政压力和预算软约束虽然对工业化有直接加速效应，但却显著阻碍了城市化的进程，从而进一步扩大了城市化和工业化之间的差距。本章还发现，地方政府行为也不利于城市公共服务质量的改善，降低了城市对人的吸引力。

六 中国是一个发展中的大国，如何保证地方政府为增长而不是为寻租而竞争至关重要

上述研究探讨了地方政府主导行为及其与国有企业垄断的结合对经济发展的影响；那么，地方政府行为又受制于谁？为探究地方政府的利益机制和行为的重大变化，第九章结合寻租理论和财政体制改革的制度背景，建立了中央—地方政府间博弈的简单模型，讨论了财政体制演变过程中地方政府行为的变化及其宏观经济后果，模型得到的结论较好地拟合了中国转型期的现实情况，得到的主要结论是：第一，财政分权"包干制"给予地方政府一定的剩余索取权，在满足给定寻租收益的条件下，地方政府会最优化其投资行为，但这同时也是以寻租资源的巨大浪费为代价的。这也是分税制改革前经济持续增长和财政紧张并存的症结所在。第二，分税制的效率取决于中央—地方的分成比例，由于分税制引起的地方公共投资的垂直外部性，地方公共投资水平不足，而提高

· 191 ·

地方的分成比例可以改善地方公共投资水平。这与以往的研究结论是一致的，分税制的有效性取决于财权和事权的一致性。第三，中央转移支付取决于地方公共投资水平和寻租努力，一方面，中央转移支付内部化了地方公共投资的垂直外部性，提高了地方公共投资水平；但另一方面，中央转移支付激励了地方政府的寻租努力，导致地方投资水平下降，同时也降低了全国性公共投资水平，即中央转移支付同时抑制了地方和中央的公共品投资，进而降低了整体社会福利。我们进一步以分税制改革后中国现实数据为基础实证分析了中央转移支付对地区间增长公平和效率的影响。我们的研究表明，中央转移支付效果总体上与其目标似乎是相悖的，中央转移支付不仅没有实现地区间增长公平，反而具有拉大地区增长差距的效应，虽然不显著；并且对地区间增长越不公平地区的影响愈发显著。因此，在分税制下，通过中央转移支付来平衡地区间经济差距并不是最优选择。

第二节 政策蕴含

我们认为对于中国自 20 世纪 80 年代中后期以来的经济发展模式，三个方面值得反思。首先，在经济体制转型中，中央政府通过财政分权和政治激励调动各级地方政府发展经济的积极性本无可厚非，但是，在这个过程中，地方政府为了在引资竞争中获胜，扭曲要素分配并非明智的选择。第二，在中国目前的利润分配机制下，垄断性国有企业享有垄断利润，职工享受"垄断福利"，而国有企业多集中在能源、电信等垄断行业，本身就具有资源优势，且这些行业都是由政府垄断，国有企业充分享受资源定价的主导权，其巨额利润事实上是一种隐性补贴和垄断租金。第三，行政垄断在本质上依然是政企不分。政府之所以不愿意放弃国有企业，原因之一是中央和地方在财权和事权不匹配造成的财政压力和以"GDP"为考核机制的晋升压力；原因之二是既得利益集团的阻滞。因此，从本书的角度看，中国经济必须从如下几个方面进行改革：

一 重新定义政府角色

当前政府严重"越位"，政府过深地介入经济，各级政府日益强化

第十章　推动中国经济增长和谐的政策建议

的资源配置的权力和对经济活动的干预，使腐败和垄断迅速蔓延，而这都和政府权力有关。因此，重新定义政府角色很重要，一方面要转变政府职能，政府的主要职能应该是经济调节、市场监管、社会管理和公共服务。政府不应进入到一般的商业交易和投资当中，成为市场的交易方；政府应以提供公共物品为自己的最大利益，而不是贪图商业利益，破坏政府本身的公共性。另一方面要处理好政府与市场的关系，重点是要约束公权力，不让公权力被既得利益集团绑架，从根本上遏制行政权力的无序扩张；放松管制，减少政府对微观经济活动的干预，实行自由定价，使市场发挥对资源配置和价格形成的基础性作用，而政府的作用主要是一种引导、资源调控和对自下而上反馈信息的选择和鉴别上，这就是通过政府增强市场、再以市场凝聚企业的互动模式而达到优化产业链的目的。通过充分的市场竞争和反映生产要素相对稀缺性的市场价格的作用，达到市场主体良性发展的目的。同时运用法治来保障现代市场经济，特别是对产权的保护，加快建设法治政府和服务型政府。

二　加快推进要素市场化改革

要素市场化改革与国有企业改革相辅相成，要素市场化改革不仅触及经济体制中的深层次矛盾，而且触及经济、社会、政治生活层面最基本的制度安排，因此，要素市场改革的推动相当困难，要素市场化进程远远落后于商品市场化。在初次分配环节，分配不公主要表现在要素市场，政府保持了太多对土地、信贷等重要经济资源的配置权力，抑制了市场的运作，政府部门和官员利用手中的权力营造巨大的寻租环境，导致市场出现不同程度的扭曲和资源的浪费；由于国有经济制度改革滞后所造成的"胁迫"政府强化垄断，形成了政府以及依附于政府的既得利益集团，在政府与既得利益集团唇齿相依的利益结构中，政府自然不愿意退出要素市场，不愿意放弃凭借行政垄断权力获取巨大的潜在收益。因此，改革的基本趋势是，为要素市场主体的成长创建安全、稳定的体制环境，保护私人产权，特别是要防止公权对私权的侵犯；营造市场主体与政府博弈的法治环境；鼓励创新，为有效的经济组织创建成长空间。这样，市场主体在利益最大化的驱使下，会自发地对体制框架的束缚提出挑战，通过市场组织的创新，对传统体制的基本制度层面形成倒逼机制，从而使制约利益主体发展的体制框架不断做出适应性调整。这种自下而上的推动与自上而下的调整两个过程的互动，将形成一股体制创新与制度创新的合力，推动体制框架朝着市场经济制度方向改进。

三　明确国有企业的定位

国有企业不应该与民争利，而应该为整个社会提供公共服务。要限定国有企业存在的范围与边界，国有企业应以公共利益为目标，而不是以盈利为目标。要尽快废除国有企业享有的大量特权，限定其投资边界，同时还要尽快解决国有企业的股权问题。国有企业要逐步、有序地从竞争性和盈利性领域退出，避免国有企业凭借行政垄断力量排挤、吞并其他市场竞争主体，破坏市场规则和竞争的公正性。对于某些垄断行业，可考虑国情逐步放开进入管制，允许民营企业进入，通过竞争来消除某些国有垄断企业的高额垄断利润。

四　将政府与国有企业分开，消除行政垄断

政府依托国有企业，国有企业背靠政府是中国转型经济的一个典型特征，这也是改革的重点和难点所在。就目前现实来看，国有企业的领导人仍然是体制内的，与行政部门官员是一个群体，且他们之间可以身份互换，这必然会导致公权力被利益集团俘获利用公权、滥用公权去攫取私利。因此，要纠正行政部门的实际立法权，进一步去行政化；通过立法限制国有企业与政府的内在关联，国有企业领导人通过绩效考核由企业董事会自主任命，而无需组织部门或人事部门来任命；取消国有资产管理者的行政级别，使管理者成为真正的企业家。实际上，改革的最大阻力在于既得利益集团的阻挠。中国的行政性垄断，已经形成了一个庞大的既得利益集团，政府部门企业化倾向的发展也使之深深地卷入到利益集团当中，放松地方政府对国有资产的控制和对产业的管制与保护及反行政垄断的行为必然受到政府有关部门的压抑和阻挠。反行政垄断意味着要改革政府体制和政治体制，由于政府与国有企业的特殊关系，反垄断针对的往往不是具体企业的市场行为，而是企业背后的政府行为和政府部门的行政决策。在现实中真正起作用的是具有歧视特征的条例、规章和红头文件，且由政府各部门负责实施，各部门都力图通过立

第十章 推动中国经济增长和谐的政策建议

法扩大部门权力,反行政垄断就具有了自我革命和自己反自己垄断的特征。因此,当务之急应该是要制定对所有市场主体一视同仁的国家法律,设置一个独立的、权力在各部门之上的反垄断的权威执法机构。用立法破除特权意识,不允许任何一部分人掌握过大的权力,从法律上健全保证公平竞争的制度。打破国有企业的垄断地位,规范垄断利益集团的行为,迫使垄断行为从依靠经济寻租、政治寻租谋取利益转变为依靠技术创新、优质服务和良好商业信誉等方式追求利润最大化;降低对民营企业的准入门槛,保护所有民营和国有企业公平竞争,法律上一视同仁,释放民营经济的活力,在国有经济的旁边生长出一个日益强大的民营经济,促进不同利益集团之间平衡发展,相互制衡,保证公共决策在动态博弈中接近社会整体福利最大化。

五 严格区分税收、利润和租金

税收、利润和租金体现了国家与国有企业的经济关系。究竟国家和企业各得多少,如何分配,就成为问题的核心和焦点。租金是资源要素价格,不是投资资本的收益;投资获利是资本所有者的行为,国有资本和私人资本无异;而收取资源租金是资源所有者的行为,虽然资源是国家的,收取租金是国家行为,但不能混同于资本所有者的投资获利行为。在中国,国有企业高额利润的来源之一就是资源要素低价,国家把具有巨大经济价值的资源无偿或低价授予国有垄断企业,仅收少量的资源使用费和资源税,而将租金和利润混淆在一起,用上交利润代替资源租金,企图掩盖行政垄断的本质。因此,当前首要的问题就要把租金和利润分开,将资源要素价格计入成本,这就与企业盈利与否无关,不仅租金收入稳定,而且有利于正确处理和解决国家与企业的利益分配关系、国进民退现象的发生以及经营者激励和企业家定价问题。

六 完善财政管理体制和规范地方政府行为

第一,进一步进行财政管理体制改革。我们知道,分税制较包干制是效率上的改进;然而,中国当前的分税制财政管理体制改革虽然是在原有体制基础上的创新,但并非严格意义上的"分税制"。中国在法律上并非分权国家,中央和地方迄今为止所有财权安排和事权调整都是中央和地方谈判妥协的结果；而且没有正式法律，只是依据政策文件，容易被中央行政部门根据需要改变。真正的分税制是税种分开，中央政府有中央政府的主体税种，地方政府有地方政府的主体税种，地方立法机构有地方税种的立法权。而中国税收的立法权高度集中在中央，不能充分调动地方涵养税源的积极性。从财政支出上看，中国是最分权的国家，但从财政收入分配和税收立法权上看又是非常集权的国家之一，这种财权和事权严重不匹配的结果导致地方政府一般预算严重依赖转移支付，地方政府就会丧失发展地方经济的动力。因此，应该通过赋予地方主体税种、征收地方税的权力以及扩大地方的共享分成来减少转移支付，提高财政支出效率。

第二，改革和完善现有的转移支付制度。我们从理论和实证分析上均证明了转移支付的低效率，但是转移支付也是中央调控地方政府行为的主要途径之一。中央转移支付原则上都是为了平衡不平衡区域的平衡发展，不仅仅是为了公平，也是为了整个国家和家庭的福利改进。转移支付包括一般性转移支付和专项转移支付，一般性转移支付是根据公式计算的，比较透明；而专项转移支付是与许多中央部门掌握的专项资金联系在一起的，在管理上具有不规范性和随意性，易受地方政府和企业"跑部钱进"的影响。因此，我们的建议是：一方面要加快财政体制改革步伐，制定权威性的财政转移支付法律制度，各项拨款都有法律规定并以法律的形式确立下来，提高立法质量；实现中央与地方的权责平衡，以更好地优化各级政府的职能配置。另一方面是要建立科学合理的分配模式；中央转移支付的目的并不是绝对的财力均等化，应该允许地区间存在财力差距，可重点保证各地区至少达到统一要求的最低基本公共服务水平。适当加大一般性转移支付的比重，同时对委托给地方政府的事权和支出责任提供相应的专项转移支付资金以补偿后者的支出，总之，中央转移支付资金分配应公开、透明和规范，减少部门环节、减少审批环节，避免"跑部钱进"，才能更好地兼顾公平与效率原则，促进中国地方公共服务发展和均等化、提高全社会福利水平。

参考文献

白让让：《国有企业主导与行政性垄断下的价格合谋——"京沪空中快线"引发的若干思考》，《中国工业经济》2007年第12期。

白重恩、杜颖娟、陶志刚、仝月婷：《地方保护主义及产业地区集中度的决定因素和变动趋势》，《经济研究》2004年第4期。

蔡昉、都阳、高文书：《就业弹性、自然失业和宏观经济政策》，《经济研究》2004年第9期。

陈斌开、张鹏飞、张汝岱：《政府教育投入、人力资本投资与中国城乡收入差距》，《管理世界》（月刊）2010年第1期。

陈抗、Hillman、顾清扬：《财政集权与地方政府行为变化——从援助之手到攫取之手》，《经济学》（季刊）2002年第2卷第1期。

陈晓、李静：《地方政府财政行为在提升上市公司业绩中的作用探析》，《会计研究》2001年第2期。

陈钊、陆铭、佐藤宏：《谁进入了高收入行业？——关系、户籍与生产率的作用》，《经济研究》2009年第10期。

陈钊、陆铭：《从分割到融合：城乡经济增长与社会和谐的政治经济学》，《经济研究》2008年第1期。

褚敏、靳涛：《民营经济发展存在体制内阻力吗？——基于政府主导和国企垄断双重影响下的发展检验》，《南京社会科学》2015年第8期。

褚敏、靳涛：《为什么中国产业结构升级步履迟缓——基于地方政府行为与国有企业垄断双重影响的探究》，《财贸经济》2013年第3期。

戴枫、王艳丽、姜秀兰：《外资对东道国收入分配的影响：基于中国的实证分析》，《国际贸易问题》2007年第9期。

邓伟、向东进：《转型时期的国有经济与城乡收入差距——基于省级数据的实证分析》,《财贸经济》2011年第9期。

邓伟、余建国:《为什么国有企业越来越垄断?》,《南方经济》2008年第2期。

邓伟:《"国进民退"的学术论争及其下一步》,《改革》2010年第4期。

丁启军、伊淑彪:《中国行政垄断行业效率损失研究》,《山西财经大学学报》2008年第30卷第12期。

樊纲、王小鲁、马光荣:《中国市场化进程对经济增长的贡献》,《经济研究》2011年第1期。

樊纲:《渐进改革的政治经济学分析》,上海远东出版社1996年版。

樊纲:《论体制转轨的动态过程——非国有部门的成长与国有部门的改革》,《经济研究》2000年第1期。

范言慧、段军山:《外商直接投资与中国居民的收入分配》,《财经科学》2003年第2期。

范子英、张军:《中国如何在平衡中牺牲了效率:转移支付的视角》,《世界经济》2010年第11期。

付文林:《均等化转移支付与地方财政行为激励初探》,《财贸经济》2010年第11期。

傅娟:《中国垄断行业的高收入及其原因》,《世界经济》2008年第7期。

傅勇、张晏:《中国式分权与财政支出结构偏向:为增长而竞争的代价》,《管理世界》2007年第3期。

傅勇:《财政分权、政府治理与非经济性公共物品供给》,《经济研究》2010年第8期。

干春晖、郑若谷、余典范:《中国产业结构变迁对经济增长和波动的影响》,《经济研究》2011年第5期。

高波、陈健、邹琳华:《区域房价差异、劳动力流动与产业升级》,《经济研究》2012年第1期。

高煜、刘志彪:《我国产业结构演进特征及现实问题》,《改革》2008年第1期。

郭庆旺、贾俊雪、高立:《中央财政转移支付与地区经济增长》,《世界经济》2009 年第 12 期。

郭庆旺、贾俊雪：《中央财政转移支付与地方公共服务提供》，《世界经济》2008 年第 9 期。

韩朝华：《明晰产权与规范政府》，《经济研究》2003 年第 2 期。

何枫、桂林：《FDI 与我国城乡居民收入差距之间是否存在倒 U 形关系》，《国际贸易问题》2009 年第 11 期。

何龄修、读顾城：《南明史》，《中国史研究》1998 年第 3 期。

胡向婷、张璐：《地方保护主义对地区产业结构的影响——理论与实证分析》，《经济研究》2005 年第 2 期。

胡志军、刘宗明、龚志民：《中国总体收入基尼系数的估计：1985—2008》，《经济学》（季刊）2011 年第 10 卷第 4 期。

黄群慧：《管理腐败新特征与国有企业改革新阶段》，《中国工业经济》2006 年第 11 期。

黄少安、宫明波：《论两主体情形下合作剩余的分配——以悬赏广告为例》，《经济研究》2003 年第 12 期。

黄少安、赵建：《转轨失衡与经济的短期和长期增长：一个寻租模型》，《经济研究》2009 年第 12 期。

贾晓俊、岳希明：《我国均衡性转移支付资金分配机制研究》，《经济研究》2012 年第 1 期。

姜付秀、余晖：《我国行政性垄断的危害—市场势力效应和收入分配效应的实证研究》，《中国工业经济》2007 年第 10 期。

金煜、陈钊、陆铭：《中国的地区工业集聚：经济地理、新经济地理与经济政策》，《经济研究》2006 年第 4 期。

靳涛、陈雯：《"转型式特征"对中国收入差距影响的实证研究》，《经济学动态》2009 年第 8 期。

靳涛、踪家峰：《中国粗放式经济增长模式探讨》，《改革》2005 年第 8 期。

靳涛：《中国改革开放 30 年经济增长模式特点及存在主要问题——对"中国式增长"的再认识》，《中国经济问题》2008 年第 5 期。

靳涛：《资本倚重、投资竞争与经济增长——中国转型期经济增长的再思索（1978~2004）》，《统计研究》2006 年第 9 期。

康继军、张宗益、傅蕴英:《中国经济转型与增长》,《管理世界》2007年第1期。

李富强、董直庆、王林辉:《制度主导、要素贡献和我国经济增长动力的分类检验》,《经济研究》2008年第4期。

李猛、沈坤荣:《地方政府行为对中国经济波动的影响》,《经济研究》2010年第12期。

李雪辉、许罗丹:《FDI对外资集中地区工资水平影响的实证分析》,《南开经济研究》2002年第2期。

李永友、沈坤荣:《中国粗放型增长方式的成因与强化》,《学术月刊》2009年第41卷第2期。

李元旭、宋渊洋:《地方政府通过所得税优惠保护本地企业吗——来自中国上市公司的经验证据》,《中国工业经济》2011年第5期。

李政:《当前东北地区经济增长问题成因与创新转型对策》,《经济纵横》2015年第7期。

梁若冰:《财政分权下的晋升激励、部门利益与土地违法》,《经济学》(季刊)2009年第9卷第1期。

林毅夫、蔡昉、李周:《中国的奇迹:发展战略与经济改革》,上海三联书店、上海人民出版社1994年版。

林毅夫、蔡昉、李周:《中国的奇迹:发展战略与经济改革》,上海人民出版社1994年版。

林毅夫、蔡昉、李周:《中国经济转型期的地区差距分析》,《经济研究》1998年第6期。

林毅夫、李志赟:《政策性负担与企业的预算软约束:来自中国的实证研究》,《管理世界》2004年第4期。

林毅夫、李志赟:《中国的国有企业与金融体制改革》,《经济学》(季刊)2005年第4卷第4期。

林毅夫、刘培林:《经济发展战略与公平、效率的关系》,《经济学》(季刊)2003年第2卷第2期。

刘汉屏、刘锡田:《地方政府竞争:分权、公共物品和制度创新》,《改革》2003年第6期。

刘溶沧、焦国华:《地区间财政能力差异与转移支付制度创新》,《财贸经济》2002年第6期。

刘瑞明、石磊：《国有企业的双重效率损失与经济增长》，《经济研究》2010年第1期。

刘瑞明、石磊：《上游垄断、非对称竞争与社会福利》，《经济研究》2011年第12期。

刘瑞明、石磊：《中国城市化迟滞的所有制基础：理论与经验证据》，《经济研究》2015年第4期。

刘瑞明：《金融压抑、所有制歧视与增长拖累——国有企业效率损失再考察》，《经济学》（季刊）2011年第2期。

刘世锦：《我国增长阶段转换与发展方式转型》，《国家行政学院学报》2012年第2期。

刘文革、周文召、仲深、李峰：《金融发展中的政府干预、资本化进程与经济增长质量》，《经济学家》2014年第3期。

刘小玄：《中国转轨经济中的产权结构和市场结构——产业绩效水平的决定因素》，《经济研究》2003年第1期。

刘小勇：《分税制、转移支付与地方政府财政努力》，《南方经济》2012年第5期。

刘晓峰、陈钊、陆铭：《社会融合与经济增长：城市化和城市发展的内生政策变迁》，《世界经济》2010年第6期。

刘欣：《当前中国社会阶层分化的多元动力基础一种权力衍生论的解释》，《中国社会科学》2005年第4期。

刘渝琳、滕洋洋、李后建：《FDI的流入必然会扩大城乡收入差距吗？》，《世界经济研究》2010年第8期。

柳庆刚、姚洋：《地方政府竞争和结构失衡》，《世界经济》2012年第12期。

卢峰、姚洋：《金融压抑下的法治、金融发展与经济增长》，《中国社会科学》2004年第1期。

陆铭、陈钊：《城市化、城市倾向的经济政策与城乡收入差距》，《经济研究》2004年第6期。

陆铭、陈钊：《分割市场的经济增长——为什么经济开放可能加剧地方保护？》，《经济研究》2009年第3期。

陆铭、高虹、佐藤宏：《城市规模与包容性就业》，《中国社会科学》2012年第10期。

陆铭、欧海军：《高增长与低就业：政府干预与就业弹性的经验研究》，《世界经济》2010年第12期。

吕冰洋、毛捷：《高投资、低消费的财政基础》，《经济研究》2014年第5期。

吕政、黄群慧、吕铁、周维富：《中国工业化、城市化的进程与问题——"十五"时期的状况与"十一五"时期的建议》，《中国工业经济》2005年第12期。

罗党论、唐清泉：《中国民营上市公司制度环境与绩效问题研究》，《经济研究》2009年第2期。

马栓友、于红霞：《转移支付与地区经济收敛》，《经济研究》2003年第3期。

毛捷、汪德华、白重恩：《民族地区转移支付、公共支出差异与经济发展差距》，《经济研究》2011年第2期。

毛其淋、盛斌：《对外经济开放 区域市场整合与全要素生产率》，《经济学》（季刊）2011年第11卷第1期。

潘文卿：《中国区域经济差异与收敛》，《中国社会科学》2010年第1期。

庞晓波、赵振全：《体制变迁的经济效应及其对我国经济增长问题的解释》，《数量经济技术经济研究》2000年第3期。

平新乔：《政府保护的动机与效果——一个实证分析》，《财贸经济》2004年第5期。

钱颖一、许成钢：《中国的经济改革为什么与众不同》，《经济与社会体制比较》1993年第12期。

乔宝云、范剑勇、彭骥鸣：《政府间转移支付与地方财政努力》，《管理世界》2006年第3期。

任保平、宋文月：《新常态下中国经济增长潜力开发的制约因素》，《学术月刊》2015年第47卷第2期。

邵挺：《金融错配、所有制结构与资本回报率——来自1999—2007年我国工业企业的研究》，《金融研究》2010年第9期。

沈坤荣、付文林：《中国的财政分权制度与地区经济增长》，《管理世界》（月刊）2005 年第 1 期。

史晋川、赵自芳：《所有制约束与要素价格扭曲——基于中国工业行业数据的实证分析》，《统计研究》2007 年第 6 期。

司政、龚六堂：《财政分权与非国有制经济部门的发展》，《金融研究》2010 年第 5 期。

唐艳：《FDI 在中国的产业结构升级效应分析与评价》，《财经论丛》2011 年第 1 期。

陶然、陆曦、苏福兵、汪晖：《地区竞争格局演变下的中国转轨：财政激励和发展模式反思》，《经济研究》2009 年第 7 期。

万广华、陆铭、陈钊：《全球化与地区间收入差距：来自中国的证据》，《中国社会科学》2005 年第 3 期。

王劲松、史晋川、李应春：《中国民营经济的产业结构演进——兼论民营经济与国有经济、外资经济的竞争》，《管理世界》2005 年第 10 期。

王美艳：《中国城市劳动力市场上的就业机会与工资差异——外来劳动力就业与报酬研究》，《中国社会科学》2005 年第 5 期。

王守坤：《政府与金融的政治关联：经济效应检验及中介路径判断》，《经济评论》2015 年第 5 期。

王曦：《经济转型中的投资行为与投资总量》，《经济学》（季刊）2005 年第 1 期。

王小鲁、樊纲：《中国收入差距的走势和影响因素分析》，《经济研究》2005 年第 10 期。

王小鲁：《中国经济增长的可持续性与制度变革》，《经济研究》2000 年第 7 期。

王勋、Anders Johansson：《金融抑制与经济结构转型》，《经济研究》2013 年第 1 期。

王永钦、张晏、章元、陆铭、陈钊：《中国的大国发展道路：论分权式改革的得失》，《经济研究》2007 年第 1 期。

夏小林：《非国有经济增幅连年回落实证分析》，《改革》1999 年第 4 期。

肖卫、朱有志、肖琳子：《二元经济结构、劳动力报酬差异与城乡统筹发展》，《中国人口科学》2009年第4期。

徐现祥：《渐进改革经济中的最优增长》，《数量经济技术研究》2005年第1期。

许开国：《地区性行政垄断的宏观成本效率损失研究》，《经济评论》2009年第5期。

杨小凯、张永生：《新兴古典发展经济学导论》，《经济研究》1999年第7期。

姚树洁、汪峰：《应对老工业基地衰退的两种做法》，《人民论坛》2015年第11期。

叶振宇：《东北地区经济发展态势与新一轮振兴》，《区域经济评论》2015年第6期。

尹恒、康琳琳、王丽娟：《政府间转移支付的财力均等化效应——基于中国县级数据的研究》，《管理世界》2007年第1期。

于良春、张伟：《中国行业性行政垄断的强度与效率损失研究》，《经济研究》2010年第3期。

于良春：《行政垄断制度选择的一般分析框架——以我国电信业行政垄断制度的动态变迁为例》，《中国工业经济》2007年第12期。

袁飞、陶然、徐志刚、刘明兴：《财政集权过程中的转移支付和财政供养人口规模膨胀》，《经济研究》2008年第5期。

袁富华：《长期增长过程的"结构性加速"与"结构性减速"：一种解释》，《经济研究》2012年第3期。

袁富华：《中国经济"结构双重性"问题分析》，《经济与管理评论》2014年第3期。

岳希明、李实、史泰丽：《垄断行业高收入问题探讨》，《中国社会科学》2010年第3期。

云鹤、胡剑锋、吕品：《金融效率与经济增长》，《经济学》（季刊）2012年第11卷第2期。

曾国平、王韧：《二元结构、经济开放与中国收入差距的变动趋势》，《数量经济技术经济研究》2006年第10期。

曾国平、王燕飞：《中国金融发展与产业结构变迁》，《财贸经济》2007

年第 8 期。

曾军平:《政府间转移支付制度的财政平衡效应研究》,《经济研究》2000 年第 6 期。

张帆、郑京平:《跨国公司对中国经济结构和效率的影响》,《经济研究》1999 年第 1 期。

张璟、沈坤荣:《地方政府干预、区域金融发展与中国经济增长方式转型——基于财政分权背景的实证研究》,《南开经济研究》2008 年第 6 期。

张璟、沈坤荣:《财政分权改革、地方政府行为与经济增长》,《江苏社会科学》2008 年第 3 期。

张军、金煜:《中国的金融深化和生产率关系的再检测:1987—2001》,《经济研究》2005 年第 11 期。

张军、吴桂英、张吉鹏:《中国省际物质资本存量估算:1952—2000》,《经济研究》2004 年第 10 期。

张军:《"双轨制"经济学:中国的经济改革(1978—1992)》,上海三联书店、上海人民出版社 1997 年版。

张平:《"结构性"减速下的中国宏观政策和制度机制选择》,《经济学动态》2012 年第 10 期。

张曙光、程炼:《中国经济转轨过程中的要素价格扭曲与财富转移》,《世界经济》2010 年第 10 期。

张曙光:《扩大开放与反行政垄断并重》,《决策与信息》(下半月刊)2007 年第 3 期。

张曙光:《试析国有企业改革中的资源要素租金问题——兼论重建"全民所有制"》,《南方经济》2010 年第 1 期。

张曙光:《先收租,后交利,收租与减税并行》,《中国经济观察》2008 年第 12 期。

张维迎:《地区间竞争与中国国有企业的民营化》,《经济研究》1998 年第 12 期。

张卫国、任燕燕、侯永建:《地方政府投资行为对经济长期增长的影响——来自中国经济转型的证据》,《中国工业经济》2010 年第 8 期。

张晏:《分权体制下的财政政策与经济增长》,上海人民出版社 2005

年版。

章奇、刘明兴：《局部性改革的逻辑：理论与中国农村市场发展和商业环境的案例》，《经济学季刊》2006年第6卷第1期。

赵昌文：《对"新东北现象"的认识与东北增长新动力培育研究》，《经济纵横》2015年第7期。

赵秋运、林志帆：《欲速则不达：金融抑制、产业结构扭曲与"中等收入陷阱"》，《经济评论》2015年第3期。

赵晓霞、李金昌：《对外贸易、FDI与城乡居民收入及差距——基于省际面板数据的协整研究》，《中国人口科学》2009年第2期。

赵玉林、魏芳：《高技术产业发展对经济增长带动作用的实证分析》，《数量经济技术研究》2006年第6期。

郑京海、胡鞍钢、Arne Bigsten：《中国的经济增长能否持续？——一个生产率视角》，《经济学》（季刊），2008年第7卷第3期。

郑若谷、干春晖、余典范：《转型期中国经济增长的产业结构和制度效应——基于一个随机前沿模型的研究》，《中国工业经济》2010年第2期。

中国经济增长前沿课题组：《城市化、财政扩张与经济增长》，《经济研究》2011年第11期。

中国经济增长与宏观稳定课题组：《城市化、产业效率与经济增长》，《经济研究》2009年第10期。

钟宁桦：《农村工业化还能走多远？》，《经济研究》2011年第1期。

周飞舟：《生财有道：土地开发和转让中的政府和农民》，《社会学研究》2007年第1期。

周黎安：《晋升博弈中政府官员的激励与合作——兼论我国地方保护主义和重复建设问题长期存在的原因》，《经济研究》2004年第6期。

周黎安：《中国地方官员的晋升锦标赛模式研究》，《经济研究》2007年第7期。

周立：《改革期间中国金融业的"第二财政"与金融分割》，《世界经济》2003年第6期。

周雪光：《"逆向软预算约束"：一个政府行为的组织分析》，《中国社会科学》2005年第2期。

参考文献

周耀东、余晖：《国有垄断边界、控制力和绩效关系研究》，《中国工业经济》2012年第6期。

朱恒鹏：《地区竞争、财政自给率和公有制企业改制》，《经济研究》2004年第10期。

朱恒鹏：《分权化改革、财政激励和公有制企业改制》，《世界经济》2004年第12期。

邹昭烯：《从规模到质量：中国利用外资整体性战略的历史进程》，《首都经济贸易大学学报》2009年第1期。

Abed, George T., and Hamid R. Davoodi., *Corruption, Structural Reforms, and Economic Performance in the Transition Economies*, MF Working Paper, 2000.

Abramowitz, Moses. Catching Up, "Forging Ahead, and Falling Behind", *Journal of Economic History*, Vol. 66, 1985.

Acemoglu, D., and J. Robinson, "Political Losers as a Barrier to Economic Development", *American Economic Review*, Vol. 90, No. 3, 2000.

Acemoglu, D., Johnson S. and Robinson J., "The Colonial Origins of Comparative Development: An Empirical Investigation", *American Economic Review*, Vol. 91, No. 5, 2001.

Acemoglu, D., *Oligarchic Versus Democratic Societie*, MIT Working Paper, 2007.

Agénor, Pierre – Richard, "Macroeconomic adjustment and the poor: analytical issues and cross – country evidence", *Journal of Economic Surveys*, Vol. 18, 2004.

Aitken, B., G. hanson, A. harrison, "Spillovers, Foreign Investment and Export Behavior", *Journal of International Econometrics*, Vol. 43, No. 6, 1997.

Alwyn Young., "The Razor's Edge: Distortions and Incremental Reform in the Peoples Republic of China", *Quarterly Journal of Economics*, Vol. 115, No. 4, 2000.

Arellano, M., Bover, "Another Look at the Instrumental Variables Estimation of Error Components Models", *Journal of Econometrics*, Vol.

68, 1995.

Au, Chun and J., "Vernon Henderson. How Migration Restrictions Limit Agglomeration and Productivity in China", *Journal of Development Economics*, Vol. 80, No. 2, 2006.

Au, Chun Chung and J. Vernon Henderson, "Are Chinese Cities Too Small", *Review of Economic Studies*, Vol. 73, No. 3, 2006.

B. A. Blonigen, *A Review of the Empirical Literature on FDI Determinants*, NBER Working Paper No. 11299, 2005.

Bardhan, P. and Dilip, M., *Corruption and decentralization of infrastructure delivery in developing countries*, Mimeo. Department of Economics, Boston University, 2000.

Barro, R. J., "Government Spending in a Simple Model of Endogenous Growth", *Journal of Political Economy*, Vol. 98, 1990.

Baumol, J. "Macroeconomics of Unbalanced Growth: The Anatomy of Urban Crisis", *The American Economic Review*, Vol. 57, NO. 3, 1967.

Baumol, J., B. Blackman, Wolff, "alanced Growth Revisited: Asymptotic Stagnancy and New Evidence", *American Economic Review*, Vol. 75, NO. 4, 1985, p. 806.

Beim, D. O. and Calomiris, C. W., *Emerging Financial Markets*, McGraw-Hill, New York, 2001.

Belderbos, R., L. Sleuwaegen, "Japanese firms and the decision to invest abroad: Business groups and regional core networks", *Review of Economics and Statistics*, Vol, 78, 1996.

Blanchard, O., and A. Shleifer, *Federalism with and without Political Centralization: China versus Russia*, MIT Working Paper, 2000.

Blundel, l R., Bond, S., "Initial Conditions and Moment Restrictions in Dynamic Panel Data Models", *Journal of Econometrics*, Vol. 87, No. 3, 1998.

Blundell, R. and Bond, S., "Initial Conditions and Moment Restrictions in Dynamic Panel Data Models", *Journal of Econometrics*, Vol. 87, 1998.

Boycko M, Shleifer A and Vishny RW, "A theory of privatization", *The Economic Journal, Vol. 106, 1996.

Boyreau – Debray, E., Shang – Jin Wei, *Pitfalls of a State – Dominated Financial System: The Case of China*, Working Paper, NBER, 2005.

Branstetter, L. and R. Feenstra, "Trade and FDI in China: A Political Economy Approach", *Journal of International Economics*, Vol. 58, No. 2, 2002.

Branstetter, Lee and Robert Feenstra, "Trade and Foreign Direct Investment in China: A Political Economy Approach", *Journal of International Economics*, Vol. 58, 2002.

Brennan, G. and Buchanan, M., *The power to tax: Analytical foundations of a fiscal constitution*, Cambridge: Cambridge UP, 1980.

Buchinsky, M., "Recent Advances in Quantile Regression Models: A Practical Guideline for Empirical Research", *Journal of Human Resources*, Vol. 33, No. 1, 1998.

Careaga, Maite and Barry R. Weingast, *Fiscal Federalism, Good Governance, and Economic Growth in Mexico*, in Dani Rodrik (eds.), *In Search of Prosperity: Analytic Narratives on Economic Growth*, Princeton University Press, 2003.

Careaga, Maite, and Barry R. Weingast., *Fiscal Federalism, Good Governance, and Economic Growth in Mexico*, in Dani Rodrik (eds.), *In Search of Prosperity: Analytic Narrativeson Economic Growth*, Princeton University Press, 2003.

Chong – En Bai, David D. Li and Zhigang Tao, "A Multitask Theory of State Enterprise Reform", *Journal of Comparative Economics*, Vol. 28, 2000.

Chong – En Bai, David D. Li, Zhigang Tao and Yijiang Wang, "A Multitask Theory of State Enterprise Reform", *Journal of Comparative Economics*, Vol. 28, 2000, p. 716.

Comanor, Willians and Rober H. Smiley, "Monopoly and Distribution of Wealth", *Quarterly Journal of Economics*, Vol. 89, No. 2, 1975.

De Long, J. Bradford and Shleifer, A., "Princes and Merchants: City Growth before the Industrial Revolution", *Journal of Law and Economics*,

Vol. 36, No. 2, 1993.

Delong, J. B. and Shleifer A. , "Princes and Merchants: City Growth before the Industrial Revolution" *Journal of Law and Economics*, Vol. 36, No. 7, 1993.

Démurger. Sylvie, "Infrastructure Development and Economic Growth: An Explanation for Regional Disparities in China", *Journal of Comparative Economics*, Vol. 28, No. 7, 2001.

Dewaatripont, Mathias, Eric Maskin, and Gerard Roland. , *Soft Budget Constraints and Transition* , Mimeo, Harvard University, 1996.

Easterly, W. and Levine R. , "Tropics, Germs and Crops ", *Journal of Monetary Economics*, Vol. 50, No. 3, 2003.

Easterly, William, "What did structural adjustment adjust?: The association of policies and growth with repeated IMF and World Bank adjustment loans", *Journal of Development Economics*, Vol. 76, No. 1, 2005.

Easterly, W. and Levine, R. , "Tropics, Germs and Crops: How Endowments Influence Economic Development", *Journal of Monetary Economics*, Vol. 50, No. 1, 2003.

Fan Joseph P. H. and Wong T. J. , *Politically - connected CEOs, Corporate Governance and Post – IPO Performance of China's Newly Partially Privatized Firms*, working paper, 2005.

Fisman, R. and Gatti, R, "Decentralization and corruption: Evidence across countries", *Journal of Public Economics*, forthcoming, 2000.

G. J. Stigler, "The Theory of Economic Regulation", *Bell Journal of Economics and Management Science*, No. 2, 1971, p. 137.

Guo, G. , "China's Local Political Budget Cycles", *American Journal of Political Science*, Vol. 53, 2009.

Haber, S. Razo, A. and Maurer, N. , *The Politics of Property Rights: Political Instability Credible Commitment and Economic Growth in Mexico 1876 – 1929*, Cambridge UK: Cambridge University Press, 2003.

Hall , R. and C. Jones, "Why Do Some Countries Produce So Much More Output per Worker than Others", *Quarterly Journal of Economics* ,

Vol. 114, 1999.

Hansen G. and E. Prescott, "Malthus to Solow", *American Economic Review*, Vol. 92. No. 4, 2002.

He, Q., *The Pitfalls of Modernization: Economic and Social Problems in Contemporary China* [, Today China Publishing House, 1998.

Holmstorm, Bengt and Paul Milgrom, "Multitask Principal - Agent Analyses: Incentive Contracts, Asset Ownership and Job Design", *Journal of Law, Economics and Organization*, No. 7, 1997, p. 24.

Hsieh, C. - T., P. J. Klenow, "Misallocation and Manufacturing TFP in China and India", *Quarterly Journal of Economics*, Vol. 124, NO. 4, 2009.

Jin, H.; Qian, Y. and Weingast, B. R., "Regional Decentralization and Fiscal Incentives: Federalism, Chinese Style", *Journal of Public Economic*, Vol. 89, 2005.

Jin, H., Yingyi Qian and Barry R. Weingast, "Regional Decentralization and Fiscal Incentives: Federalism, Chinese Style", Journal of Public Economics, Vol. 89, 2005.

Justin Yifu Lin and Zhiyun Li, "Policy burden, privatization and soft budget constraint", *Journal of Comparative Economics*, Vol. 36, 2008.

Kai - yuen Tsui and Youqiang Wang, "Between Separate Stoves and a Single Menu: Fiscal Decentralization in China", *The China Quarterly*, No. 7, 2004, p. 71.

Karl Taylor, Nigel Driffield, "Wage Inequality And The Role Of Multinationals Evidence From UK Panel Data", *Labor Economics*, No. 2, 2005, p. 223.

Keen, Michael and Marchand, Maurice, "Fiscal Competition and the Pattern of Public Spending", Journal of Public Economics, Vol. 66, No. 1, 1996.

Klenow, P. and Rodriguez2Clare, A., *The Neoclassical Revival in Growth Economics: Has It Gone Too Far?*, Cambridge, MA: MIT Press, 1997.

Kuznets, *Economic Growth of Nations: Total Output and Production Structure*, Belknap Press of Harvard University, 1971.

Lewis, William A., " Economic Development with Unlimited Supplies of Labor", *The Manchester School*, Vol. 22, No. 2, 1954.

Li Shaomin and Jun Xia, "The Roles and Performance of State Firms and Non – State Firms in China's Economic Transition", *World Development*, Vol. 36, No. 1, 2008.

Li, Hongbin and Li – An Zhou, "Political Turnover and Economic Performance: the Incentive Role of Personnel Control in China", *Journal of Public Economics*, Vol. 89, 2005.

Litvack, Jennie, Junaid Ahmad and Richard Bird, *Rethinking Decentralization in Developing Countries*, The World Bank Sector Studies Series, Washington, D. C. , World Bank, 1998.

Lott Jr. and J. R. , "Predation by public enterprises", *Journal of Public Economics*, Vol. 43, 1990.

Ma, J. , *Intergovernmental Relations and Economic Management in China*, Basingstoke: Macmillan, 1997.

Ma and Jun, *Intergovernmental Relations and Economic Management in China*, England, Macmillan Press, 1997.

Mundell, R. A. , "International Trade and the Factor Mobility", *American Economic Review*, Vol. 47, 1957.

Musgrave, R. , *The Theory of Public Finance*, New York: McGraw Hill, 1959.

Nickell, Stephen. j. , "Biases in Dynamic Models with Fixed Effects", *Econometric Society*, Vol. 49, No. 6, 1981.

North, D. C. , "Economic Performance through Time", *American Economic Review*, Vol. 84, No. 5, 1994.

North D. C. and Thomas R. P. , *The Rise of the Western World*, Cambridge: Cambridge University Press, 1973.

North, "Economic Performance Through Time", *American Economic Review*, Vol. 84, No. 8, 1994.

Oates, W. , *Fiscal Federalism*, New York: Harcourt Brace Jovanovic, 1972.

Parsley, David and Shang – Jin Wei, "Convergence to the Law of One Price without Trade Barriers or Currency Fluctuations", Quarterly Journal of Economics, Vol. 111, No. 4, 1996.

Pender, *Structural Change and Aggregate Growth*, WIFO Working Paper Austrian Institute of Economic Research Vienna, 2002.

Persson, T. and Tabellini, G., *Constitutional determinants of government spending*, The MIT Press, 2000.

Qian Yingyi and Barry R. Weingast, "China's Transition to Markets: Market – Preserving Federalism, Chinese Style", *Journal of Policy Reform*, No. 1, 1996, p. 149.

Qian, Yingyi and Barry R. Weingast, "Federalism as a Commitment to Preserving Market Incentives", *Journal of Economic Perspectives*, Vol. 11, No. 4, 1997.

Qian, Yingyi, and G. Roland, "Federalism and the Soft Budget Constraint", *American Economic Review*, Vol. 77, 1998.

Raymond Fisman and Roberta Gatti, "Decentralization and Corruption: Evidence from U.S. Federal Transfer Programs", *Public Choice*, Vol. 113, No. 2, 2002.

Rodden, J., *The dilemma of fiscal federalism: Hard – and soft – budget constraints around the world*, Mimeo. MIT, 2000.

Rodrick, D., A. Subramanian and F. Trebbi, "Institutions Rule: the Primacy of Institutions over Geography and Integration in Economic Development", *Journal of Economic Growth*, Vol. 9, No. 2, 2004.

Rodrik D., "Subramanian A. and Trebbi F.. Institutions Rule: The Primacy of Institutions over Geography and Integration in Economic Development", *Journal of Economic Growth*, No. 9, 2004, p. 131.

Romer, P., "Endogenous Technological Change", *Journal of Political Economy*, Vol. 98, 1990.

Roodman, D., *How to Do xtabond2: An Introduction to "Difference" and "System" GMM in Stata* ", Center for Global Development Working Paper, No. 103, 2006.

Ross Levine and Sara Zervos, "Stock Markets, Banks and Economic Growth", *The American Economic Review*, Vol. 88, No. 3, 1998.

Sachs, J., and Warner, A., *Economic reform and the process of global integration*, Brookings Papers on Economic Activity, 1995.

Sachs, Jeffrey, Woo, Wing Thye and Yang, Xiaokai, "Economic Reforms and Constitutional Transition", *Annals of Economics and Finance*, Vol. 1, No. 2, 2000.

Shantayanan Devarajan, Vinaya Swaroop, Heng-fu Zou, "The composition of public expenditure and economic growth", *Journal of Monetary Economics*, Vol. 37. No. 3, 1996.

Shleifer, A. and Vishny, R. W., *The Grabbing Hand: Government Pathologies and Their Cures*, Harvard University Press, Cambridge, MA, 1998.

Shleifer, A., "Schum peter Lecture: Government in Transition", *Europe an Economic Review*, Vol. 41, No. 3, 1997.

Shleifer, A. and R. W. Vishny, *The grabbing hand: government pathologies and their cure*, Cambridge, Mass: Harvard University Press, 1998.

Shleifer, A., Vishny and R. W., *The Grabbing Hand: Government Pathologies and their Crues*, Harvard Univ. Press, Cambridge, MA., 1998.

Shleifer, Andre, Vishny, Robert W., "Politicians and Firms", *Quarterly Journal of Economics*, Vol. 109, No. 4, 1994.

Shleifer, Andrei, "State versus Private Ownership", *Journal of Economic Perspectives*, Vol. 12, NO. 4, 1998.

Stigler, G., "The Theory of Economic Regulation", Bell Journal of Economics, Vol. 2, No. 1, 1971.

Tiebout, C., "A Pure Theory of Local Expenditure", *Journal of Political Economy*, Vol. 64, No. 5, 1956.

Timmer, M. P., G. J. de Vries, "Structural Change and Growth Accelerations in Asia and Latin America: A New Sector Dataset", *Cliometrica*, Vol. 3, NO. 2, 2009.

Toshihiro Ihori, "Overlapping tax revenue, soft budget, and rent seeking", *Int Tax Public Finance*, Vol. 18, 2011.

Treisman Daniel, "Fiscal Games and Public Employment: A Theory with Evidence from Russia ", *World Politics*, Vol, 54, No. 2, 2002.

参考文献

Tsui, K and Y. Wang, "Between Separate Stoves and a Single Menu: Fiscal Decentralization in China", *China Quarterly*, Vol. 177, 2004.

Tsui, Kai-yuen and Wang, Youqiang, "Between Separate Stoves and a Single Menu: Fiscal Decentralization in China", *China Quarterly*, Vol. 177, 2004.

Van Ark, B., *Sector Growth Accounting and Structural Change in Post-War. Quantitative Aspects of Post-War European Economic Growth*. Working Paper, 1996.

Vickers J., Yarrow G., *Privatization: An Economic Analysi*, MIT Press, Cambridge, 1988.

Weingast, Barry, *The Theory of Comparative Federalism and the Emergence of Economic Liberalization in Mexico, China, and India*, Memo, 2000.

Weingast, Barry R., *Second Generation Fiscal Federalism: Implication for Decentralized Democratic Governance and Economic Development*, Working Paper, Hoover Institution and Department of Political Science, Stanford University, 2006.

Wilson, J., "Theories of tax competition", National Tax Journal, Vol. 52, 1999.

Wolfgang Keller and Stephen Yeaple 2003, " Multinational Enterprises, International Trade, and Productivity Growth: Firm-Level Evidence from the United States", *NBER Working Paper*, No. 9504, 2003.

Wong, C., C. Heady and W. Woo, "Fiscal Management and Economic Reform in the People's Republic of China", *Journal of Asian Studies*, Vol. 57, No. 1, 1998.

World Bank., *Fiscal Decentralization and Rural Health Care in China*, Working Paper, 2006.

Xu, C., E. Mask in, and Y. Qian, "Incentives, Information, and Organizational Form", *Review of Economic Studies*, Vol. 67, No. 2, 2000.

Zhuravskaya, E.V., "Incentives to Provide Local Public Goods: Fiscal Federalism, Russian Style", *Journal of Public Economics*, Vol. 76, No. 3, 2000.

后　记

在书稿完成之际，特别感谢我的两位导师，肖兴志教授和靳涛教授。本书是在我博士学位论文基础上，结合最近研究成果修改完成的。同时，本书也是国家自然科学基金项目"收缩城市的产业空间重组与产业升级研究"（71603045）、教育部人文社科研究项目"以政府转型推动中国经济增长和谐的传导机制与政策研究"（14YJC790017）的阶段性成果；同时，作者也感谢东北财经大学产业经济学特色重点学科建设经费对本项研究提供的各方面的支持。

我对转型经济学感兴趣始于六年前关于国有企业垄断的文献综述，但那时我对这一领域的认识是模糊的、肤浅的。跟随导师靳涛教授进行课题研究过程中，使我对这一领域逐渐有了自己的认识和观察视角。求学期间，靳涛教授对于科研论文撰写、课题大纲的安排乃至论文中某一词语的推敲等都悉心指导，本书的完成也离不开靳涛教授的指导。工作期间，我的博士后导师肖兴志教授对论文和本书写作过程也给予了很多指导和帮助。当然，即使在导师指导下，由于我天生愚钝、才疏学浅，仍有很多问题没有剖析透彻。现已载入书中的很多内容也可能不够深刻，甚至有差错，责任由我个人承担，也恳请学界不吝指正。

本书的完成还要感谢东北财经大学产业组织与企业组织研究中心的鼓励与支持。东北财经大学产业组织与企业组织研究中心是国内唯一以产业组织为主题的教育部人文社科重点研究基地，学术氛围浓厚、学术观点自由。正是在领导提携指点、同事互帮互助的单位工作，我才可以顺利完成本书稿的写作。特别感谢中心领导于左研究员、吴绪亮副研究员、郭晓丹副研究员对本书出版的支持和帮助。感谢各位同事特别是李少林、陈长石、李晓颖等如兄弟姐妹般给予我无限温暖，为我写作创造

后 记

了良好的空间。

本书的部分内容前期已经在《中国工业经济》、《财贸经济》、《南京社会科学》、《上海经济研究》等期刊发表，所以说从这个意义上讲，本书也是我个人前段时间研究成果的汇编。在此也感谢各杂志社以及评审专家对我研究成果的厚爱，使其可以有机会在学界更大范围传授。也要感谢国内学界同人，在不同的学术交流场合给予的建设性修改意见。书稿写作中参考借鉴了大量文献资料，在此向专家、学者等一并表示感谢。本书的顺利出版也离不开中国社会科学出版社的大力支持，正是他们的不辞辛劳、夜以继日的工作，才能使本书能如此迅速并且高质量地呈现在读者面前。

同时，本书的完成也离不开家人的支持，感谢我的父母和弟弟妹妹，他们的支持使我能够一直坚持学术研究、探索真理。我要特别感谢我的爱人沈璐，他对于我所做的事情的理解和支持使得我能够从容地写下这些文字，他给我的爱是我写作的动力。

转型经济学的研究虽然并不崭新，但其中却蕴含很多有意思的选题，尤其是中国从事经济转型与经济增长研究，我们具有得天独厚的优势。未来，我将在这一领域继续跟踪深入研究，以期获得更多建设性结论。由于水平有限，文中肯定存在不少问题，再次恳请读者批评、指正。

褚敏
2016 年 9 月于大连